21世纪经济管理新形态教材·管理科学与工程系列

采购管理学

主　编 ◎ 山红梅
副主编 ◎ 古红霞　李秀平
参　编 ◎ 崔启迪　方　静　李永飞
　　　　　史新峰　余　信

清华大学出版社
北京

内 容 简 介

本书主要包括采购概述、采购管理概述、采购商品和采购行为、采购计划与采购预算、招投标采购、供应商管理、采购谈判技巧与策略、采购合同及其管理、采购价格与成本控制、采购质量管理、采购库存控制、采购风险管理、采购绩效评估、政府采购等前沿理论和方法技术。

本书紧扣新时代高质量教材的发展要求，注重"理实融通、情理交融、科教融汇、产教融合"，不仅可作为普通高等院校物流管理、物流工程、供应链管理、电子商务、工商管理等多个专业本专科教学理论教材，还可为实践领域相关企业岗位培训和管理人员自学提供参考。

图书在版编目（CIP）数据

采购管理学 / 山红梅主编 . -- 北京：清华大学出版社，2025.8.

（21世纪经济管理新形态教材）. --ISBN 978-7-302-70206-1

Ⅰ . F253

中国国家版本馆 CIP 数据核字第 2025NY0262 号

责任编辑：徐永杰
封面设计：汉风唐韵
责任校对：宋玉莲
责任印制：刘 菲

出版发行：清华大学出版社

  网 址：https://www.tup.com.cn，https://www.wqxuetang.com

  地 址：北京清华大学学研大厦 A 座 邮 编：100084

  社 总 机：010-83470000 邮 购：010-62786544

  投稿与读者服务：010-62776969，c-service@tup.tsinghua.edu.cn

  质量反馈：010-62772015，zhiliang@tup.tsinghua.edu.cn

印 装 者：三河市少明印务有限公司

经 销：全国新华书店

开 本：185mm×260mm 印 张：20.25 字 数：339千字

版 次：2025 年 8 月第 1 版 印 次：2025 年 8 月第 1 次印刷

定 价：66.00 元

产品编号：105002-01

前　言

受世界百年变局和世纪疫情叠加交织影响，全球产业链、供应链加速重构，呈现本土化、区域化、多元化、数字化和服务化等新趋向，数字技术加快渗透，全面融入人类经济社会各个领域，企业采购业务活动和采购管理面临前所未有的机遇与挑战。第一，全球能源危机爆发，物料短缺、环境污染问题日趋严重，资源开采瓶颈凸显，供需矛盾急剧恶化，原材料价格频繁波动，采购供应市场充满诸多不确定性。第二，随着物流与供应链管理理论发展和实践应用，借助采购活动集成整合供应商资源以获得超越竞争对手的优势早已成为企业管理的重要环节，采购商与供应商的关系经历了从简单买卖关系到合作关系、再到战略伙伴关系的演变，未来时期企业将更加注重产业链、供应链共生共存生态圈的建设。第三，疫情暴发以来，伴随各种前所未有的突发因素增多，以及地缘政治、贸易摩擦、经济脱钩等问题，供应链出现很多断点、堵点，导致采购供应中断、交货期滞后、品质难保、采购成本不断增加。第四，工业互联网、区块链、大数据及人工智能等数字化技术发展为采购业务流程管理带来了新思路和新方法，采购数字化转型有效促进供需精准匹配和供产销协同发展，实现需求发布、供应商选择、合同签订、订单执行、成本控制、库存管理、验收付款等全流程的数字化管理，大大提高采购效率和智能决策水平，降低人工干预的可能性，提升采购活动透明度和风险控制能力。

在此背景下，为顺应数字经济发展趋势，吸收前沿理论知识和科技创新成果，革新中国企业的采购管理理念，增强采购与供应之间无缝式连接，规避供应链采购风险，提升企业核心竞争能力，迫切地需要全新的采购管理理论知识体系和实践经验。

本书紧扣"立德树人"总体要求，响应新时代教育教学信息化发展对立体式教材的需求，建立全新的采购管理人才培养理论知识和方法体系，突出职业采购人克勤克俭、降本增效、遵纪守法的价值观念及责任意识，培养创新思维，引入现实生活中生动的实战经验素材和鲜活的案例故事，以实现理论知识、实践能力与情感教育的高度统一，达到"润物细无声"的教学效果。

全书共分为十四章：第一章介绍了采购、采购物流的基本概念及采购流程设计。第二、三章介绍了采购管理，并对采购商品管理和采购行为进行分析。第四章详细介绍了采购计划与采购预算。第五、六章介绍了招投标采购和供应商选择与管理。第七、八章介绍了采购谈判技巧以及采购合同管理。第九章主要介绍了采购价格与成本控制。第十章介绍了采购质量管理。第十一、十二章分别介绍了采购库存控制和采购风险管理。第十三章介绍了采购绩效评估。第十四章介绍了政府采购。本书突出了系统性设计原则，逻辑严密，脉络清晰。作者们在编著过程中既注重线下教学资源与线上教学资源的有机结合，又增设课前导入案例、课中拓展资源、课后复习思考题，力求课堂教学三阶段有序衔接；同时，既注重经典理论知识与最新科研创新成果的融会贯通，又增加网络教学微视频和即测即练以满足智慧课堂教学需要，还丰富课外实践活动创新设计，以增强学生学习的积极性和主动性，全方位加深学生对采购管理理论知识和方法技术的领悟，塑造学生创新性解决采购过程中复杂问题的能力，增强其职业道德修养的自觉性，实现了知识内化、能力提升和价值引领的高度统一。

本书由西安邮电大学山红梅教授担任主编，负责全书架构和教学微视频设计及第一、二章的编写工作，陕西科技大学镐京学院古红霞、延安大学西安创新学院李秀平担任副主编，负责部分章节编写、全书统稿和校对工作。具体写作分工如下：西安邮电大学山红梅和余信负责第一、二章的编写，延安大学西安创新学院李秀平负责第四、五章的编写，西安邮电大学方静负责第六、七章的编写，西安邮电大学史新峰负责第八、九章的编写，西安邮电大学李永飞负责第十、十一章的编写，陕西科技大学镐京学院古红霞负责第十二、十三章的编写，宝鸡职业技术学院崔启迪负责第三、十四章的编写。在本书编著过程中，西安邮电大学物流工程硕士研究生袁伟轩在资料收集、教学视频整理方面做了很多工作。此外，本书的成功出版还得到了清华大学出版社及责任编辑徐永杰老师的大力支持与帮助，在此表示衷心感谢。

在本书编写过程中，编者参阅了大量的国内外文献资料，由于篇幅所限，不能一一列出，在本书的最后仅列出了部分参考文献。在此，向本书参考文献中未列出的文献作者表示衷心的感谢。

最后，竭诚希望广大读者对本书提出宝贵意见，以促使我们不断改进。由于时间和编者水平有限，书中的疏漏在所难免，敬请广大读者批评指正。

山红梅

2025 年 1 月于西安

目　录

第一章　采购概述 ·· **001**

【学习目标】 ··· 001

【能力目标】 ··· 001

【思政目标】 ··· 001

【思维导图】 ··· 002

【导入案例】 ··· 002

【教学微视频】 ··· 002

第一节　采购的基本概念 ·· 002

第二节　采购物流 ··· 007

第三节　采购流程 ··· 009

第四节　采购方式与现代采购技术 ······························ 016

【本章小结】 ··· 018

【即测即练】 ··· 018

【复习思考题】 ··· 018

【实践训练】 ··· 019

第二章　采购管理概述 ·· **020**

【学习目标】 ··· 020

【能力目标】 ··· 020

【思政目标】 ··· 020

【思维导图】 ··· 021

【导入案例】 ··· 001

【教学微视频】 ………………………………………………………………… 021

第一节　采购管理概论 …………………………………………………… 021

第二节　采购管理制度 …………………………………………………… 026

第三节　采购管理组织与人员 …………………………………………… 028

第四节　采购管理发展趋势 ……………………………………………… 031

【本章小结】 ……………………………………………………………… 033

【即测即练】 ……………………………………………………………… 033

【复习思考题】 …………………………………………………………… 033

【实践训练】 ……………………………………………………………… 034

第三章　采购商品和采购行为 ……………………………………………… 035

【学习目标】 ……………………………………………………………… 035

【能力目标】 ……………………………………………………………… 035

【思政目标】 ……………………………………………………………… 035

【思维导图】 ……………………………………………………………… 036

【导入案例】 ……………………………………………………………… 036

【教学微视频】 …………………………………………………………… 036

第一节　采购商品分类 …………………………………………………… 036

第二节　采购商品质量与采购商品质量标准 …………………………… 040

第三节　采购商品规格说明 ……………………………………………… 042

第四节　采购行为分析 …………………………………………………… 043

【本章小结】 ……………………………………………………………… 048

【即测即练】 ……………………………………………………………… 048

【复习思考题】 …………………………………………………………… 048

【实践训练】 ……………………………………………………………… 048

第四章　采购计划与采购预算 ……………………………………………… 049

【学习目标】 ……………………………………………………………… 049

【能力目标】 ……………………………………………………………… 049

【思政目标】 ……………………………………………………………… 049

【思维导图】 …………………………………………………………………… 050

【导入案例】 …………………………………………………………………… 050

【教学微视频】 ………………………………………………………………… 050

第一节　采购计划概述 ………………………………………………………… 050

第二节　采购需求分析 ………………………………………………………… 056

第三节　物资采购量的确定 …………………………………………………… 062

第四节　采购预算编制 ………………………………………………………… 074

【本章小结】 …………………………………………………………………… 077

【即测即练】 …………………………………………………………………… 077

【复习思考题】 ………………………………………………………………… 077

【实践训练】 …………………………………………………………………… 078

第五章　招投标采购 ………………………………………………………… **079**

【学习目标】 …………………………………………………………………… 079

【能力目标】 …………………………………………………………………… 079

【思政目标】 …………………………………………………………………… 079

【思维导图】 …………………………………………………………………… 080

【导入案例】 …………………………………………………………………… 080

【教学微视频】 ………………………………………………………………… 080

第一节　招标采购方式 ………………………………………………………… 080

第二节　公开招标采购流程 …………………………………………………… 082

第三节　公开招标采购的前期准备 …………………………………………… 088

第四节　投标、评标程序与方法 ……………………………………………… 091

第五节　电子招投标 …………………………………………………………… 099

第六节　招投标数字化转型 …………………………………………………… 100

第七节　招投标相关法律法规 ………………………………………………… 103

【本章小结】 …………………………………………………………………… 105

【即测即练】 …………………………………………………………………… 105

【复习思考题】 ………………………………………………………………… 105

【实践训练】 …………………………………………………………………… 105

第六章 供应商管理 ………………………………………………… **107**

【学习目标】 …………………………………………………………… 107

【能力目标】 …………………………………………………………… 107

【思政目标】 …………………………………………………………… 107

【思维导图】 …………………………………………………………… 108

【导入案例】 …………………………………………………………… 108

【教学微视频】 ………………………………………………………… 108

第一节 供应商管理概述 ……………………………………………… 108

第二节 供应商调查与开发 …………………………………………… 110

第三节 供应商选择 …………………………………………………… 113

第四节 供应商绩效评估 ……………………………………………… 120

第五节 供应商激励与控制 …………………………………………… 124

第六节 供应商关系管理 ……………………………………………… 127

【本章小结】 …………………………………………………………… 132

【即测即练】 …………………………………………………………… 132

【复习思考题】 ………………………………………………………… 133

【实践训练】 …………………………………………………………… 133

第七章 采购谈判技巧与策略 ……………………………………… **134**

【学习目标】 …………………………………………………………… 134

【能力目标】 …………………………………………………………… 134

【思政目标】 …………………………………………………………… 134

【思维导图】 …………………………………………………………… 135

【导入案例】 …………………………………………………………… 135

【教学微视频】 ………………………………………………………… 135

第一节 采购谈判内容与特点 ………………………………………… 135

第二节 采购谈判过程管理 …………………………………………… 140

第三节 采购谈判技巧 ………………………………………………… 151

第四节 采购谈判策略 ………………………………………………… 157

【本章小结】 …………………………………………………………… 164

【即测即练】 ………………………………………………………………… 164

【复习思考题】 ……………………………………………………………… 164

【实践训练】 ………………………………………………………………… 164

第八章　采购合同及其管理 ……………………………………………… 166

【学习目标】 ………………………………………………………………… 166

【能力目标】 ………………………………………………………………… 166

【思政目标】 ………………………………………………………………… 166

【思维导图】 ………………………………………………………………… 167

【导入案例】 ………………………………………………………………… 167

【教学微视频】 ……………………………………………………………… 167

第一节　采购合同概述 …………………………………………………… 167

第二节　采购合同类型及其选择依据 …………………………………… 171

第三节　采购合同内容 …………………………………………………… 173

第四节　采购合同管理 …………………………………………………… 180

【本章小结】 ………………………………………………………………… 191

【即测即练】 ………………………………………………………………… 191

【复习思考题】 ……………………………………………………………… 191

【实践训练】 ………………………………………………………………… 192

第九章　采购价格与成本控制 …………………………………………… 193

【学习目标】 ………………………………………………………………… 193

【能力目标】 ………………………………………………………………… 193

【思政目标】 ………………………………………………………………… 193

【思维导图】 ………………………………………………………………… 194

【导入案例】 ………………………………………………………………… 194

【教学微视频】 ……………………………………………………………… 194

第一节　采购价格确定 …………………………………………………… 194

第二节　采购成本分析 …………………………………………………… 203

第三节　采购成本控制 …………………………………………………… 206

第四节　供应链采购成本控制 …………………………………………… 211

【本章小结】 ……………………………………………………… 214

【即测即练】 ……………………………………………………… 214

【复习思考题】 …………………………………………………… 214

【实践训练】 ……………………………………………………… 214

第十章　采购质量管理 …………………………………… 215

【学习目标】 ……………………………………………………… 215

【能力目标】 ……………………………………………………… 215

【思政目标】 ……………………………………………………… 215

【思维导图】 ……………………………………………………… 216

【导入案例】 ……………………………………………………… 216

【教学微视频】 …………………………………………………… 216

第一节　采购质量管理概述 ……………………………………… 216

第二节　供应链采购质量管理 …………………………………… 219

第三节　供应商采购质量控制 …………………………………… 223

第四节　JIT 采购中供应商质量管理 …………………………… 231

【本章小结】 ……………………………………………………… 236

【即测即练】 ……………………………………………………… 236

【复习思考题】 …………………………………………………… 236

【实践训练】 ……………………………………………………… 236

第十一章　采购库存控制 ………………………………… 237

【学习目标】 ……………………………………………………… 237

【能力目标】 ……………………………………………………… 237

【思政目标】 ……………………………………………………… 237

【思维导图】 ……………………………………………………… 238

【导入案例】 ……………………………………………………… 238

【教学微视频】 …………………………………………………… 238

第一节　采购库存控制概述 ……………………………………… 238

第二节　供应链采购库存方法技术 …………………………………… 246

【本章小结】 ………………………………………………………… 260

【即测即练】 ………………………………………………………… 260

【复习思考题】 ……………………………………………………… 260

【实践训练】 ………………………………………………………… 261

第十二章　采购风险管理………………………………………… 262

【学习目标】 ………………………………………………………… 262

【能力目标】 ………………………………………………………… 262

【思政目标】 ………………………………………………………… 262

【思维导图】 ………………………………………………………… 263

【导入案例】 ………………………………………………………… 263

【教学微视频】 ……………………………………………………… 263

第一节　采购风险及其分类 ………………………………………… 263

第二节　采购风险规避策略 ………………………………………… 266

【本章小结】 ………………………………………………………… 278

【即测即练】 ………………………………………………………… 278

【复习思考题】 ……………………………………………………… 278

【实践训练】 ………………………………………………………… 278

第十三章　采购绩效评估………………………………………… 279

【学习目标】 ………………………………………………………… 279

【能力目标】 ………………………………………………………… 279

【思政目标】 ………………………………………………………… 279

【思维导图】 ………………………………………………………… 280

【导入案例】 ………………………………………………………… 280

【教学微视频】 ……………………………………………………… 280

第一节　采购绩效评估概述 ………………………………………… 280

第二节　采购绩效评估体系 ………………………………………… 283

第三节　采购绩效提升 ……………………………………………… 289

【本章小结】 …………………………………………………………………… 291

【即测即练】 …………………………………………………………………… 291

【复习思考题】 ………………………………………………………………… 291

【实践训练】 …………………………………………………………………… 292

第十四章　政府采购 …………………………………………………………… 293

【学习目标】 …………………………………………………………………… 293

【能力目标】 …………………………………………………………………… 293

【思政目标】 …………………………………………………………………… 293

【思维导图】 …………………………………………………………………… 294

【导入案例】 …………………………………………………………………… 294

【教学微视频】 ………………………………………………………………… 294

第一节　政府采购概述 ………………………………………………………… 294

第二节　政府采购市场 ………………………………………………………… 299

第三节　政府采购基本制度 …………………………………………………… 300

【本章小结】 …………………………………………………………………… 304

【即测即练】 …………………………………………………………………… 305

【复习思考题】 ………………………………………………………………… 305

【实践训练】 …………………………………………………………………… 305

参考文献 ………………………………………………………………………… 306

第一章 采购概述

【学习目标】

【学习目标】

1. 了解采购的基本概念、范围和类型。

2. 熟悉采购物流、采购流程体系设计与优化。

3. 掌握典型的采购方式及现代采购技术。

【能力目标】

1. 培养学生理解采购基本概念及相关基础理论知识的能力。

2. 培养学生创新性地从事采购物流和流程优化设计工作的能力。

3. 培养学生掌握典型采购方式和采购方法技术的能力。

【思政目标】

1. 培养学生对采购职业的认同感,使其具备诚实守信、奉献社会的意识。

2. 培养学生流程管理与优化思维和学以致用的基本素养。

3. 培养学生适应数字时代发展要求,增强学生创新思维和对数字采购等新方法新技术的实践应用能力。

【思维导图】

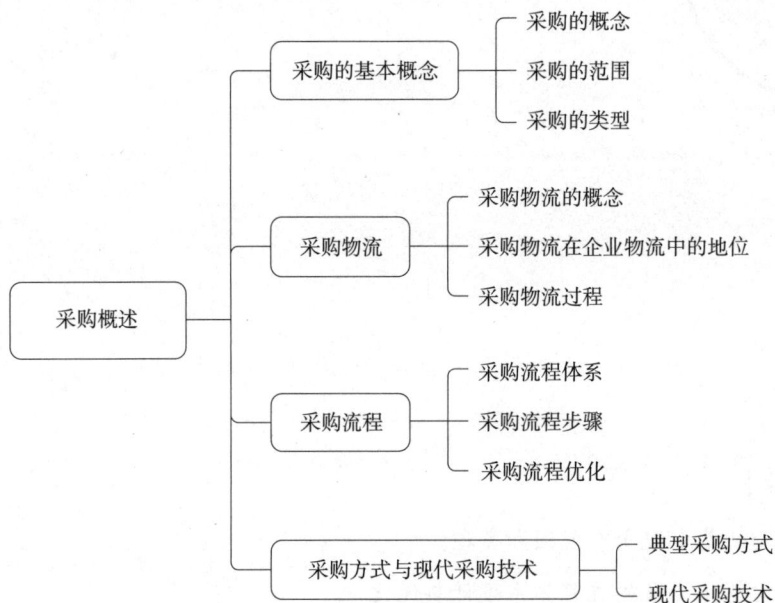

【导入案例】

东风汽车公司的采购与供应管理

【教学微视频】

第一节　采购的基本概念

一、采购的概念

采购的本来含义就是根据需要的时间和数量购买必要的商品。美国供应链管理专业协会推荐的、由供应链展望公司创始人之一 Kate Vitasek 编纂的《供应链与物流术语》中，对采购的定义是："采购是企业购买有关需要的物品和服务的职能，包括采购计划、采购活动、存货控制、运输、接收、入库检验等业务活动。"

近年来，随着信息通信技术的快速发展和经济全球化不可逆转的趋势，全球网络化制造成为企业经营模式的主流发展趋势，全球网络化制造就需要在全球范围内寻求最佳的资源配置。它在为企业提供了更加广泛的资源市场的同时，也给企业带来了来自全球的竞争压力，更加广泛的资源市场和日益激烈的市场竞争使得企业将采购管理提升到战略高度，越来越重视从企业外部获取资源，并将战略资源管理作为采购管理的重要内容之一。因此，我们对采购的定义如下：采购是企业资源运营的主要职能，跨越了战略、运营和作业三个层面。在战略层面，包括在尽可能大的范围内为企业寻求资源、决定资源获取方式及选择采购方式。在运营层面，包括供应商选择与管理、采购计划、存货控制、价格控制、综合成本控制以及内向运输管理等。在作业层面，包括接收、入库验收、货款支付等，采购的目的是以尽可能低的成本满足企业内、外部客户的需要。

二、采购的范围

（一）有形物品

1. 原料

原料就是未经转化或只有最小限度转化的材料，在生产流程中作为基本的材料存在。原料主要分两类：①矿物原料，如铁矿石、铜矿石等。②天然原料，包括谷物、大豆、煤等。

2. 辅助材料

辅助材料指的是在生产流程中被使用或消耗，但并不被最终产品实际吸收的材料。例如，润滑油、冷却水、抛光材料、焊条和工业用气等。

3. 半成品

这些产品已经过一次或多次处理，并将在后面的阶段进行深加工。它们在最终产品中实际存在。例如，钢板、钢丝和塑料薄片等。

4. 零部件

零部件指不再经历额外的物理变化的产成品，但是它将被包括在某一个系统中，通过它与其他部件相连接，被嵌入最终产品内部。如前灯装置、灯泡、电池、发动机零件、电子零件、变速箱等都是零部件。

5. 成品

这包括被用来销售而采购的所有产品，它们在经过可以忽略的价值增值后，与其他的成品和（或）制品一起销售。例如，由汽车生产商提供的附件，像汽车收音机、装饰用轮缘等。制造商并不生产这些产品，而是从专门的供应商那里购买它们。我们常见的百货公司所销售的消费品就属于这个范围。

6. 投资品或固定设备

这些产品不会被立刻消耗，但其采购价值经过一段时间后会贬值。账面价值一般会逐年在资产负债表中报告。投资品可以是生产中使用的机器，但它们也包括计算机和建筑物。

7. 维护、修理和运营用品

这些产品有时指间接材料和可以用于消费的物品，目的是保持组织的运转，尤其是辅助活动所需要的材料。这些产品经常由库存供应，如办公用品、清洁材料和复印纸，也包括维护材料和备件。

（二）无形劳务

1. 技术

技术指取得能够正确操作或使用机器、设备、原料等的专业知识。唯有取得技术，才能使机器或设备发挥效能，提高产品的产出率或确保优良的品质，降低材料损耗率，降低机器或设备故障率，如此才能达到减少投入、增加产出的目的。

2. 服务

（1）售前服务。售前服务是指卖方在交易前提供产品的资讯，包括产品说明、操作示范、制作过程或材料规范、参观设施等。此项服务可增加采购人员对产品的专业知识，对将来的采购决策甚有助益。

（2）售后服务。售后服务是指卖方提供机器、设备之安装或修护、操作或使用方法的教育训练、运送及退换货品等。此项服务可使买方达到机器、设备等的正常使用状况，并延长其使用寿命。

（3）专业服务。专业服务是指延聘律师、管理顾问、建筑师、会计师、电气技师、广告设计及程序设计等专业人员所提供的特殊服务。办理专业服务前，申请部门必须提供工作说明及验收程序，而采购人员必须了解真正的需求，包括设计的美观、技术的优秀、服务的适时及成本的最低等要素。

（4）勤务服务。勤务服务是指日常作业性质的服务，包括资讯传达、膳食服务、搬运、清洁、警卫等。此类服务经常受到公司管理方式、劳工法令、作业实际状况、费用变动等因素的影响，宜自办或外包，往往难以抉择。因此，勤务服务采购的成功之道，在于指明服务的详细工作项目，要求业者本身具有必需的配备及工作经验，并对服务绩效有一套奖惩办法等。

3. 工程发包

工程发包包括厂房、办公室等建筑之营造与修缮及配管工程、机器储槽架设工程、空调或保温工程、动力配线工程及仪表安装工程等。工程发包有时要求承包商连工带料，以争取完工时效；有时自行备料，仅以点工方式计付工资给承包商，如此可省工程发包的成本。但是规模较大的企业，本身兼具机器制造及维修能力，就有可能购买材料自行施工，无论是完工品质、成本还是时间，均有良好的管制与绩效。

三、采购的类型

（一）按采购主体分类

按采购主体，采购可分为个人采购、家庭采购、企业采购、政府采购、其他采购（如事业单位采购、军队采购等），如图 1-1 所示。

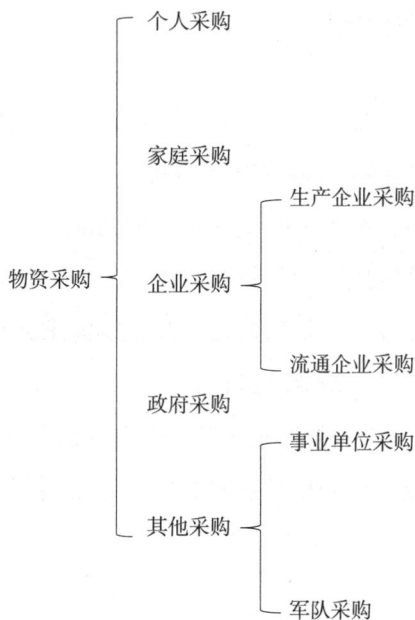

图 1-1　采购主体类型

1. 个人采购

个人采购是指个人生活用品的采购。它一般是单一品种、单次、单一决策、随机发生的，带有很大的主观性和随意性。即使采购决策失误，造成的损失仅局限于个人。

2. 家庭采购

为了满足家庭的生活需要，家庭成员几乎每天都要进行采购活动。例如，准备一顿美味可口的中餐，需要到市场选购喜欢的蔬菜、肉食品、饮料、作料等。

3. 企业采购

企业采购一般分为生产企业采购和流通企业采购。生产企业采购是为了满足再生产而采购，采购对象以生产资料为主，是一种生产性消费；流通企业采购是为了再销售而采购，采购对象为生活资料，是一种生活消费。

4. 政府采购

政府采购是政府机构为了履行其职责、维持其正常运转所需要的各种物资的采购，包括办公物资，如计算机、复印机、打印机等办公设备及纸张、笔墨等办公材料，也包括基建物资、生活物资等各种原材料、设备、能源、工具等。政府采购也和企业采购一样，属于组织采购，但它在持续性、均衡性、规律性、严格性、科学性上都没有企业采购那么强。政府采购最基本的特点，是一种基于政府拨款的公共资金来源的采购活动。

5. 其他采购

其他如事业单位（如学校、医院、文体单位等）、军队等的采购活动，与政府采购相似，也属于一种具有公共性质的组织采购。

以上几类采购活动中，个人采购最简单，因为品种单一、需求简单、耗费资金少、采购风险相对较小。而最复杂的是企业采购、政府采购、事业单位等组织采购活动。其采购需求品种数量众多、货款支付金额庞大、采购活动过程繁杂、采购风险损失影响面大等，因此需要在更广泛的供应市场范围内选购商品物资、

拓展资源1.1

海尔的企业采购案例

保障供应质量和数量、及时而安全地运输、安全地支付货款等。因此本书重点研究组织采购活动。

（二）按采购方法分类

按采购方法，采购可分为传统采购和科学采购两大类。科学采购又包括订货

点采购、MRP 采购（material requirements planning，物料需求计划）、JIT 采购（just in time purchasing，准时采购）、供应链采购和电子商务采购等，如图 1-2 所示。

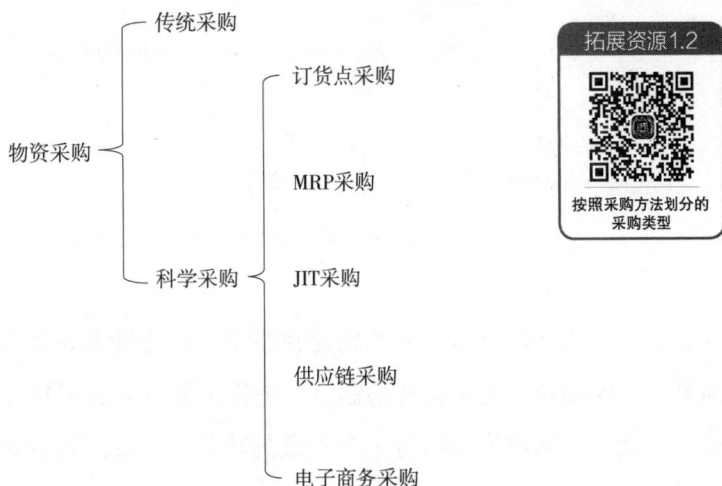

图 1-2　采购方法类型

第二节　采 购 物 流

一、采购物流的概念

采购物流是指包括原材料等一切用以生产或销售物资的采购、进货运输、仓储、库存管理、用料管理和供应管理的过程。

无论是生产企业还是流通商贸企业，采购物流都是企业物流过程的起始环节。采购物流和销售物流是一个问题的两个方面。假如从生产企业的角度分析，生产商从供应商手中采购物资、运回企业、验收入库，这一过程发生的物流活动称为采购物流。而从供应商角度分析，因为物流方向是从供应商到生产商，则称为销售物流。

因而，从生产企业的角度分析，企业物流可以分为四种形式。

（1）生产商从供应商那里购买物资发生的物流，称为采购物流。

（2）从生产企业到进入市场销售之前发生的物流，称为生产物流。

（3）产品进入市场送到顾客手中发生的物流，称为销售物流。

（4）生产商接收包装容器或退货等发生的物流，称为回收物流。

四种企业物流形式之间的关系如图 1-3 所示。

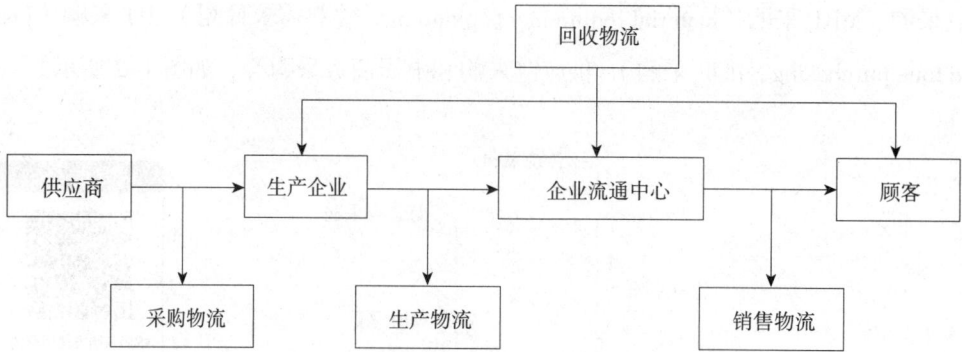

图1-3　四种企业物流形式之间的关系

从图1-3可以看出,采购物流在整个生产企业物流系统中处于基础性地位,离开了采购物流,生产企业的制造、销售过程就无法正常进行。同样,对于流通商贸企业,采购物流仍然是一个关键的环节。流通商贸企业的物流过程如图1-4所示。

图1-4　流通商贸企业的物流过程

二、采购物流在企业物流中的地位

现代采购是从企业的角度研究采购的,而不是从人们生活的角度研究购买活动,因此,采购物流是企业物流系统的重要组成部分。从以上分析可以看出,无论是生产企业的物流系统,还是流通商贸企业的物流系统,对整个企业物流系统而言,采购物流是一个基础物流。离开了采购物流,生产企业的生产供应就会中断,生产活动就无法进行,流通商贸企业就会出现缺货,造成机会损失。要保证企业物流系统的良性运行,就必须加强和重视采购物流,各物流环节之间互相联系、相互制约、共同发展，其表现为：①采购物流是生产物流、销售物流的前提和基础。②生产物流和销售物流是采购物流实现的途径。

三、采购物流过程

采购物流过程因不同企业、不同供应环节和不同的供应链而有所区别，这个区别就使企业的采购物流出现了许多不同种类的模式，但是采购物流的基本流程是相同的，其包括以下几个环节。

（一）取得资源

取得资源是购买活动完成以后所有供应的前提条件。取得什么样的资源，这是核心生产过程提出来的，同时也要按照采购物流可以承受的技术条件和成本条件辅助这一决策。

（二）组织到企业物流

所取得的资源必须经过物流才能到达企业。这个物流过程是采购物资在企业外部的流动转移过程。在这个物流过程中，往往要伴随着反复的装卸、搬运、储存、运输等物流活动，才能使取得的资源到达企业。

（三）组织企业内物流

采购物资在第二个环节流动到达企业，以企业的仓库作为外部物流终点，同时仓库作为企业内部物流的起始点，这种从仓库开始继续组织供应到达车间或生产线的物流过程，称作采购物流的企业内物流。

拓展资源1.3

常见的采购物流运输方式

第三节　采购流程

一、采购流程体系

（一）采购流程设计注意要点

采购流程是采购管理中最重要部分之一，是采购活动具体执行的标准。采购流程会因采购来源、采购方式、采购对象的不同而存在若干差异。企业规模越大、采购金额越高，对流程设计越要重视。一般采购流程包括采购计划、采购认证、采购订单和采购管理四个主要环节。在设计采购流程的时候，应注意以下几点。

1. 流程结构与采购数量、种类、区域相匹配

一方面，过多的流程环节会增加组织流程运作的作业与成本，降低工作效率；另一方面，流程过于简单、监控点设置不够等，将导致采购过程操作失去控制，出现物资质量、供应、价格等问题。

2. 先后顺序及时效控制

应注意其流畅性与一致性，并考虑作业流程所需的时限。例如，避免同一主管对同一采购文件做数次的签核；避免同一采购文件在不同部门有不同的作业方式；避免一个采购文件会签部门太多，影响作业时效。

3. 关键点设置

为便于控制，使各项在处理中的采购作业在各阶段均能追踪管理，应设置关键点的管理要领或办理时限。例如，国外采购，从询价、报价、申请输入许可证、出具信用证到装船、报关、提货等均有管理要领或办理时限。

4. 权利、责任或任务的划分

各项作业手续及查核责任，应有明确权责规定及查核办法。例如，请购、采购、验收、付款等权责应予区分，并确定主管单位。

5. 避免作业过程中发生摩擦、重复与混乱

注意变化性或弹性范围及偶然事件的处理规则，如紧急采购及外部授权。

6. 反映集体决策的思想

由计划、设计、工艺、认证、订单、质量等人员一起来决定供应商的选择。处理程序应合时宜，应注意采购程序的及时改进，早期设计的处理程序或流程，经过若干时日后，应加以检查，不断改进与完善，以回应组织的变更或作业上的实际需要。

7. 配合作业方式的改善

例如手工的作业方式改变为计算机管理系统辅助作业后，其流程与表格需做相当程度的调整或重新设计。

（二）采购流程图

我们通过采购输入输出流程（图1-5）、采购流程简图（图1-6）、计划流程表（表1-1）来描述采购流程体系。

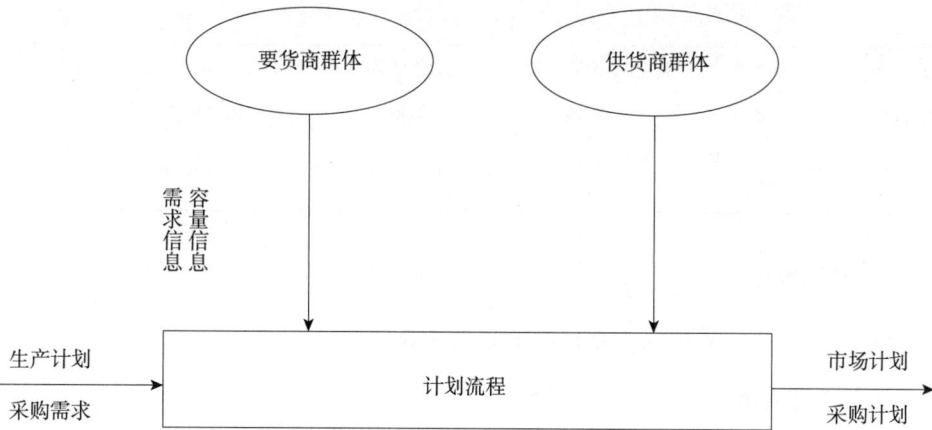

图 1-5 采购输入输出流程

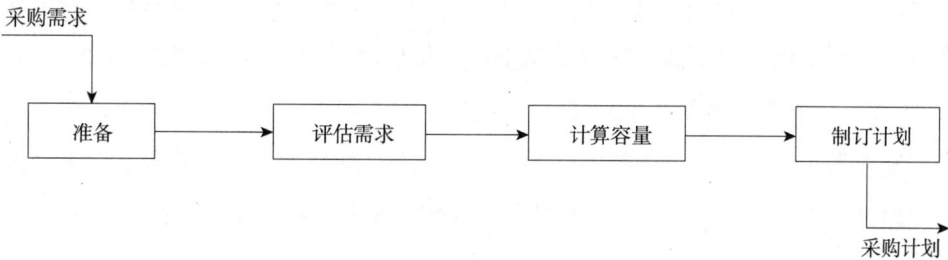

图 1-6 采购流程简图

表 1-1 计划流程表

组织角色	任务活动 1	任务活动 2	任务活动 3	任务活动 4	备注
供应商	寻求需求资源 1	寻求需求资源 2	提供供应能力数据	参与决策、接收物料需求预测	
设计开发	提供技术支持 1	提供技术支持 2	提供技术支持 3	参与评审	
重视工艺	提供技术支持 1	提供技术支持 2	提供技术支持 3	参与评审	
采购计划	准备计划说明书	确定采购需求	计算供应商容量	制订采购计划,包括认证计划和订单计划,向供应商提供需求预测	
采购认证	提供技术支持 1	提供技术支持 2	工作配合	参与评审	
采购订单	提供技术支持 1	提供技术支持 2	工作配合	参与评审	
采购管理	提供技术支持 1	提供技术支持 2	工作配合	审批	
检查部	准备 1	准备 2	准备 3	制订检验计划	
生产储存部	提供物料需求计划 1	提供物料需求计划 2	了解供应商容量	参与评审	

续表

组织角色	任务活动 1	任务活动 2	任务活动 3	任务活动 4	备注
财务部	准备 1	准备 2	准备 3	制订资金计划	
市场部	提供市场需求计划 1	提供市场需求计划 2	了解供应商容量	参与评审	

二、采购流程步骤

典型的企业采购流程通常包括以下基本步骤。

（一）发现需求

任何采购都起源于企业中某部门的确切需求，采购申请可以来自生产或使用部门，可以来自销售或广告部门，也可以来自实验室。供应部门还应协助使用部门预测物料需求，以避免太多的紧急订单。由于了解价格趋势和总的市场情况，有时为了避免供应商中断供应或价格上涨，供应部门会发出一些期货订单。

（二）对所需产品或服务加以准确描述

发现需求后，对所需求的细节如品质、包装、售后服务、运输及检验方式等，均应加以准确描述，以便来源选择及价格谈判等作业流程能顺利进行。

（三）选择可能的供应来源

供应商的选择是采购职能的重要一环，它涉及了高质量供应来源的确定。决定和某个供应商进行大量业务往来需要一系列合理的标准。采购方通过观察供应商能否满足自己的质量、数量、交付、价格、服务目标等需求来支配决策结果。与这些基本采购目标相关的还有一些更重要的供应商品质，包括历史记录、设备与技术力量、财务状况、组织与管理、声誉、系统、程序柔性、通信、劳资关系、位置等。

（四）确定价格

确定所需支付的价格是采购过程中的一项重要决策，是否具备得到"好价格"的能力有时是衡量一个优秀采购者的首要标准。采购者必须很好地掌握各种定价的方法、了解各种方法的适用时机，并能够利用技巧来取得满意的支付价格。

（五）订单安排

价格谈妥后，应办理订货签约手续。订单和合约均属于具有法律效力的书面文件，对买卖双方的要求、权利和义务必须予以说明。任何实用的采购订单所必备的要素都有序列编号、发单日期、接受订单的供应商的名称和地址、所需物品的数量和描述、发货日期、运输要求、价格、支付条款，以及对订单有约束的各种条件。订单只有在供应商接受以后才能构成一项合同。

（六）订单的跟踪与催货

签约订单后，为求供应商按期、按质、按量交货，应依据合约规定，督促厂商按规定交运，并予以严格检验入库，在一些企业中，甚至设有全职的跟踪催货人员。跟踪是对订单所做的例行跟踪，以便确保供应商履行其货物发运的承诺。跟踪通常需要经常询问供应商的进度，有时甚至有必要到供应商那里走访一下。不过，这一措施一般仅用于关键的、大额的或提前期较长的采购事项。通常，为了及时获得更加准确的送货信息，可以通过跟踪查询系统进行。

催货是对供应商施加压力，使其履行最初所作出的发运承诺，提前发运货物或是加快已延误订单涉及的发运。如果供应商不能履行合约，采购方会威胁取消订单或是以后可能的交易。催货一般仅适用于采购订单的一小部分，因为供应商的能力，采购方已做过全面分析，被选中的供应商一般是能遵守合约的。

（七）货物的接收和检验

货物接收的基本目的是确保以前发出的订单所采购的货物已经实际到达并检查是否完好无损、是否符合数量。这样才能将货物送往应该到达的下一个目的地以进行储存、检验或使用。接收部门要对与接收手续有关文件进行登记并送交有关人员。凡厂家所交货物与合约不符而验收不合格者，应依据合约规定退货，并立即办理重购。

（八）结清发票、支付货款

供应商交货验收合格后，随即开具发票，要求付清货款。采购部门核查发票的内容正确后，财务部门才能付清货款。

（九）结案

凡验收合格付款或验收不合格退货，均须办理结案手续，查清各项书面资料有无缺失、绩效好坏等，签报高级管理部门或权责部门核阅批示。

（十）记录并维护档案

经过以上所有的步骤之后，对于一次完整的采购活动而言，剩下的就是更新采购部门的记录。凡经结案批示的采购案件，均应列入档案、登记编号分类，予以保管，以备参阅或事后发生问题时查考。档案应具有一定保管期限的规定。例如，一张可以作为和外界所签合同的证据的采购订单一般要保存 7 年，应该比作

拓展资源1.4

采购活动档案保存记录的内容

为备忘录的采购申请单的保存期限要长。

三、采购流程优化

（一）影响采购流程的因素

前面我们讨论了采购流程，在此说明影响采购流程的各种因素。

1. 采购产品特征

实际上，采购流程的差异可追溯至特定的产品特征。不同产品的货物种类、技术复杂度，及其蕴含的供应风险和财务重要性不同，采购流程决策者也会存在很大差异。例如，采购技术复杂产品的决策通常由技术专家作出。再如，大用量产品采购决策主要由财务经理和高级管理层作出，常规产品的采购则是组织中基层人员决策。

2. 采购的战略重要性

采购对公司的重要程度越高，采购决策所涉及的管理部门就越多。战略重要性不是仅由采购所涉及的金额或投资的数量决定。例如，瓶颈物资有时会在有效性和供应方面表现出极大的风险，并通常会对生产的连续性构成直接威胁。因此它们是高级管理层的主要兴趣所在。其他关键采购决策的例子还有订立特许合同或开发合同。

3. 采购所涉及的总金额

随着涉及总金额的增加，管理层在采购决策中的作用将相应增加，采购流程设计会相对繁杂些。

4. 采购市场的特征

在垄断市场中，和供应商的谈判比以自由竞争为特征的市场复杂和困难得多。因此，公司的高级管理层参与其中。

5. 采购涉及的风险程度

随着采购决策涉及风险的增加，更多的专业人员会参与流程之中。当组织对特定产品的采购或与特定供应商的合作经验逐渐增加时，与采购决策相关的风险减小，流程也会变简单。

6. 组织中采购部门的作用

采购部门的任务、职责和权力随着组织的不同而不同。大规模公司中的采购部门运作流程通常比小规模公司更加规范化、制度化、专业化。

（二）采购流程优化步骤

优化采购流程可以帮助企业控制成本、减少浪费、腾出时间进行更高效的采购并改善与供应商的关系。采购流程优化步骤如下。

1. 审查与业务目标的一致性

如果采购流程不能帮助企业实现其目标，说明采购流程迫切需要优化调整。因此审查采购流程确保实现企业目标是采购流程优化的首要步骤。

2. 绘制目前采购流程

在优化采购流程之前，了解当前采购流程和活动工作方式。

3. 仔细检查每次交接

流程中数据或活动工作交换的点称为交接。其可能是两个环节或活动场所之间的交接，也可能是人与系统之间的交接，例如采购工作人员通过电子邮件或应用程序传递采购信息。同时，有些移交环节还可能因为瓶颈导致流程不畅，出现停滞、延迟甚至返回现象，因此关注每次移交发生的节点位置非常重要。使用标准流程图符号是识别流程中所有交接的好方法。

4. 确定改进机会

创建了说明采购流程和交接流程的流程图，就可以创建需要改进的所有任务、活动和交接的列表。邀请所有采购团队成员提供流程优化反馈意见，以避免忽视可能不明显的问题，并消除盲点。

5. 创建自动优化机会列表

采购流程提供了许多自动优化任务的机会。一般而言，任何重复性、可预测、计划性或频繁性的任务都适合自动化。低代码自动优化软件可以使采购业务团队使用不需要编码经验的可视化界面轻松创建和自定义采购流程自动优化。

6. 为改进后的流程创建新流程图

设计所有流程组件的清单，如人员、任务、活动、数据、文档和交接。创建一个新的流程图来说明新的和改进的采购流程。与受更改影响的任何人及需要深入了解流程工作原理的任何人共享此新流程图。

7. 实施、测试和部署

调整优化后的新版本采购流程可以进行测试，以确保新流程最终结果符合预期。如果新流程达到预期目标，有必要对流程涉及的机构人员和用户进行培训。

激活优化的采购流程且不断收集反馈意见并继续优化采购流程，直到解决所有障碍或瓶颈问题。

第四节　采购方式与现代采购技术

一、典型采购方式

所谓采购方式，是企业在采购中运用的方法和形式的总称。从企业采购的实践来看，经常采用的采购方式有招标采购、竞争性谈判采购和询价采购。

（一）招标采购

招标采购是指通过公开招标的方式进行物资和服务采购的一种行为。它是政府及企业采购中的基本方式之一。在招标采购中，其最大的特征在于其"公开性"。凡是符合资质规定的供应商都有权参加投标。招标采购主要分为政府招标采购和企业招标采购。

（二）竞争性谈判采购

谈判是价格确定过程中最复杂且成本最高的一种方法。这种方法应用于不宜采用公开招标的大宗采购项目。谈判需要双方坐下来，通过商讨就一项采购合同的主要条款达成共识，如运输、规格、保修、价格及条件等。

（三）询价采购

询价采购是指采购方就需采购物品向供应商发出询价，请其正式报价的一种采购方法。供应商提供一份正式的报价清单，清单上的价格经常会有折扣。对于许多物品，如小工具、灯、螺栓等，一般都采用价格清单。这些物品普遍是通过零售商或行业分销商销售出去的。

二、现代采购技术

（一）电子采购

电子采购是指商品和服务的电子化购买过程，包括从认定采购需求直到支付采购货款，也涵盖延迟付款这类活动，如合同管理、供应商管理与开发等。电子采购是由采购方发起的一种采购行为，是一种不见面的网上交易，如网上招标、网上竞标、网上谈判等。电子采购比一般的电子商务和一般性的采购在本质上有了更多的概念延伸，它不仅完成采购行为，而且利用信息和网络技术对采购全程进行管理。采购电子化是企业信息化不可或缺的重要组成部分，电子采购使企业不再采用人工办法购买和销售它们的产品，买主和卖主通过电子网络而联结，商业交易开始具有无缝性。

（二）数字化采购

数字化采购是指借助互联网、大数据、人工智能、云计算、物联网等新型技术，以大数据分析和智能化决策驱动供需精准对接与高效协同，赋能采购降本增效与风险管控，从而实现采购全流程的透明化、线上化、智能化、数据化及协同化的一种新型采购管理模式。简而言之，数字化采购是指使用数字技术对采购业务活动和采购管理过程进行全面数字化改造的一种采购方式，包括采购需求收集、供应商选择、在线审批、预算控制、合同管理、采购订单建立、服务或货物交付监控和发票管理等各个环节，还包括整个采购过程中的数据驱动决策，如数据收集、数据建模、数据分析、数据反馈等，从而保证精准化、高效率、高质量实现采购管理决策，提高采购效率和降低采购成本。

数字化采购与电子采购的区别在于以下几点。

（1）电子采购更注重采购流程的自动化和规范化，而数字化采购则更注重采购过程的数据化和智能化。

（2）电子采购主要关注采购环节的效率和成本，而数字化采购则更注重采购过程的价值创造和创新。

（3）电子采购虽然可以实现采购过程的标准化和规范化，但数字化采购则更有利于采购过程的个性化和定制化。

（三）JIT 采购

JIT 采购是准时化生产系统的重要组成部分。JIT 采购，又称准时化采购，是一种以"需求驱动、精准供应"为核心的采购模式。其理念源于丰田 JIT 生产方式，旨在通过与供应商建立紧密协作关系，实现原

拓展资源1.5

陕西恒盛集团"商砼之家"数字化采购

材料或零部件在恰好需要的时间、按恰好需要的数量、送达恰好需要的地点，以最大限度减少库存积压、降低采购成本，并提升供应链响应效率。JIT 采购是 JIT 生产系统得以顺利运行的重要保证，是 JIT 系统循环的起点，推行 JIT 采购是实施 JIT 生产经营的必然要求和前提条件。

（四）MRP/ERP 采购

MRP 主要应用于生产企业，即生产企业根据主生产计划（MPS）和主产品的

结构及库存情况逐步推导出生产主产品所需要的零部件、原材料等的生产计划和采购计划的过程。这个采购计划规定了采购的品种、数量、订货时间和采购物资到货时间。计划比较精细、严格。它也是以需求分析为依据、以满足库存为目的。它的市场响应灵敏度及库存水平都比上述方法有所进步。ERP（enterprise resource planning，企业资源计划）思想及其技术是在 MRP 及后来的 MRP Ⅱ 的基础上，融合其他的现代管理思想和技术而成的企业资源计划系统，旨在解决企业如何有效利用和管理整体资源的问题，寻求最有效的企业资源配置，以保证企业经济、有效地运行。其包含物料清单（bill of material，BOM）、采购计划、生产计划、销售计划等功能。

（五）供应链采购

供应链采购是指供应链内部企业之间的采购。供应链内部的需求企业向供应商企业采购订货，供应商企业将货物供应给需求企业。供应链采购与传统的采购相比，物资供需关系没变，采购的概念没变，但是由于供应链各企业之间是一种战略伙伴关系，采购是在一种非常友好合作的环境中进行，所以采购的观念和采购的操作都发生了很大变化。

拓展资源1.6
供应链采购特征

【本章小结】

本章主要介绍了采购的基本概念、采购物流、采购流程、采购方式与现代采购技术四部分内容，重点对采购的概念、范围、类型以及采购流程优化、采购方式与现代采购技术予以介绍。

【即测即练】

【复习思考题】

1. 简要说明采购与供应管理对企业竞争优势的作用。

2. 采购的基本流程是什么？

3. 货物检验的步骤有哪些？

4. 采购物流过程主要包括几个环节？

5. 简述 JIT 采购的基本思想及其与传统采购的根本区别。

6. 联系实际，说说发生在身边的采购行为。

【实践训练】

实践项目 1：采购方式选择

任务要求：选择自己感兴趣的企业进行走访调研，了解企业常用的几种采购方式及其适用情形，并将所采购的物品与采购方式的特点联系起来，分析其中的关系。在采购时，选择采购方式后可能会出现一些意外状况，各小组可通过讨论对采购方式进行改进，并将改进方案记录下来。最好由老师对整个活动进行总结。

实践项目 2：采购流程优化与设计

任务要求：在老师的指导下，学生以 5 人为一个小组，进行企业调研，了解其内部采购作业流程，分析其存在的问题，并且提出一个优化的采购作业流程设计方案，各小组互换交流优化方案并给予评价。完成以下项目：

（1）进入采购企业调研，了解企业当前采购作业流程。

（2）结合存在问题和优化目标，设计出一个高效率的采购作业流程。

（3）将书本理论与企业实际采购作业流程进行对比，分析两者的差别。

（4）对各小组优化的流程方案进行评价，提出优化方案。

（5）记录在采购作业流程建立及优化过程中得到的体验及感想。

按以上要求，在充分讨论的基础上，形成小组课题报告。

第二章　采购管理概述

【学习目标】

1. 了解采购管理的概念、目标、内容及过程等基本知识。

2. 熟悉采购管理制度和采购管理组织设计原则。

3. 掌握采购管理人员职业素养及采购管理发展趋势。

【能力目标】

1. 培养学生理解采购管理基础理论知识的能力。

2. 培养学生灵活地建立适宜的采购管理制度和采购组织的工作能力。

3. 培养学生职业采购人员的道德修养和采购管理能力。

【思政目标】

1. 培养学生采购管理的基本知识视野和创新思维。

2. 增强学生采购管理组织意识和管理理念，培养其从事采购管理工作的思维、责任意识和遵从组织规章制度和原则的自觉性。

3. 增强学生职业认同感，培养其爱岗敬业、诚实守信、奉献社会的职业道德素养。

【思维导图】

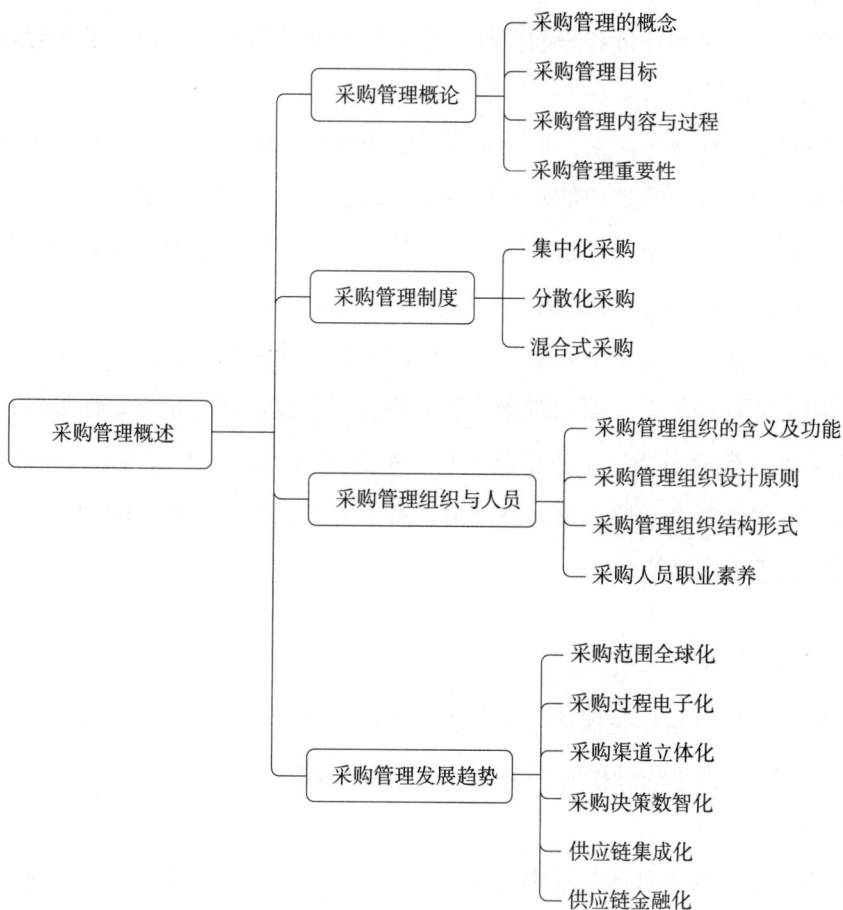

【导入案例】

H 公司采购部的组织架构与职能设置

【教学微视频】

第一节　采购管理概论

一、采购管理的概念

所谓采购管理，就是指为保障企业物资供应而对企业采购进货进行的管理活动，是对整个企业采购业务的计划、组织、指挥、协调和控制。具体的采购管理，包括制订采购计划、对采购活动的管理、对采购人员的管理、对采购资金的管理、对运储的管理、采购评价和采购监控，也包括建立采购管理组织、采购管理机制和采购基础建设等。

而采购是一种业务活动，是为完成指定的物资采购任务而进行的具体操作活动。采购管理是利用管理职能对采购业务活动过程涉及的人、资金、设备进行管理，其使命是保证整个企业的物资供应，其权力是可以调动整个企业的资源。可见，采购管理与采购是有区别的。

在日常生活中，由于个人采购及一般家庭消费性采购工作决策简单，因此习惯上不用采购管理概念。而一般意义的采购管理主要针对的是组织性采购，特别是企业采购、政府采购、事业单位采购、军队采购等，由于采购量大、品种多、牵涉面广、事情复杂，所以毫无例外地设有采购供应管理组织机构，而且企业越大，采购管理工作就越重要。

二、采购管理目标

采购管理的总目标是保证企业的物资供应，同时需要持续、动态地关注以下多个方面，以确保采购过程的不断优化和持续有效性。

（一）成本优化

采购管理的首要目标是成本优化。为了实现成本优化，需要寻找成本效益最好的供应商，并确保所购买的商品和服务具备最佳的质量与性能。此外，通过合理的采购策略和长期合同，可以降低采购成本并提高采购效率。

（二）供应稳定

采购管理的另一个重要目标是确保供应的稳定性。这意味着寻找到可靠的供应商，并建立长期合作伙伴关系，以确保原材料和零部件的稳定供应，避免生产中断和库存积压。

（三）质量保障

在采购管理中，质量保障同样重要。在选择供应商时，应重点关注其产品质量和生产过程的质量控制。通过严格的质量控制和持续的监督，确保所购买的商品和服务满足预期的质量标准，从而减少质量问题和降低产品退货率。

（四）风险管理

采购过程中可能面临各种风险，如供应商破产、交付延误、价格波动等。因此，采购管理目标应包括风险管理。通过建立风险评估机制、多元化的供应商和灵活的采购策略等，降低采购风险并减少潜在损失。

（五）供应商发展

采购管理不仅关注当前的采购需求，还应对供应商的发展进行考量。通过帮助供应商提高质量管理能力和生产效率，可以实现供应链的持续优化。此外，鼓励供应商进行技术创新和业务拓展，可以为采购组织带来更多的竞争优势。

（六）灵活性

采购管理还应考虑供需交易的灵活性，以便在市场需求发生变化时迅速作出调整。这要求建立灵活的采购策略和供应商网络，以便在需要时更换供应商或调整采购数量。此外，保持一定的库存水平也可以提高采购组织的灵活性。

（七）可持续性

随着人类环保意识的提高，采购管理目标应考虑可持续性。选择绿色低碳发展的供应商，并关注采购过程中对环境可能造成的影响，有效降低碳排放和资源消耗。此外，推动供应商采用可持续的生产方式和原材料，有助于实现绿色供应链发展。

（八）透明与合规

采购管理还应确保采购决策和采购过程的透明度，增强采购方与供应商之间的相互信任关系。同时，遵守国家和地区的法律法规及行业标准，保证采购活动过程的合法、合规。通过与供应商签订合同，明确双方认可的采购条款和交易条件，并确保双方都能够遵守合同约定，维护良好的商业关系并避免法律纠纷。

综上所述，采购管理目标应当从成本优化、供应稳定、质量保障、风险管理、供应商发展、灵活性、可持续性、透明与合规八个方面进行考量。通过制定有效的采购管理策略，采购组织可以更好地实现采购与供应的不断优化和持续管理，为企业的成功运营提供有力的支持。

三、采购管理内容与过程

一般来说，企业采购管理的基本任务有三个：①保证企业所需的各种物资的供应。②与资源市场供应商建立友好且有效的关系，为企业营造一个宽松有效的资源环境。③从资源市场获取各种信息，为企业物资采购和生产决策提供信息支持。其中第①项是最重要、最基本的任务。

为了实现采购管理的基本职能，采购管理包括一系列的基本业务内容和业务模式，如图 2-1 所示。

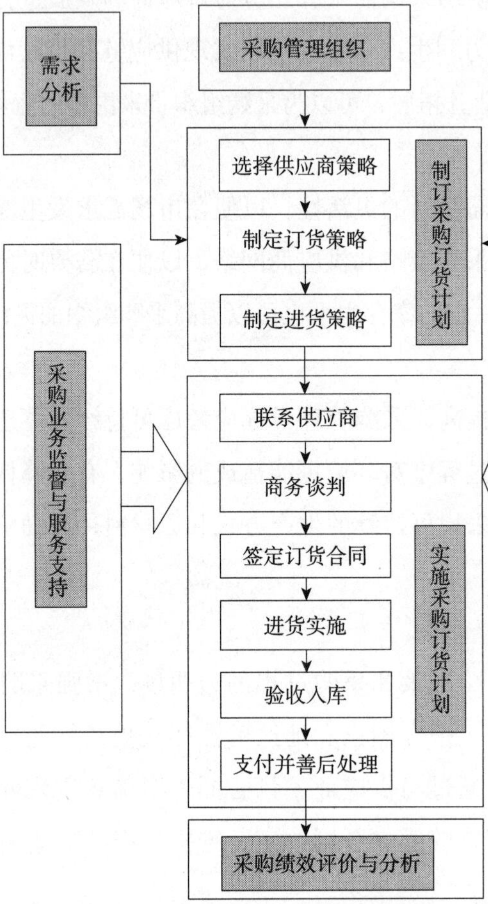

图 2-1　采购管理的基本业务内容和业务模式

（一）采购管理组织

采购管理组织是采购管理最基本的组成部分，为做好组织复杂繁多的采购管理工作，需要有一个合理的管理机制和精悍的管理组织机构，并且配备专业、能干的采购管理人员。

（二）需求分析

需求分析，就是要弄清楚企业需要采购一些什么品种、需要采购多少、什么时候需要等问题。作为企业的物资采购供应部门，应当掌握整个企业的物资需求情况，制订物料需求计划，从而为制订科学、合理的采购订货计划做准备。

（三）资源市场分析

资源市场分析，就是根据企业所需求的物资品种，分析资源市场的情况，包括对资源分布情况、供应商情况、品种质量、价格情况、交通运输情况等的分析。资源市场分析的重点是供应商情况和物资品种。

（四）制订采购订货计划

制订采购订货计划，是根据需求品种和供应商的情况，制订出切实可行的采购订货计划，包括选定供应商、供应品种、具体的订货策略、运输进货策略及具体的实施进度计划等，具体解决什么时候订货、订购什么、订多少、向谁订、怎样订、怎样进货、怎样支付等一些具体的计划问题，相当于为整个采购订货画了一个蓝图。

（五）实施采购订货计划

实施采购订货计划，就是把上述制订的采购订货计划分配落实到人，根据既定的进度实施，具体包括联系指定的供应商、进行贸易谈判、签订订货合同、运输进货、到货验收入库、支付货款及善后处理等。通过这样的具体活动，最后完成一次完整的采购活动。

（六）采购绩效评价与分析

采购绩效评价与分析，就是在一次采购完成以后对这次采购的评估，或月末、季末、年末对一定时期内的采购活动的总结评估。其目的主要在于评估采购活动的效果、总结经验教训、找出问题、提出改进方法等。通过总结评估，可以肯定成绩、发现问题、制订措施、改进工作，不断提高采购管理水平。

（七）采购业务监督与服务支持

采购业务管理的目的是分解并执行企业采购策略，具有监督管理与服务支持双重作用。采购业务监督与服务支持工作主要包括四个方面：业务支持、业务审核、优化调整、批准实施。

拓展资源2.1

采购业务监督与服务
支持工作内容

（八）采购基础工作

采购基础工作，是指为建立科学、有效的采购系统而需要完成的一些基础建设工作，包括管理基础工作、软件基础工作和硬件基础工作。

四、采购管理重要性

（1）采购管理为企业保障供应、维持正常生产、降低缺货风险创造条件。物资供应是物资生产的前提条件，生产所需要的原材料、设备和工具都要由物资采购来提供。

（2）采购供应物资质量的好坏直接决定了本企业生产的产品质量的好坏。企业能否生产质量合格的产品，取决于物资采购所提供的原材料及设备工具的质量好坏。

（3）采购的成本构成了生产成本的主体部分，其中包括采购费用、购买费用、进货费用、仓储费用、流动资金占用费用及管理费用等。

（4）采购是企业和资源市场的关系接口，是企业外部供应链的操作点。物资采购部门人员只有与供应商接触和业务交流，才能把企业与供应商联结起来，形成一种相互支持、相互配合的供应链关系，从而使企业在管理方面、效益方面都登上一个崭新的台阶。

（5）采购是企业与资源市场的信息接口。采购人员虽然直接和资源市场打交道，但是资源市场和销售市场是混杂在一起的，都处在大市场之中。所以，采购可以作为企业与资源市场的信息接口，为企业及时提供各种各样的市场信息，供企业进行管理决策。

（6）采购管理是企业科学管理的开端。企业物资供应是直接和生产相联系的。物资采购供应模式往往会在很大程度上影响生产模式。

第二节　采购管理制度

采购管理制度，是指企业采购中使用的采购方式及采购行为准则。在采购工作实践中，采购管理制度通常主要有三种方式：集中化采购、分散化采购和混合式采购。

一、集中化采购

集中化采购是指由企业的采购部门全权负责企业采购工作，即企业生产中所需物资的采购任务，都由该企业的采购部门负责，其他部门（包括分厂、分公司）均无采购职权。

集中化采购的优点主要有以下几个。

（1）降低采购费用。

（2）实现批量采购，获得供应商的价格折扣。

（3）有利于实现采购作业及采购流程的规范化和标准化。

（4）有利于对采购工作实施有效控制。

（5）可以统一组织供应，合理配置资源，最大限度地降低库存。

集中化采购制度也存在不足，主要有以下几方面。

（1）采购过程复杂，时效性差。

（2）非共用性物资集中采购，难以获得价格折扣。

（3）采购与使用分离，缺乏激励，采购绩效较差。

集中化采购的适用范围有以下几方面。

（1）企业物资需求规模小，集中采购能够解决企业的供应问题。

（2）企业供应与需要同处一地，便于集中组织供应。

（3）为了管理与控制，需进行集中采购。例如，连锁店的采购配送中心实行的是集中采购制度。

二、分散化采购

分散化采购是指按照需要由各单位自行设立采购部门负责采购工作，以满足生产需要。这种采购制度适用于大型生产企业或大型流通企业，如实行事业部制的企业，每一事业部设有独立的采购供应部门。分散化采购的优点包括：①针对性强；②决策效率高，权责明确；③有较强的激励作用。但这种采购制度如果管理失控，将会造成供应中断，加大采购成本，影响生产活动的正常进行。

三、混合式采购

混合式采购是指将集中化采购和分散化采购组合成的一种新型采购制度。依据采购物资的数量、品质要求、供货时间、价值大小等因素，需求量大且价值高的物品，以及进口货物等可由总公司采购部集中采购；需要量小、价值低的物品，以及临时性需要采购的物资，由分公司和分厂的采购部门分散采购，但在采购中应向总公司反馈相关的采购信息。

第三节 采购管理组织与人员

采购工作要保证企业生产经营活动的正常进行，就必须建立一个科学的采购组织机构，培养一批训练有素的采购人员。

一、采购管理组织的含义及功能

（一）采购管理组织的含义

组织通常有两种含义：①作为实体本身的组织，即按照一定的目标、任务和形式建立起来的社会集体，如企业、政府、大学、医院等。②管理的组织职能，即通过组织机构的建立运行和变革机制，以实现组织资源的优化配置，完成组织任务和实现组织目标。因此，组织是实现目标的重要保证。

采购管理组织是指为了完成企业的采购任务，保证生产经营活动顺利进行，由采购人员按照一定的规则，组建的一种采购团队。无论是生产企业还是流通商贸企业，都需要建立一支高效的采购团队，通过科学采购，降低采购成本，保证企业生产经营活动的正常进行。

（二）采购管理组织的功能

1. 凝聚功能

采购管理组织的凝聚力的表现就是凝聚功能。凝聚力来自目标的科学性与可行性。采购管理组织要发挥其凝聚功能，必须做到：①明确采购目标及任务。②具有良好的人际关系与群体意识。③发挥采购管理组织中领导的导向作用。

2. 协调功能

采购管理组织的协调功能是指正确地处理采购管理组织中复杂的分工协作关系。这种协调功能包括两个方面：①组织内部的纵向、横向关系的协调，使之密切协作、和谐一致。②组织与环境关系的协调，采购管理组织能够依据采购环境的变化，调整采购策略，以提升对市场环境变化的适应能力和应变能力。

3. 制约功能

采购管理组织是由一定的采购人员构成的，每一成员承担的职能有相应的权利、义务和责任，这种权利、义务、责任组成的结构系统，对组织每一成员的行为都有制约作用。

4. 激励功能

采购管理组织的激励功能是指在一个有效的采购管理组织中，应该创造一种良好的环境，充分激励每一个采购人员的积极性、创造性和主动性。因而，采购管理组织应高度重视采购人员在采购中的作用，通过物质和精神的激励，使其潜能得到最大限度的发挥，以提高采购管理组织的激励功能。

二、采购管理组织设计原则

（一）目标可行

采购管理组织是实现采购目标的工具，因而首先必须确定企业的采购目标，依据不同的采购目标而建立企业的采购管理组织。一般来讲，组织目标应具备如下特性：①社会性；②共同性；③清晰性；④层次性；⑤参与性。

（二）合理分工

在采购管理组织内部，应按照不同人员的能力、职责进行合理分工，以使各司其职，提高采购效率，防止出现"有事无人做"的现象。

（三）统一指挥

在采购管理组织中，每一个采购人员应该接受一个采购主管所委派的职权和职责，并且对其负有责任。

（四）管理幅度

管理幅度是指每一个管理者直接管理下属的人数。在建立采购管理组织时，应合理确定管理的层次及每一层次的人员安排。

（五）权责相符

有效的采购管理组织必须是责权相互制衡。有责无权，责任难以落实；有权无责，就会滥用职权。因此，应该实现责权的对等和统一。

三、采购管理组织结构形式

（一）直线制

直线制是由一个上级主管直接管理多个下级的一种组织结构形式。例如，由一个采购经理直接管理多个采购员。

直线制采购管理组织的优势在于"直接指挥"，可以做到：①加强管理控制和责任的力度。②有效交流沟通，使管理符合实际。③实现个性化管理。

（二）直线职能制

这种组织形式是在直线制的基础上，再加上相应的职能管理部门，帮助采购经理决策，承担管理的职能。

（三）事业部制

事业部制又称分权结构或部门化结构，首创于美国通用汽车公司，由通用汽车公司副总裁斯隆研究设计。事业部一般按"地区"或"产品类别"对公司赋予的任务负全面责任。采购事业部组织结构适用于采购规模大且品种多、需求复杂、市场多变的企业采购。

这种采购管理组织是一种集中化与分散化相结合的组织结构。各事业部实行的是集中化采购，而从总公司的角度分析则实行的是分散化采购，即将采购权分散到各事业部。

（四）矩阵制

矩阵制是为了完成指定任务（项目）由各个方面的人员组成临时的一个组织机构。当任务完成后，人员各自回原单位工作。这种组织结构突破了一名采购人员只受一个主管领导的管理原则。其主要适合于生产工序复杂的企业，因为这类企业新产品多，需要采购多种物料。矩阵制的优点是采购的目的性强，组织具有柔性化的特点，能够提高企业的采购效率、降低采购成本；缺点是双重领导容易导致职能部门之间意见的不一致，影响业务活动的正常进行。

四、采购人员职业素养

采购人员是企业采购工作的执行主体，因此，采购人员的素质高低，会直接影响企业采购的效率、质量和效益，加强采购人员的培训，提高采购人员的综合素质，设置科学、合理的岗位，使人尽其才，以保证采购任务的完成。

（一）企业采购岗位设置

要保证采购工作顺利进行，在企业内部应建立一个高效率、团结协作的采购团队，不同的团队成员发挥不同的采购职能。

企业采购组织的人员，一般有市场及需求分析员、供应商管理人员、采购计划员、进货管理人员、采购质量管理人员、库存管理人员、采购统计分析人员、财务与成本核算人员、采购人员和采购经理人员。

（二）采购人员的选择标准

采购人员的选择，是企业一项重要的人力资源的配置。选择标准的实质是对采购人员总体素质的基本要求。当然在企业内部，不同采购岗位的人员的素质要求不同，对采购经理、采购主管和采购员的要求也是不同的。但作为一个采购人员，其选择标准包括三个方面。

1. 良好的气质

气质指影响人的心理活动和行为的个性特征，即人们通常所说的"脾气""性情"，人按气质分为：①胆汁质者——对人直率、热情、活泼，但易于激动、暴躁。②多血质者——待人热情、稳重，容易理解别人，易成为具有显著效率的活动家。③黏液质者——对人对事态度持重、和气，交际适度，适合于有条理和持久性的工作。④抑郁质者——较孤僻、谨慎。采购工作是一项频繁与人打交道的工作，因此，采购人员应由多血质型气质的人员担任，对采购工作有热情、善交往，才能保证采购的成功。

2. 性格

性格是人在对他人或外界事物的态度和行为方式上所表现出来的特征，是个人对外界态度、行为方式的习惯的表现。通常将人的性格划分为外向型性格和内向型性格。从采购工作的要求来看，外向型性格比内向型性格更具优势。

3. 能力

能力是指人完成某项活动所必备的个性心理特征。人的能力分为一般能力和特殊能力。一般能力是人的基本能力，如观察能力、记忆能力、思维能力、想象能力等。特殊能力指从事某种专业活动的能力，如艺术能力、运动能力等。采购人员除具备一般能力外，还应具备进行采购工作的特殊能力，如发现新客户的能力、交往洽谈能力、协调关系的能力等。

拓展资源2.2

以案为鉴 | 独揽大权
的采购管家

第四节　采购管理发展趋势

一、采购范围全球化

信息化时代促使经济发展日益全球化，消费者对低价格、高质量的个性化商品的需求越来越大，在全球范围内寻找低成本的产品供应商逐步成为一种趋势，在此背景下，以比较低的成本优势快速成长的发展中国家逐渐成为世界各国采购的重要基地。例如，中国及东南亚国家已经成为西方国家重要的产品供应地，Aberdeen 一项调查结果显示：全球首席采购官的当务之急是进行低成本国家采购。

拓展资源 2.3

全球化采购特征

二、采购过程电子化

电子采购是企业传统物资采购业务的一种技术创新，就像电话、传真机一样，为企业采购人员提供了一种完成定价过程的工具。它通过互联网，寻找、管理合格的供应商和物品，随时了解市场行情和库存情况，编制采购计划，在线采购所需的物品，并对采购订单和采购的物品进行在途管理、台账管理和库存管理，实现采购的自动统计分析，实现阳光采购。

拓展资源 2.4

电子化采购特点

三、采购渠道立体化

采购渠道立体化是指企业在采购过程中，通过建立多种采购渠道，包括直接采购、询价采购、竞价采购、招标采购等不同方式，从而实现采购渠道的多元化和立体化。这种立体化的采购渠道可以帮助企业更好地满足不同的采购需求，提高采购效率和质量，降低采购成本和风险。

拓展资源 2.5

采购渠道立体化特征

四、采购决策数智化

采购决策数智化是指在采购过程中应用人工智能技术和数据分析方法，将采购决策过程变得更加自动化和智能化的过程。这种智能化的采购过程可以帮助企业更好地控制采购成本，提高采购效率和质量，降低采购风险。

拓展资源 2.6

采购决策数智化表现

五、供应链集成化

在集成化供应链管理中，采购从以交易为基础的战术职能上升为以流程为导向的战略职能，企业对采购管理的要求也相应提高了。采购管理不仅要保证企业以最低的总成本获得所需的资源，更要发现和发展有竞争力的供应商，以提高企业的市场竞争力。

拓展资源 2.7

集成化供应链条件下
采购管理的目标要求

六、供应链金融化

供应链金融化是指通过金融手段，为供应链中的各个环节提供融资、结算、风险管理等服务，从而实现供应链的优化和协同。随着供应链管理（supply chain management，SCM）的不断发展，供应链金融作为一种新型的金融服务模式，已经成为企业采购管理的重要组成部分。

拓展资源 2.8

供应链金融

【本章小结】

本章介绍了采购管理概论、采购管理制度、采购管理组织与人员、采购管理发展趋势四部分内容。其中，采购管理概述主要讲述了采购管理的概念、采购管理目标、采购管理内容与过程、采购管理重要性。采购管理制度介绍了集中化采购、分散化采购、混合式采购三种采购模式及其优缺点。采购管理组织与人员介绍了采购管理组织的含义及功能、组织设计原则、组织结构形式及采购人员职业素养等方面。最后从采购范围、采购过程、采购渠道、采购决策、供应链集成化、供应链金融化等方面讲述了采购管理的发展趋势。

【即测即练】

【复习思考题】

1. 什么是采购管理？
2. 集中化采购的优缺点及适应情况是什么？
3. 采购人员应该具备的基本素质有哪些？
4. 实施全球化采购的主要原因有哪些？
5. 简述采购管理的重要性。
6. 供应链金融活动方式表现在哪些方面？

【实践训练】

实践项目：采购管理组织设计

任务要求：采用分组合作的形式，每组由5人组成，选定一位组长，在一定时间内以小组为单位，设计一个采购管理组织，参照本章介绍的组织设计原则和要求，设计出具体的组织框架，说出该采购管理组织可以适应的公司类型，并用文字说明该采购管理组织需要公司作出的改革。

第三章 采购商品和采购行为

【学习目标】

1. 了解采购商品分类的概念、意义、基本原则与分类方法等基础知识。

2. 熟悉采购商品质量标准、采购商品规格说明的基本知识。

3. 掌握采购行为类型、采购行为决策影响因素和采购行为决策过程。

【能力目标】

1. 具备采购商品分类的技能。

2. 培养学生采购商品质量分析能力及商品规格说明能力。

3. 具备针对采购行为个性特征创新性地解决实际问题的思辨能力。

【思政目标】

1. 培养学生采购商品管理的规范意识和良好职业品德。

2. 培养学生采购商品质量观念和敏锐辨识能力，以及采购商品规格描述能力。

3. 培养学生创新思维和开拓创新地应对采购行为变化的决策能力和较高的职业素养。

【思维导图】

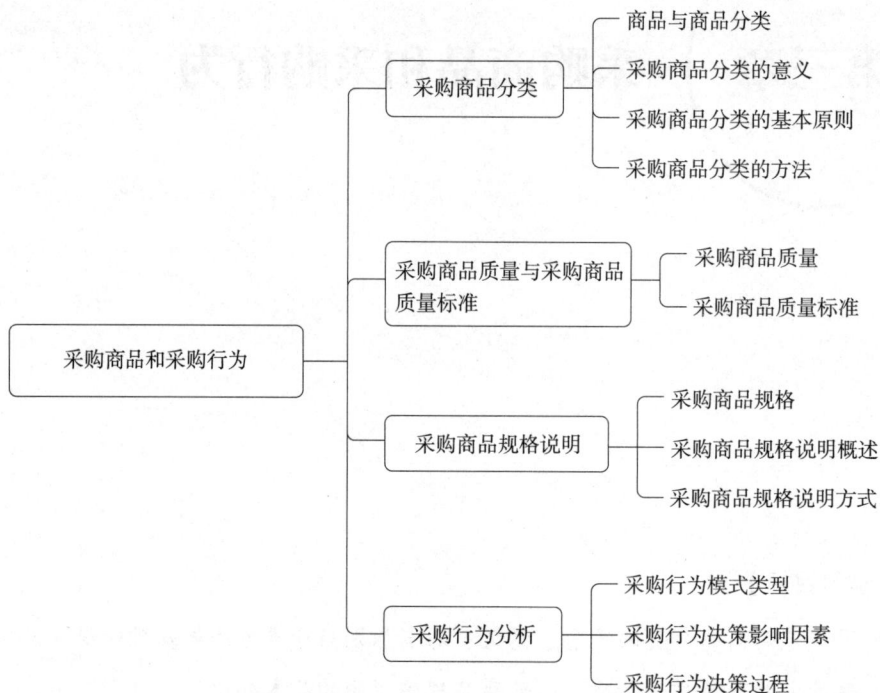

【导入案例】

一次性外科手术用工作衣的采购决策

【教学微视频】

第一节　采购商品分类

一、商品与商品分类

商品是用来交换、能够满足人们某种欲望和需求的产品。从商品一般的定义和我们通常的理解来看，商品比产品的含义要窄。也就是说，只有用来交换的产品才是商品。

分类是将一定范围内的总体按特定标志，逐次归纳概括成若干范围更小、特征更趋一致的部分，直到划分成最小单元的过程。商品分类就是根据一定目的，为满足某种需要，选择恰当的分类标志或特征，将商品集合总体科学地、系统地逐次划分为不同的大类、中类、小类、品类或品目、品种乃至规格、品级、花色等细目的过程。表 3-1 为商品分类的类目层次及应用实例。

表 3-1　商品分类的类目层次及应用实例

商品类目名称	应用实例 1	应用实例 2
商品门类	消费品	消费品
商品大类	食品	日用工业品
商品中类	食粮	家用化学品
商品小类	乳和乳制品	肥皂、洗涤剂
商品品类或品目	奶	肥皂
商品种类	牛奶	浴皂、洗衣皂
商品品种	饮用牛奶	香皂

二、采购商品分类的意义

商品分类是采购商品管理必不可少的环节。科学的商品分类，不仅有助于了解商品整体，而且便于分析各类商品的特征、内在联系与差异、价值的高低、储运的不同要求，以及不同商品的用途区别等，使商品的生产与流通更趋于合理化，提高商品的采购效率，为企业的生产经营管理节约大量资金。商品分类有其重要的意义。

（1）商品分类是深入研究商品使用价值、评价商品质量的重要方法。由于商品品种繁多、特征及性能各异，它们对包装、运输、储存的要求也各不相同，只有通过对商品的科学分类，将个别商品特征归结、综合为某类商品的类别特征，才能深入分析和了解商品的本质属性与特征，全面分析和评价商品质量及研究商品质量变化规律。这样有助于商品质量的改进和提高，以及商品检验、包装、运输、保管和科学养护。在运输、储存环节中，科学的商品分类有助于更好地进行商品的运输和保管，减少损失。按照不同的商品质量变化规律，采取不同的管理和科学养护措施，保证商品质量，防止降低商品使用价值。

（2）商品分类是实现商品使用价值的重要手段，也便于消费者和用户选购商品。在销售和售后服务中，科学的商品分类对市场调查和预测、疏通生产流通渠道、方便消费者和用户选购及使用都有积极作用。在采购中，科学的商品分类可以降低采购的风险、减少收集商品信息的费用，进而提高采购效率。

（3）科学的商品分类还是制定商品质量标准的依据，对企业引入全面质量管理、提高经济效益都起着重要作用。

三、采购商品分类的基本原则

商品分类原则是对商品进行科学分类的重要依据。为了使商品分类满足某些特定的需要，在分类时一般应遵循以下几项基本原则。

（一）系统性

系统性原则就是以选定的商品属性或特征为标志，将商品总体按一定的排列顺序予以系统化，并形成一个合理的商品分类体系。换言之，就是根据商品总体内部固有的次序，分门别类，形成一个包括若干子系统的商品分类体系。

（二）稳定性

商品分类既要考虑现实状况，也应符合商品发展的客观规律，所以，在进行商品分类时，要设置足够的类目（后备类目），留有可以不断补充新产品的余地。这样，当分类目录发生不可避免的变更，整个系统的分类结构不会被破坏，同时，增加新的容量也不需要改变整个系统，从而保持系统的相对稳定性。

（三）专一性

这一原则要求在商品分类体系中，每一个分类层次只采用一个分类标志。分类的含义要准确，不能相互排斥。也就是说，要从本质上将各类商品之间的差异加以明显区别，保证每个商品只出现在一个类别中。

四、采购商品分类的方法

对商品进行分类时，分类标志的选择至关重要，它必须既能达到分类目的的要求，又能明显地区别分类对象。商品是多种多样、纷繁复杂的。要使商品分类具有科学性和系统性，就必须选择适当的分类标志，其关键就是掌握商品的特性和特征。商品具有本质和非本质的特性与特征，为了保证分类的系统性、稳定性和专一性，必须选择最稳定的、最本质的特性作为分类标志。因此，商品的自然属性和社会经济属性的特征都可以作为商品分类的标志。

商品根据不同的用途可以选取不同的分类标志。常用的分类标志包括商品的原材料、用途、化学成分、外观形态、加工工艺等。常见的分类方法有商品的普遍分类方法和珀施尔商品分类方法。

（一）商品的普遍分类方法

商品的普遍分类方法是将所有的商品分为消费者用品和产业用品两大类。根据购买习惯，将消费者用品划分为便利品、选购品、耐用品和非渴求品等。根据生产与供给的不同情况，将产业用品划分为设备用品、原材料、生产消耗品、作业消耗品、管理用具等，如图 3-1 所示。日本一般采用此法分类，其优点是可以明显地区分消费者用品与产业用品之间的特性。

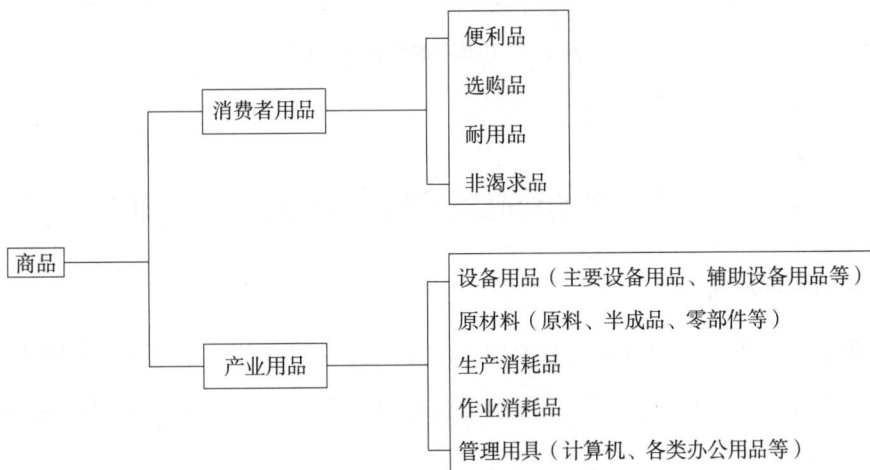

图 3-1　商品的普遍分类方法

（二）珀施尔商品分类方法

珀施尔商品分类方法是以商品用途作为标志予以分类。商品用途决定了商品的使用价值，也是衡量商品质量高低的重要依据，以用途作为分类标志在商品分类中应用很广泛。它不仅适合对商品大类的划分，也适合对商品类别、品种的进一步详细分类，而且便于企业和消费者选购。例如，早在 1929 年，德国商品学者 V. 珀施尔（V. Poeschl）就按照商品用途建立了如图 3-2 所示的商品分类体系。

```
                                                        ┌──────────────────┐
                                                        │  衣物              │
                                    ┌──────────────────┐├──────────────────┤
                               ┌────│ 满足人们基本需要的商品 │┤  衣着用品          │
                               │    └──────────────────┘├──────────────────┤
                               │                        │  住宅商品          │
                               │                        └──────────────────┘
                               │                        ┌──────────────────┐
                               │                        │ 传播知识、交通用商品  │
                               │                        ├──────────────────┤
         ┌──────┐              │    ┌──────────────────┐│ 清洁、卫生、净化、美容用商品│
         │ 商品  │──────────────┼────│ 满足人们发展需要的商品 │┤                  │
         └──────┘              │    └──────────────────┘├──────────────────┤
                               │                        │ 文体、数字、科研用商品 │
                               │                        ├──────────────────┤
                               │                        │ 装饰品和奢侈品      │
                               │                        └──────────────────┘
                               │    ┌──────────────────┐┌──────────────────┐
                               └────│ 满足人们生产需要的商品 ││ 生产用商品         │
                                    └──────────────────┘├──────────────────┤
                                                        │为生产部门提供动力和能量的商品│
                                                        └──────────────────┘
```

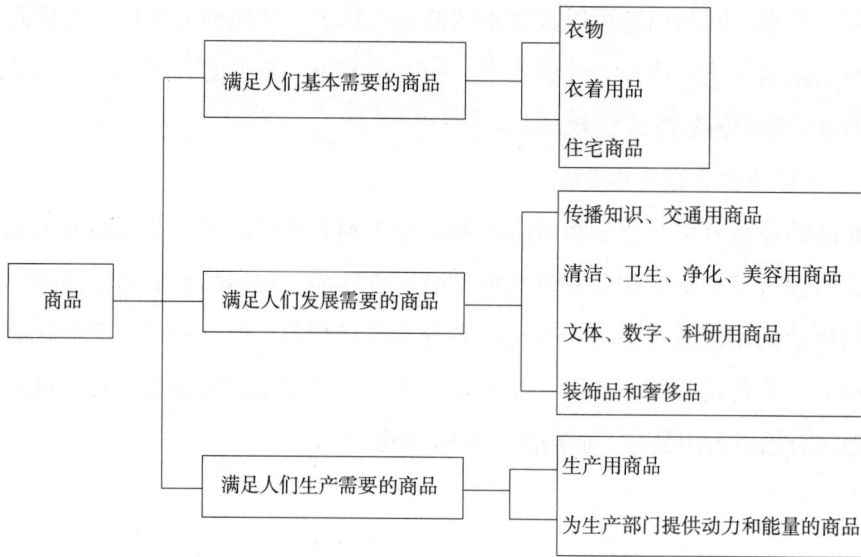

图 3-2　珀施尔的商品分类体系

<h2 align="center">第二节　采购商品质量与采购商品质量标准</h2>

一、采购商品质量

　　质量是一个复杂的概念，专家们给质量下过各种定义，如"适合于使用""同要求一致""无任何偏差"等，我们将引用被广泛采用的由美国质量控制协会对"质量"所下的定义。

　　质量是一种产品或服务的性能和特征的集合体，它具有满足现实需求或潜在需求的能力。这里的"性能"是指不同类别商品所特有的性质和功能，如服装的保暖性能、电影的娱乐功能等。"特征"是指用来区分商品不同品种的特别显著的标志，如收音机的落地式、台式和袖珍式。"现实需求"是指对已存在商品的特性的需求。"潜在需求"可以理解为人和社会对商品在适应性、安全性、卫生性、耐用性、审美性、经济性、信息性等方面的人为期望。这显然是一个以顾客为中心的质量定义。顾客有一组需求、要求和期望。当卖方的产品或服务符合或超过顾客的期望，我们就可以说卖方在传递质量。一个在绝大部分时间满足顾客需求的公司，就是一个质量公司。可以说，高质量传递了一个令人信赖的信号，企业在采购时首先选择的是可以提供高质量产品的供应商。

二、采购商品质量标准

如前所述，质量是能够满足人们现实需求或潜在需求的属性。商品因其不同的用途具有不同的质量属性。一般来说，可以把质量属性归纳为适用性、可靠性和经济性三个基本方面。

（一）适用性

适用性是指一种商品、物料或服务能达到既定功能和用途的能力。从一种纯粹意义上讲，适用性忽略了商业上的考虑，而仅仅指适合使用。实际上，有些时候是不可能做到的。例如金比银和铜更适合做电导体，但由于金造价高昂而不适用，这也正是芯片用金而房屋用铜做导线的原因。所以适用性除商品用途所要求的基本性能外，还包括满足使用方便、安全、经济等要求。

（二）可靠性

可靠性是一种数学概念，是一种产品能在指定时间内正常工作的可能性。它是与商品在使用过程中的稳定性和无故障性联系在一起的，是评价机电类商品质量的主要指标之一。可靠性包括耐久性、易维修性和设计可靠性。从采购的观点看，对所采购的部件和商品而言，认识其可靠性的变动很有用。

（三）经济性

经济性包括两个方面的内容：①追求在"价廉物美"基础上的最适质量。②商品价格与使用费用的最佳匹配。最适质量是指商品的性能与获得该质量性能所需费用的统一，即优质和低成本的统一。对于采购而言，除了要考虑采购商品的价格外，还应注重商品的质量，争取在保证"一分价钱一分货"的基础上，购买到"价廉物美"的商品。可以考虑使用"价值工程"的原理将商品的经济性加以量化，根据"价值 = 功能 / 成本（费用）"（$V = F/C$）公式，可以计算出商品的价值，并努力以最低的成本费用获取最高的经济效益。商品价格与使用费用的最佳匹配，即商品的定价与购买者对该商品的购买能力相匹配。

拓展资源 3.1

哈佛商学院大卫·加温（David Garvin）教授认为质量至少可以有以下八种含义

拓展资源 3.2

几类商品的质量标准

第三节　采购商品规格说明

一、采购商品规格

规格是指对某一产品的性能、质量等所做的专门描述，也可以说是对产品所要求的标准，我们一般从物理或化学特性、物料与制造方式、性能三方面界定规格。了解采购商品规格，有助于准确描述采购商品的特性，因此商品规格可以作为采购要素之一。

二、采购商品规格说明概述

（一）商品规格说明的含义

商品规格是用户将需求传递给可能的供应商的主要方式。商品规格是对原材料、产品或服务的技术要求的描述。规格可以描述供应商商品必须满足的性能参数，或者给出产品或服务如何去做的完整的设计方案。

对采购的产品或服务定义不当或者根本不定义，将导致一系列问题的产生。如果采购方都不清楚自己需要什么，又怎能使供应商交付"好的"产品或"正确的"服务呢？因此，必须在采购方明确定义商品规格之后，供应商才开始报价。

（二）商品规格说明的必要性

商品规格说明是采购订单和采购合约的核心，规格对能否获得优秀品质的商品起着非常重要的作用，更能协调解决工程部门、制造部门、行销部门及采购部门之间的设计冲突。

在采购方报价或者进入谈判之前，供应商需要以规格说明作为基础。规格有助于供应商明确提供什么样的产品或服务。

拓展资源 3.3

采购商品规格说明的
优势与劣势

三、采购商品规格说明方式

商品的描述可以采用多种形式，也可以是几种形式的组合。常用的描述方式主要有设计图和样图、品牌和商标、化学和物理规格、商业规格、设计规格、市场等级、原材料和制造方式的规格、功能规格等。多数企业的产品需要以上述方式中的两种或更多来对规格进行说明。

拓展资源 3.4

商品规格说明方式

第四节　采购行为分析

一、采购行为模式类型

（一）购买行为模型

1. 希斯模型

希斯模型强调的是心理因素，关注采购决策程序的各个参与者在购买决策过程中的心理状态。这个模型涉及购买者的期望、感觉、职务倾向、生活方式和意识到的风险等。

期望是指个人对于某一销售商或某种品牌的产品能满足个人需要和符合购买目的程度的感觉。希斯模型指出：造成购买者的期望产生差别的主要原因是个人的经历（包括感觉、教育、职务、生活方式等）。希斯模型把个人决策和集体决策区分开来。个人决策就是把购买决策委托给某个人，而集体决策就是在决策过程中把各参与者的意见集合起来做决定。确定是由个人决策还是集体决策，考虑以下两个因素：①产品方面，包括时间压力、意识到的风险和购买类别。②公司方面，包括规模、方向和权限集中程度。在希斯模型中，在其他条件相同的情况下，企业规模越大、权限集中度越高，集体决策的可能性就越大。而风险不大的决策，即那些时间紧迫和重复购买的决策，一般由个人作出。

意识到的风险是指购买者感觉到的不确定性程度及据此制定决策所造成的严重后果，包括两种：产品性能方面的风险和心理上的风险。产品性能方面的风险是指一种产品的实际性能符合购买者预期要求的程度。心理上的风险是指其他有关人员对决策的反应及购买者自己对可能要承担的后果的感觉。不确定性越大、后果越重要，意识到的风险程度就越高。

购买者可以采取若干战术以减小意识到的风险，包括收集资料、回避作出决定、把责任转嫁给其他决策参与者、投入最少的时间与金钱，或者干脆降低目标。

2. 韦伯斯特 – 温德模型

了解购买程序的各个参与者及其特点对于采购决策具有重要意义。小弗雷德里克·E.韦伯斯特（Frederick E. Webster, Jr）和约拉姆·温德（Yoram Wind）称采购组织的决策单位为采购中心，将采购中心定义为："所有参与采购决策过程的个人和集体，他们具有某种共同目标并一起承担由决策引发的各种风险"。采购中心组织

中的全体成员，包括发起者、使用者、影响者、决定者、批准者、购买者和控制者。

3. 乔弗莱 – 利林模型

乔弗莱 – 利林模型主要针对的是企业采购新产品的决策过程。在这一模型中，环境因素和组织因素被看作确定一组产品备选方案的约束条件。对这些备选方案，决策者可根据自己的偏好作出选择，把个人偏好归集于采购中心产生组织的选择。这种模型适合于复杂的工业购买程序，而不适于消费品的购买程序。

（二）购买行为类型

企业购买本身的重要性和购买数量的不同，使得采购决策程序有的简单、有的复杂。根据采购对象，确定采购决策所需的时间及参加决策的人数。罗宾逊（Robinson）等将工业品采购行为分为简单重购、修正重购和新任务采购三种类型。

1. 简单重购

简单重购，是企业的采购部门根据过去与供应商的合作经验，从供应商名单中选择供货企业，直接重新订购过去采购的同类产业用品，如办公用品、大批量化学制品等。购买行为是惯例化的、列入名单的供应商将尽力保持产品质量和服务质量，并采取其他有效措施来提升采购者的满意程度。未列入名单的供应商会试图提供新产品或开展某种满意的服务，以便使采购者考虑从它们那里购买产品，同时还将设法先取得一部分订货，以后逐步争取更多的订货份额。

2. 修正重购

修正重购，是企业的采购经理为了更好地完成采购工作任务，适当改变要采购的某些产业用品的规格、价格等条件或供应商。这种购买情况较复杂，因而参与购买决策过程的人数较多。这种情况给"门外的供货企业"提供了市场机会，并对"已入门的供货企业"造成了威胁，这些供货企业要设法拉拢其现有顾客，保护其既得市场。

3. 新任务采购

新任务采购，是企业第一次采购某种产业用品，如建办公用房、引进新式机器设备等。新任务采购的成本费用越高、风险越大，那么需要参与购买决策过程的人数和需要掌握的市场信息就越多，这类购买情况最复杂。因此，供货企业要派出特殊的推销人员小组向其顾客提供市场信息，帮助顾客解决疑难问题。

在简单重构情况下，产业购买者要作出的购买决策最少。而在新任务采购情况下，产业购买者要作出的购买决策最多，通常要作出以下主要决策：决定产品价格、规格、交货条件和时间、服务条件、支付条件、订购数量、可接受的供应商和挑选出来的供应商等。

二、采购行为决策影响因素

企业制定采购决策时受到很多因素的影响，主要是经济因素和个人因素。

韦伯斯特和温德将影响采购决策的因素分为环境因素、组织因素、人际因素和个人因素四类。

（一）环境因素

一个国家的经济发展前景、市场需求、资源成本等都会对采购决策产生重要影响。如果经济前景不佳、市场需求不振、资源成本增加，购买者就不会增加投资，甚至减少投资，减少原材料采购量和库存量。环境中政治、技术、竞争性发展等因素也会对采购决策产生影响。营销人员要关注这些因素的变化及其对采购的影响，然后作出相应的决策。

（二）组织因素

企业本身的组织因素是企业的目标、政策、步骤、组织结构、系统等。营销人员应该尽可能地了解这些问题，还应意识到采购组织的发展趋势。

拓展资源3.6
组织因素对采购行为决策的影响

（三）人际因素

如前所述，企业的采购中心通常包括七种成员的决策购买过程，这些参与者在企业中的地位、职权、说服力及他们之间的关系有所不同。尽管业务营销人员发现的一切有关个性和人际因素的信息都可能有用，但他们谁都无法准确预知在采购决策过程中会发生什么样的群体动态。在人际因素中，与顾客和其他公司销售代表的关系尤为重要。

（四）个人因素

采购决策过程中每一个参与者都带有个人动机、直觉与偏好，这些因素又受他们自身的年龄、收入、职业态度、性格、风险态度和文化的影响，这些个人的因素会影响采购决策和采购行为。

三、采购行为决策过程

采购行为决策贯穿于整个采购活动过程。罗宾逊等人确定了采购需经历八个阶段。

（一）确认需求

在新任务采购和修正重购情况下，购买过程是从某些部门或人员认识到要购买某种产品以满足企业的需求开始。发现和确认需求可能由内部刺激引起，也可能由外部刺激引起。

1. 内部刺激

如企业决定推出某种新产品，需要采购生产这种新产品的设备和原料。机器发生故障或损坏，需要购置零部件或新机器。发现购进的某些原材料质量不好，必须更换供应商。采购经理认为有得到价格更低或质量更好的产品的机会等。

2. 外部刺激

如采购人员通过展销会、浏览广告或接到一个能提供物美价廉产品的销售代表的联系电话等，产生一些新的购买设想。

（二）确定所需物品的特性和数量

确认需求后，就要进一步确定所需物品的特性和数量。对于标准化物品，没有问题。对于复杂物品，采购人员就要和使用者、工程师等共同确定所需物品的特性，如可靠性、耐用性、价格及其他属性。供应商的营销人员在此阶段需要帮助采购员确定所需物品的特性和数量。

（三）撰写技术说明书

企业的采购组织确定需求以后，指导专家小组对所需品种进行价值分析，作出详细的技术说明。价值分析的目的是耗费最少的资源，实现最大的功能，提高经营效益，即以最低成本费用取得最高经济效益。采购单位的专家小组要将价值分析的结果写成简明的技术说明书，作为采购的依据或标准。当然，供应商营销人员也要运用价值分析技术，向顾客说明其产品具有良好的功能。

（四）调查和鉴别可能的供应来源

拟定了购买产品的详细规格后，需要物色最合适的供应商。特别是在新任务采购情况下，采购复杂的、价值高的品种，需要花费较多的时间物色供应商。采购人员可以通过查找交易指南、进行计算机搜索、打电话要其他公司推荐、观看贸易广告和参加贸易展览会等方式寻找到合适的卖主。

（五）提出建议和分析建议

企业的采购经理邀请合格的供应商提出建议。如果采购复杂的、价值高的品种，采购经理就要要求每个潜在的供应商都提交详细的书面建议，经过筛选后，从合格的供应商中挑选最适合的供应商，要求其提交正式的建议书。因此，供货企业的业务营销人员必须善于提出与众不同的建议书，以引起顾客信任，争取成交。例如，金宝汤公司制订的合格供应商方案，要求必须通过合格供应商、被批准的供应商和选择供应商的审查。为了争取合格，供应商必须证明其技术能力、财务状况、成本效率等能达到较高的质量标准。

（六）评价建议和选择供应商

采购中心根据供应商产品质量和价格、供应商的信誉、及时交货能力、技术服务等来评价供应商，选择最有吸引力的供应商。采购中心最终选定一个或几个供应商。西方许多精明的采购经理一般都宁愿有多个供应来源，以免受制于人，而且这样能够比较各个供应商。例如，采购某种原料，他向第一个供应商采购所需原料的60%，分别向其他供应商采购所需原料的30%和10%。这样就可以使这三个供应商展开竞争，采购经理就大大拓宽了自己选择供应商的空间。

（七）安排订货程序

企业的采购中心选定供应商后，下一步就是采购人员开订货单给最终选定的供应商，在订货单上详细列明技术规格、需要数量、交货时间、退款政策、担保条款等具体要求。对于保养项目、维修项目和经营项目而言，许多企业日益趋于采取"一揽子合同"代替"定期采购交货"。因为采购次数较少，每次采购批量较大，就会增加库存。而采购次数频繁，每逢缺货就重新发订单也是不经济的。而"一揽子合同"则弥补了上述缺陷。采购经理通过和某一供应商签订"一揽子合同"，与其建立长期供货关系，这个供应商承诺当采购经理需要时即按照原来约定的价格条件随时供货。这样，库存就摆在供货企业那里，采购单位如果需要进货，采购经理的计算机就会自动印出订货单，或者用电传打字机发送订货单给供应商，因而"一揽子合同"又叫作"无库存采购计划"。

（八）工作绩效的反馈和评价

采购经理最后还要向使用者征求意见，了解其对购进的产品是否满意，检查和评价各个供应商履行合同的情况或把各种效果不理想的开支加总，形成一个包含价格在内的修正成本，然后根据这种检查和评价，决定以后是否继续向某个供应商采购产品。供应商则应密切关注采购使用者的反馈意见，以便确定为买主提供更加满意的产品或服务。

【本章小结】

　　本章主要介绍了商品与商品分类、采购商品分类的意义、采购商品分类的基本原则，采购商品质量与采购商品质量标准，采购商品规格说明，采购行为模式类型、采购行为决策影响因素、采购行为决策过程等理论知识，为后续的实施做好理论铺垫。

【即测即练】

【复习思考题】

　　1. 商品分类的基本原则是什么？

　　2. 采购行为模式有哪些？

　　3. 简述采购决策过程。

【实践训练】

　　实践项目：采购行为过程

　　任务要求：班级同学分小组模拟完成一次采购决策活动，体会一下采购行为决策过程及每个过程阶段都应注意哪些问题。

第四章 采购计划与采购预算

【学习目标】

1. 了解采购计划编制的目的、原则、内容、影响因素。

2. 熟悉采购需求分析方法、物资消耗定额和物资储备定额确定方法。

3. 掌握物资采购数量确定方法及采购预算编制流程。

【能力目标】

1. 掌握采购计划编制的内容和程序。

2. 掌握需求分析、物资消耗定额和物资储备定额确定的量化分析方法技能。

3. 掌握最终采购数量确定的方法，学会编制采购预算基本技能。

【思政目标】

1. 培养学生计划意识、责任意识和良好道德素养。

2. 培养学生科学分析思维、规划意识和德才兼备的能力。

3. 培养学生诚实守信、实事求是、开拓创新、厉行节约的精神。

【思维导图】

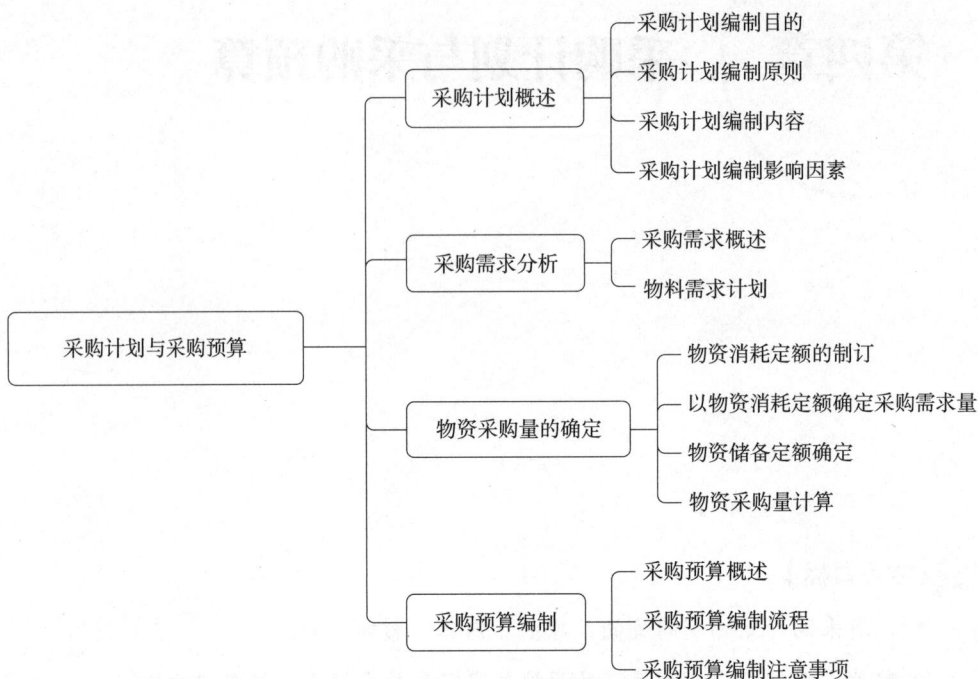

【导入案例】

某公司采购计划申请管理办法

【教学微视频】

第一节　采购计划概述

在计划、组织、领导、控制等管理职能中，计划被列为首要职能。编制采购计划是整个采购管理过程的开始，采购计划制订得是否合理、完善，将直接关系到整个采购工作的成败。

采购计划，是指企业管理人员在了解市场供求情况、认识企业生产经营活动过程和掌握物料消耗规律的基础上，对计划期内物料采购管理活动所做的预见性安排和部署。

一、采购计划编制目的

（1）预估物料或商品需要的时间和数量，保证连续供应。在企业的生产活动中，生产所需的物料必须能够在需要的时候满足供应，而且能够满足需求数量，否则就会因为物料供应不上或供应不足，导致生产中断。因此，采购计划必须根据企业的生产计划、采购环境等估算物料需用的时间和数量，在恰当的时候采购，保证生产的连续进行。

（2）配合企业生产计划和资金调度。制造企业的采购活动与生产活动是紧密关联的，是直接服务于生产活动的。因此，采购计划一般要依据生产计划来制订，确保采购到适当的物料满足生产需要。

（3）避免物料储存过多，控制原材料库存。在实际的生产经营过程中，库存是不可避免的。但物料储存过多会造成大量资金的沉淀，影响到资金周转，同时还会增加市场风险，给企业经营带来负面影响。

（4）保证采购的原材料具有较高和较稳定的品质。很大程度上，原材料的品质直接决定了产成品的品质优劣。若原材料品质欠佳，产成品的质量必然受到影响，进而导致品牌形象受损恶化，最终在激烈的市场竞争中失去立足之地，被市场所淘汰。

（5）使采购部门事先准备，选择有利时机购入物料。在瞬息万变的市场上，要抓住有利的采购时机并不容易。只有事先制订完善、可行的采购计划，才能使采购人员做好充分的采购准备，在适当的时候购入物料，而不至于"临时抱佛脚"。

二、采购计划编制原则

企业在编制物资采购计划的时候，必须遵守以下基本的原则。

（一）市场导向

企业物资采购计划一定要以市场需要为依据，按照实际需要、资源的可能和"以销定购"的原则来编制，这样才有利于实现产销结合。在衔接产销计划的时候，应该在生产数量和收购数量之间统筹安排，采取不同的方法分别对待。对于由市场调节的物资，则应根据市场需要和生产发展条件合理地安排采购计划。如市场上供不应求的物资，应该促进生产企业努力增产，扩大采购。对于库存过大、供过于求的物资，经过积极扩大推销后，确实不合市场需要的，则应通过供需双方协商调整生产，减少采购，压缩库存，待存销达到平衡后再转入正常采购。对那些不符合标准和社会需要的物资，要向有关主管部门或生产单位提出限产、转产甚至停产的建议。

（二）系统性

企业采购计划的制订必须贯彻统筹安排、瞻前顾后的系统性原则。①生产和节约并重。一手促进生产，一手推动节约，从节约中求增产，从规范中求效益。②在相关的各种物资及其品种规格之间保持合理的比例关系，以最合理的资源利用率达到效用的最大化。③既着眼当前的需要，又考虑今后的发展趋势，防止物资库存一会儿脱销、一会儿积压。进货时尤其要注意品种齐全、合理配套、比例恰当。

（三）质量适宜性

企业在设计采购计划的时候，既要按时完成数量，又要品种规格齐全，更要保证产品质量，坚持数量、质量、品种、规格并重。当然，这个质量并不一定非是社会最优的，但它必须是符合行业标准的、最适宜于市场需要的产品质量。

物资质量直接关系到用户的产品质量，也影响到产品的成本和整个社会的经济效益。提高产品质量，从某种意义上来说，就是保证产品的使用性能和期限，提升产品的价值和企业的效益。因此，企业在制订采购计划的时候，必须坚持质量第一的原则。采购产品的品种规格、尺寸、耐寒耐热度、使用期限、性能等各个方面都有严格的标准，同时计划中应对购进的物资建立严密的进货检验制度，严格按标准检验，防止劣质产品进入本企业，对不符合质量标准的产品，应该拒绝收购，或退回原厂返工，或按质论价，降价处理。最好能确立本企业采购员会同质量检验人员深入被采购企业的生产作业车间了解产品质量情况，监督产品的生产过程，从而促使企业提高产品质量。这样既有利于开展竞争，又有利于物资企业提高服务质量和经济效益。同时，质量适宜性原则又保证了产品质量与市场需求之间的相互平衡，在现实的需求中达到企业效益的最大化。

（四）价格适宜性

一般来说，企业的采购价格就是生产企业（供应商）的出厂价格。采购价格的合理与否不仅关系到采购商与供应商之间的利润分配，而且直接影响供应价格的合理与否，涉及用户的经济利益，还关系到企业的市场竞争力。因此，物资进价的确立，一方面应遵守国家的价格政策和价值规律的要求，另一方面要按有利于生产、流通、消费的原则，做到双方互利，使生产企业乐意生产，物资企业也愿意采购。此外，采购价格还必须遵循按质论价的原则，做到优质优价、次质次价、合理比价，提高产品质量，更好地满足社会需求。

（五）严格经济核算、实行择优选购

物资采购要有经济核算观点，讲究经济效益。企业采购时除国家分配的资源外，还要打破行政层次和地区界限，挑选质量好、价格低、进货环节少、费用省的生产企业和地区，择优进货。企业在制订采购计划的时候要充分考虑到这一点。在物资质量、价格相同的情况下，一般应选择就近地区进货，以发挥节省运输费用、到货时间快和业务联系方便等优点，还可以使物资快进快出、勤进勤销，少占用流动资金，加快库存周转，提高企业的经济效益。此外，在制订采购计划时还要注意与企业各职能部门间的协调一致性原则、时间效应性原则、完备性原则等问题，以使企业确立的采购计划能更好地为企业整体效益服务。

三、采购计划编制内容

采购计划是根据市场需求、生产能力和采购环境容量制订的，只有具有丰富的采购计划经验、采购经验、开发经验、生产经验等复合知识的人才能胜任，并且要和认证等部门协作进行。

采购计划包含认证计划和订单计划两部分内容。认证是采购环境的考察、论证和采购物料项目的认定过程，是采购计划的准备阶段。认证计划，是通过对库存余量的分析，结合企业生产需要，在综合平衡之后制订的基本的采购计划，包括采购的内容、范围、大致数量等。订单计划是采购计划的实施阶段，采购计划的制订是通过订单实现的，订单制订要充分考虑市场需求和企业自身的生产需求，还要有一定的时间观念，因为采购本身是企业市场预测结果的重要组成部分。认证计划和订单计划二者必须要做到综合平衡，以便保证采购物料及时供应，同时降低库存及成本、减少应急单、降低采购风险。

采购计划编制流程包括采购认证计划和采购订单计划共八个环节（图4-1）。其中，采购认证计划编制程序包括准备认证计划、评估认证需求、计算认证容量、制订认证计划四个主要环节。采购订单计划编制程序包括准备订单计划、评估订单需求、计算

拓展资源 4.1

如何编制采购认证计划和采购订单计划？

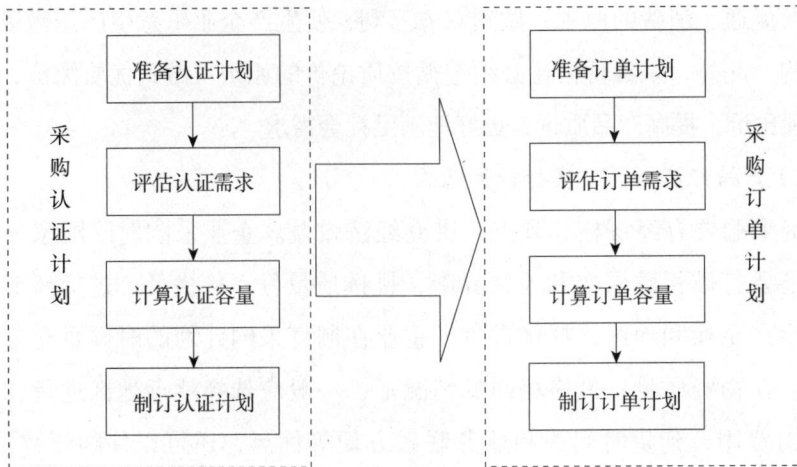

图 4-1　采购计划编制流程

订单容量、制订订单计划四个环节。

四、采购计划编制影响因素

采购计划的编制不是随意的，而是在充分分析企业内、外环境的基础上进行的。因此，编制采购计划首先应考虑影响采购计划和预算编制的主要因素。在实际工作中，影响采购计划编制的因素是多方面的，主要有采购环境、企业销售计划、年度生产计划、物料清单、原材料库存、物料标准成本的设定、企业生产效率等。

（一）采购环境

采购活动发生在一个不确定性因素众多的环境中，这些因素包括外界的不可控因素，如国内外经济发展状况、人口增长、政治、文化及社会环境、法律法规、技术发展、竞争者状况等，以及一系列内部因素，如财务状况、技术水准、厂房设备、原料零件供应情况、人力资源等。这些因素的变化都会对企业的采购计划和预算产生一定影响，这就要求采购人员能够意识到环境的变化，并能决定如何利用这些变化。

（二）企业销售计划

一般情况下，企业的年度生产计划多以销售计划为起点。而销售计划的拟定，又受到销售预测的影响。生产计划制订得准确与否，直接影响到未来的采购计划的制订。销售预测的决定因素，包括外界的不可控制因素，如上所述的国内外经济发展情况（国民生产总值、失业率、物价、利率等）、人口增长、政治体制、文化及社会环境、技术发展、竞争者状况等，以及一系列内部因素，如财务状况、技术水准、厂房设备、原料零件供应情况、人力资源及公司声誉等。

（三）年度生产计划

生产计划根源于销售计划，若销售计划过于乐观，将使产量变成存货，造成企业的财务负担。相反，过度保守的行销计划，将使产量不足以供应顾客所需，丧失创造利润的机会。因此，行销人员对市场的需求量估算失当，常导致生产计划朝令夕改，也使采购计划与预算必须经常调整修正，物料供需长久处于失衡状况。

（四）物料清单

当今时代科技发展日新月异，产品工程变更层出不穷，使企业的物料清单往往难以作出及时的反应与修订，致使根据产量所计算出来的物料需求数量，与实际的使用量或规格不尽相符，造成采购数量过多或过少，物料规格过时或不易购得。因此，采购计划的准确性必须依赖维持最新、最准确的物料清单。物料清单是定义产品结构的技术文件，因此又称为产品结构表或产品结构树。

（五）原材料库存

原材料的库存情况是影响采购计划人员能否对采购计划作出正确判断的重要因素。借助 MRP/ERP/WMS（仓库管理系统）盘点现有库存信息，如最大库存量、最小库存量、安全库存、采购周期、再订货点等，根据库存物资消耗规律和生产销售计划编制采购计划。

（六）物料标准成本的设定

在编制采购预算时，由于较难对计划采购物料的价格进行预测，一般以标准成本代替物料价格。标准成本是指在正常和高效率的运转情况下制造产品的成本，而不是指实际发生的成本。标准成本可用于成本控制以及评价管理人员工作的好坏。标准成本为比较实际产生的成本和应该产生的成本提供参考，标准成本与实际购入价格的差额可作为采购预算正确与否的评估指标。

（七）企业生产效率

企业生产效率的高低将会使预计的物料需求量与实际的耗用量产生误差。

综上所述，由于影响采购计划与预算的因素颇多，故采购计划与预算拟定之后，必须与产销部门保持经常联系，并针对现实状况做必要的调整与修订，才能实现维持正常产销活动的目标，并协助财务部门妥善规划资金的来源。

第二节　采购需求分析

一、采购需求概述

采购需求的确定是制订采购计划的基础和前提。它是一项技术性很强的工作，涉及企业各个部门、各个生产环节、各道工序、各种材料、设备和工具及办公用品等各种物资，因此要有比较全面的知识。首先要有生产技术方面的知识，要知道生产产品和加工工艺的知识，会看图样，会根据生产计划及生产加工图样推算出物料需求量。其次还要有数理、统计方面的知识，会进行科学的统计分析。同时还要有预测方面和管理方面的知识，会发现需求规律，并根据需求规律进行预测。

采购需求按性质可以分成相关需求和独立需求。相关需求是指某种物资的需求量与其他物资有直接的配套关系，当其他某种物资的需求量确定后，就可以直接推算出来。企业内的各种在制品、零部件等都属相关需求。例如，轮胎装配到汽车上，轮胎的需求取决于汽车装配计划。相关需求关系可以分为垂直相关和水平相关两种。需求的垂直相关分为若干层次，如原材料供应商、零部件制造商、装配商和配送商等。而水平相关需求则是指在每一种物资中包括的附属物、促销品等。例如，购买一副羽毛球拍免费提供的羽毛球。对基本物资的需求估计最初是通过预测、存货状况和需求计划来确定的。一旦采购或制造计划被确定，对零部件的需求（例如，在先前例子中的轮胎和羽毛球）就可以直接进行计算，不需要分别进行预测。因此，零部件项目的预测可以直接产生于对基本物资的预测。如果基本物资的需求发生了实质性的变化，那么就有必要调整零部件的需求。一般而言，这种相关需求关系不会改变，所以通常来说没有必要对一种相关需求项目进行预测，因为它的有关内容最好还是通过基本物资来确定。独立需求是指某种物资的需求量是由外部市场决定的，与其他物资不存在直接的连带关系。例如，对冰箱的需求有可能与对牛奶的需求无关。所以，对牛奶进行的预测和对冰箱的预测也没有关系。独立需求物资包括大多数产成品形式的消费品和工业物资，对它们应单独进行预测。

采购需求分析和需求量确定方法常用的有三种：①采购需求预测。②物料需求计划。③物资消耗定额。本节主要介绍物料需求计划。

二、物料需求计划

（一）概念

物料需求计划，指根据产品结构各层次物品的从属和数量关系，以每个物品为计划对象，以完工时期为时间基准倒排计划，按提前期长短区别各个物品下达计划时间的先后顺序，是一种工业制造企业的物资计划管理模式。MRP 是根据市场需求预测和顾客订单制订产品的生产计划，然后基于产品生产进度计划，组成产品的材料结构表和库存状况，通过计算机计算物料的需求量和需求时间，从而确定材料的加工进度和订货日程的一种实用技术。显然，物料需求计划是制订采购计划的基本依据和目标。采购计划人员必须要熟练掌握物料需求计划的处理方法，灵活使用物料需求计划来应对采购物料需求的千变万化。

（二）MRP 基本原理

MRP 基本原理是：根据产品的需求和结构，精确计算出各个物料的需求数量和准确时间，以确保生产过程的顺利进行，同时避免库存积压或短缺。MRP 系统的基本指导思想是：只在需要的时候，向需要的部门，按需要的数量，提供所需要的物料。MRP 系统是一种能提供物料计划及控制库存、决定订货优先度、根据产品的需求自动地推导出构成这些产品的零件与材料的需求量、由产品的交货期展开成零部件的生产进度日程和原材料与外购件的需求日期的系统。它是将主生产计划转换为物料需求表，并能为需求计划提供信息的系统。应用 MRP 系统必须要确定物料的毛需求量和净需求量，可先将物料的毛需求量转化为净需求量，从而进行毛需求量的净化，然后根据需求量和需求时间预先排定订单，以便事先了解缺料情况。

它实质上是一个面向企业内部信息集成及计算机化的信息系统，即将企业的经营计划、销售计划、生产计划、主生产计划、物料需求计划和生产能力计划、现金流动计划，以及物料需求和生产能力需求计划的实施执行等通过计算机有机地结合起来，形成一个由企业各功能子系统有机结合的一体化信息系统，使各子系统在统一的数据环境下运行。这样通过计算机模拟功能，系统输出按实物量表述的业务活动计划和以货币表述的财务报表集成，从而实现物流与现金流的统一。

（三）物料需求计划的流程图

物料需求计划的实施过程就是回答下面问题的过程：①我们要制造什么？②我

们用什么来制造？③我们有什么？④我们还应得到什么？因此，物料需求计划的制订流程如图4-2所示。

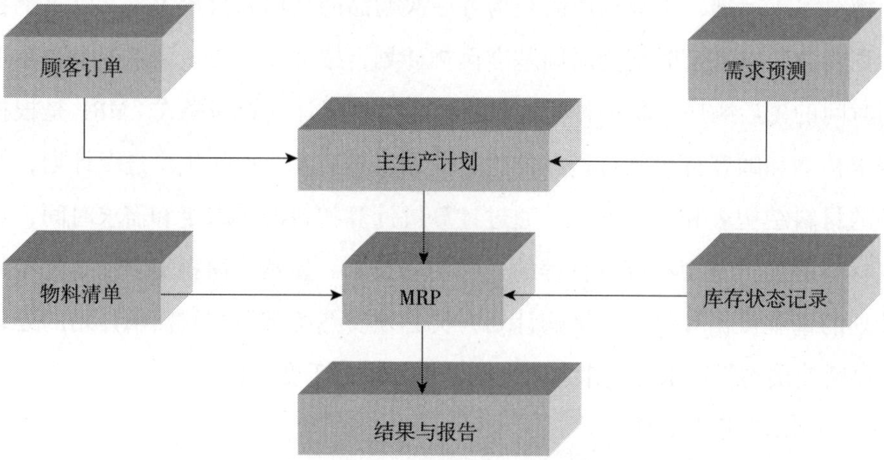

图4-2　物料需求计划的制订流程

（1）主生产计划（master production schedule，MPS）。根据实际的顾客订单和需求预测，主生产计划指导整个MRP系统的实施过程。MPS精确、详细地规定了公司生产或组装的最终产品的种类与数量，以及顾客何时需要得到它们，即MPS将提供每个存货单元（SKU）的详细生产计划。它回答了"我们要制造什么"这个问题。管理人员负责依据MPS制订每月的产品主生产计划、每周主生产计划以及细化的材料计划。

（2）物料清单（bill of materials, BOM）。物料清单确切地规定了制造或组装最终产品所需的各种原材料、零部件和中间产品。除了确定总的需求，如数量，BOM也明确每一个投入品在什么时候应能供应，同时也确定了这些物料之间的相互关系，并说明它们对最终产品的相对重要性。物料清单回答了"我们用什么来制造"这个问题，并确保其准确性，及时根据实际情况进行修改。

（3）库存状态记录（inventory status record，ISR）。该文件保存每种物料的库存记录，它也包括有关物料需求的安全存货及备货期等方面的信息。采购时，可以从总需求中减去现有的部分，这样就可以知道任何时候的净需求。库存状态记录回答了"我们有什么"的问题。仓库管理系统负责库存状态记录的记录与更新，并保证其准确性。

（4）MRP。基于主生产计划确定的最终产品需求和物料清单、库存状态记录提供的相关信息，MRP 系统将把最终产品需求分解成对每个零部件和原材料的总需求，然后减去现有的库存，得到净需求，下达生产和装配过程中必需的投入命令，并给出相应的订货要求信息。"我们还应得到什么"这个问题的答案就来自这一步骤。

（5）结果与报告。MRP 系统将相关结果报告给有关的物流、制造和组装的管理人员，指导他们进行相关的操作。基本的结果和报告包括原材料需求数量与时间、自制件的投入产出计划、任何需要加快或调整的计划、MRP 系统状态、库存状态记录等相关信息记录。这些报告用于控制 MRP 系统和复杂环境，并通过每天检查以作出适当的调整、提供相应的信息。

（四）物料需求计划的举例

为了更全面地理解 MRP 逻辑推理方法，我们来看一个生产定时器的公司，假如根据总体生产计划，公司在第 8 周末要生产出一个定时器并交付客户。图 4-3 表示的是生产一个定时器的原料清单，一个成品需要 2 个盖、1 个空心球、3 个支撑件和 1 千克沙子。图 4-3 中也表明，必须先把沙子装入球内，才能组装成定时器。

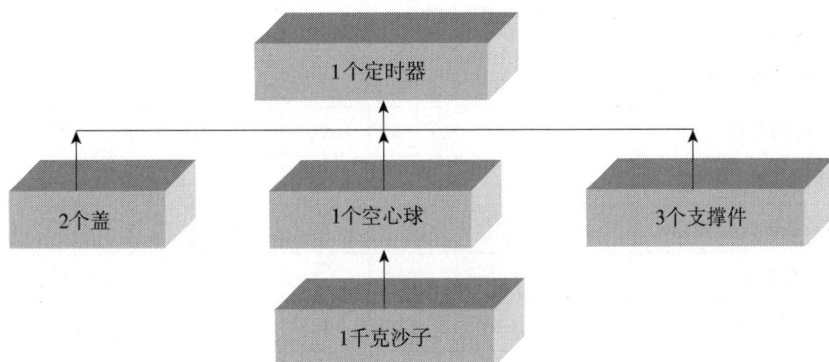

图 4-3 零部件和成品的关系：MRP 定时器的例子

表 4-1 是生产定时器的存货状况及各原料的净需求，它是总的需求与现有存货之差。表 4-1 中也表明了各部件的备货时间，如支撑件与空心球的备货时间是 1 周，沙子需 4 周，盖要 5 周。当所有的部件备齐后，组装定时器需 1 周时间。

表 4-1　生产定时器的存货状况及各原料的净需求

产品与材料	总需求	存货	净需求	备货时间（周）
定时器	1	0	1	1
盖	2	0	2	5
支撑件	3	2	1	1
空心球	1	0	1	1
沙子	1	0	1	4

　　表 4-2 是有关定时器生产的订货、接收、组装和完成的活动的总体计划。因为公司必须在第 8 周末把一个定时器准备完毕，合适的部件必须在第 7 周准备就绪。表 4-2 上部分表示了这种需求。

表 4-2　总体计划——定时器 MRP 的例子

定时器（备货时间 =1 周）	1	2	3	4	5	6	7	8
需求数量								1
生产计划							1	
盖（备货时间 =5 周）	1	2	3	4	5	6	7	8
总需求							2	
现有存货	0	0	0	0	0	0	0	
计划收货							2	
计划订单下达		2						
支撑件（备货时间 =1 周）	1	2	3	4	5	6	7	8
总需求							3	
现有存货	2	2	2	2	2	2	2	
计划收货							1	
计划订单下达						1		
空心球（备货时间 =1 周）	1	2	3	4	5	6	7	8
总需求							1	
现有存货	0	0	0	0	0	0	0	
计划收货							1	
计划订单下达						1		

续表

沙子（备货时间 =4 周）	1	2	3	4	5	6	7	8
总需求						1		
现有存货	0	0	0	0	0	0		
计划收货						1		
计划订单下达		1						

从第 7 周需要部件向前看，表 4-2 中的下半部分可找出订购与接收部件存货。例如，对两个盖，需要 5 周的备货时间，公司必须在第 2 周下订单。对支撑件，则需要 1 周的备货时间，公司应在第 6 周下达订单。最后，公司需要在第 6 周订购空心球，以备第 7 周使用；在第 2 周订购沙子，以备第 6 周到货。

这个例子说明了 MRP 方法如何和存货计划与存货控制相联系。事实上，MRP 程序本身会作出如表 4-2 所示的物料需求计划。当程序作出总体计划后，公司将按规定的时间与数量下达所需备件的订单。

实践中，MRP 对需大量生产零部件的订单计划与控制特别适用。除了如定时器之类简单例子外，计算机化是使用 MRP 的先决条件。只有通过现代计算机的处理速度和能力，公司才能够以经济合算的方式应用 MRP。

MRP 的特点：①可按一定的逻辑程序，自动、准确地推算在各工艺阶段生产环节的生产需求量和需求时间，自动地控制库存数量，并使之保持在一定的库存水平之上，从而为提高企业的经济效益创造了条件。②可快速对市场需求或物料供应的变化作出反应和调整。③可快速对大量数据进行有效的处理，为企业的运作管理提供决策信息，并在决策基础上快速发出工作命令，从而在很大程度上提高了管理的工作效率。

MRP 的优点：定价更有竞争性，销售价格降低，库存减少，客户服务水平提高，改变主计划的能力增强，生产准备和设备拆卸的费用降低，空闲时间减少。此外，MRP 系统还能提前通知管理人员，以使他们能在实际订单下达之前看到计划情况，指出何时应加快进度、何时应减慢进度，推迟或取消订单，辅助能力计划。

MRP 的缺点：MRP 系统是严格按照其逻辑和算法对外购和加工订单进行处理的，本质上是一个推式系统。MRP 系统的处理逻辑决定了它是一个严格的计划系统，适用于市场需求相对稳定且加工过程中生产又是相对稳定的情形。但是在市场需求瞬息万变的情况下，一旦市场预测与实际需求差距较大，MRP 系统很难作出快速的反应。同时，尽管相比传统的库存控制方法，MRP 系统能大幅降低原材料、在制品及产成品的库存水平，但总体而言库存量还是偏大，占用了较多的流动资金，不利于企业的发展。

MRP 系统要有效地发挥其作用，要求应用该系统的产业与企业具有以下特点：①产品装配提前期较长。②原材料、零部件的备货提前期较短。③原材料、零部件的备货提前期是可靠的，而不是臆测的。④有一个稳定的生产主进度表。⑤批量的大小变动较小。综合以上考虑，MRP 系统适用于加工装配型企业，尤其是生产由成千上万个零部件组成复杂结构产品的企业。这类企业在生产管理与物料控制中需进行大量的数据处理，如果没有 MRP 系统，很难保证管理和控制的及时、准确和有效。

第三节　物资采购量的确定

一、物资消耗定额的制订

物资消耗定额是指在一定的生产技术组织条件下，制造单位产品或完成单位劳务所必须消耗的物资数量标准。制订物资消耗定额，首先要分析物资消耗的构成，包括物资消耗的类别和每种原材料从投入到制成成品的整个过程中原材料消耗等方面。

物资消耗定额的制订包括主要原材料消耗定额的制订、辅助材料消耗定额的制订、燃料消耗定额的制订、动力消耗定额的制订等。

（一）主要原材料消耗定额的制订

正确制订主要原材料消耗定额，要分析原材料的构成，即指从投入到产出的整个过程中，原材料消耗在哪些方面。如工业制造业，主要的原材料消耗一般包括下面三个部分。

（1）构成产品或零件净重所消耗的原材料。这部分属于有效消耗量，它与产品设计水平有关。

（2）工艺损耗量。这是指在加工过程中，由于工艺设计上的原因而必须产生的原材料损耗。如机器加工过程中产生的切屑、锻造过程中的切割损耗和氧化皮、铸造过程中的焙化烧损、材料加工过程中产生的料头及边角余料等。这部分消耗是由企业的工艺技术水平决定的，随着技术的进步和工艺的改善，可能会降到最低的程度。

（3）非工艺性损耗。这是指除上述两者以外的损耗，包括运输管理不善引起的损耗、供应材料不合规格引起的损耗及其他非工艺技术上的原因所造成的损耗等。

根据用途的不同，工业企业的主要原材料物资消耗定额还可以分为工艺消耗定额和材料供应定额两种形式。工艺消耗定额包括产品净重和工艺性损耗两部分的原材料消耗，是用于向车间和班组发料与对其考核的依据。材料供应定额则是在工艺消耗定额基础上，还包括一部分非工艺性损耗。这部分非工艺性损耗，应是在企业目前的管理条件下经过努力还不可能避免的，或是由企业外部因素造成的。

（二）辅助材料消耗定额的制订

辅助材料消耗定额可根据不同的用途，采用不同的方法制订，主要有以下几种。

（1）与主要原材料呈正比例消耗的辅助材料，其消耗定额可按主要原材料单位消耗量的比例计算，如炼 1 吨生铁需用多少溶剂等。

（2）与产品产量成正比例的辅助材料，其消耗定额则可按单位产品来计算，如包装材料和保护涂料等。

（3）与设备开动时间或工作日有关的辅助材料消耗定额，可根据设备开动时间和工作日来制订，如润滑油、化学药剂等。

（4）与使用期限有关的辅助材料，其消耗定额可按规定的使用期限来制订，如清洁工具和劳保产品等。

此外，有些辅助材料，其消耗定额则可以根据统计资料或实际耗用情况加以确认，如文化用品只规定限额即可。

（三）燃料消耗定额的制订

燃料，如煤、焦炭、石油、天然气、木材等，由于其使用面广，其消耗定额需根据不同用途及消耗标准分别制订。

（1）动力用燃料消耗定额的制订：以发 1 kW/h 电、生产 1 m^3 压缩气或生产 1 t 蒸汽所需燃料为标准来制订。

（2）工艺用燃料消耗定额的制订：以加工 1 t 产品或生产 1 t 中间制成品所需燃料为标准来制订。

（3）取暖用燃料消耗定额的制订：一般按每个火炉或单位受热面积来制订。

由于燃料品种不同，物理状态（固体、液体、气体）和发热量也不同，在计算定额时，先以标准燃料为标准，然后再换算成实际使用的燃料。

（四）动力消耗定额的制订

该定额通常也是按不同用途分别制订的，如用于电动机的电力，一般是先按实际开动马力计算电力的消耗量，再按加工每种产品所占有的台时数，分别摊派到每个产品上。用于工艺过程的电力，如电炉炼钢，就直接按单位产品来制订。

二、以物资消耗定额确定采购需求量

企业的物资需要量，是指企业在计划期内产品生产、日常经营、大修理、新产品试制和技术组织措施等项目的物资需要量，是生产耗用量、运输和保管过程中的耗损量，减去回收利用的废料数量。本部分介绍如何按照物资消耗定额确定物资需要量，用公式表示为

物资需要量 = 生产耗用量 + 运输耗损量 + 保管耗损量 – 回收利用废料量

式中生产耗用量的计算，可以用工艺定额乘以产量。如果使用供应定额乘以产量，则算出来的数量包括工艺（生产）耗用量、运输耗损量和保管耗损量三项，只有回收利用废料量需要单独计算。物资需要量是按每一类物资、每一种具体品种规格分别来计算的。不同用途、不同种类的物资消耗定额不同，物资需要量的计算方法也不同，主要有以下两种。

（一）直接计算法

这是根据生产任务、物料需求计划和物资消耗定额来确定物资需要量的一种方法。一般来说，这种方法比较准确。

（二）间接计算法

这是以一定的产值或产量的材料消耗量做平均基数来确定某一比例或系数，并以此来估算物资需要量的一种方法。用这种方法计算出来的物资需要量，不如直接计算法准确，但对某些不便于定额的辅助材料及机修、工具等辅助部门用料，只能采用此法。当年度计划尚未最后确定或只有产值任务而没有具体产量任务时，

为了提前组织订货，准备物资，也只得采用这种方法初步确定需要量。

对于上述两种计算方法，我们可以分别用不同物资需要量的计算来进行具体的说明。

1. 主要原材料需要量的计算

这类材料需求的特点是和产量或工艺过程呈直接比例关系，因此，一般采用直接计算法，可采用下列公式计算：

某主要原材料需要量 =（计划产量 + 技术上不可避免的废品数量）× 单位产品材料消耗定额 - 计划回收利用的废品数量 × 单位材料消耗定额

公式中的计划产量，应包括商品产量和期末期初在制品差额。技术上不可避免的废品数量，可依据技术部门提供的材料及计划期废品率来确定。计划回收利用的废品数量也可依技术部门的资料统计得出回收利用系数来确定。

【例 4-1】风动工具厂年计划生产手凿岩机 2 500 台，其中每个活塞（胆）钢材消耗定额为 2 kg，废品率为 15%，且依技术部门统计废品回收利用率可达 20%，那么，做活塞一年需用的钢材量为

$$钢材年需要量 =（2\ 500+2\ 500 \times 15\%）\times 2-2\ 500 \times 15\% \times 20\% \times 2$$

$$=5\ 750-150$$

$$=5\ 600\ kg$$

2. 辅助材料需要量的计算

由于在生产过程中，企业所需的辅助材料种类繁多、使用面广，一般按其不同用途分别计算。有些辅助材料有消耗定额，其需要量可采用直接计算法，计算公式如下：

某辅助材料的需要量 =（计划产量 + 废品量）× 某辅助材料的消耗定额

有的辅助材料没有消耗定额，其需要量可采用间接计算法，计算公式如下：

某辅助材料需要量 =（上年实际消耗量 / 上年产量）× 计划年度产值（万元）×（1- 可能降低的百分比）

【例 4-2】某厂计划今年房屋大修工程投资 20 万元，而目前已知的是去年房屋大修投资 10 万元，实耗木材 40 m³，今年计划降低消耗 5%，则今年木材需要量应为

$$木材需要量 =40/10 \times 20 \times（1-5\%）=76\ m^3$$

用万元定额计算，假如维修投资木材耗用万元定额为 3.5 m³，则木材需要量为

$$木材需要量 = 3.5 \times 20 = 70 \ m^3$$

利用万元定额（或千元定额）计算需要量的物资很多，如基建材料（估算法），有关劳保材料、照明材料、取暖材料、清扫用具等。

3. 燃料需要量的计算

工业企业需用的燃料，主要用于工艺过程、生产动力、运输和取暖等方面。燃料需要量一般依据消耗定额直接计算。但是，不同性质的燃料，其发热量不同，而燃料消耗定额是按标准燃料规定的，在算出标准燃料需要量之后，还要按具体品种燃料的热量换算系数（实际燃料的发热量同标准燃料发热量的比值）折合成实际品种燃料的需要量。以工艺过程用燃料为例，其计算公式为

实际品种的燃料需要量 = 计划产量 × 标准燃料消耗定额 × 发热量换算系数

运输工具用的汽油需要量，可根据运输工具的型号、行驶百公里的耗油量和计划期内的货运量来计算。取暖用的燃料需要量，根据取暖季节时间、房舍的容积等因素来计算，这里就不再一一举例了。

4. 电力需要量的计算

企业用电主要包括工艺过程用电和照明用电。不同用途的电力，计算方法不同。工艺过程用电的需要量，通常是按计划工作量和电力消耗定额来计算的。例如，电炉炼钢用电，可按每吨炉料电力消耗定额乘以计划期熔炼炉料总量来计算需要量。又如，电动机用电，是根据一台（或一组）电动机每小时电力消耗定额，以及该组电动机的运转率和制度工作时间等因素来计算其需要量。照明用电的需要量，一般是按灯头数、灯光强度、照明时间等因素来计算。

5. 设备维修用料耗用量的计算

该耗用量一般是根据设备维修计划中规定的大、中、小修理单位总数，以及每一个修理单位的物资消耗定额来计算。或者根据上年度各类维修单位总数和实际用料，并考虑计划年度内提出的改进措施，然后求出一个修理单位的材料平均消耗定额，可采用如下公式：

$$每修理单位材料平均消耗量 = \frac{修理某类设备用料的全年消耗总量}{某类设备的全年修理单位}$$

6. 工具需要量的计算

不同种类、规格和用途的工具也将采用不同的需要量的计算方法。在大批量生产条件下，可按计划产量和工具消耗量来决定计算方法。在成批生产条件下，

可按设备的计划工作台时数和设备每一台时的工具消耗定额来确定。在单件小批生产条件下，通常按每万元产值的工具消耗来计算。此外，还有技术组织措施用料、自制设备和工具等用料，这方面的需要量，一般按有关的统计资料或实际经验来估计确定。

企业把各类物资的需要量核定以后，即可编制各种物资需要量的汇总表，使之成为确定商品采购量的重要依据。

三、物资储备定额确定

由于企业的物资采购量是物资的本期需要量加上期末储备量、减去期初库存量，所以，还需要确定物资储备数量。

（一）物资储备定额的分类与计算

企业的产品生产是一个不断消耗物资的过程。为此，企业必须有一定数量的物资储备，才能保证生产不间断地进行。储量过低，会造成停工待料，影响企业生产的正常进行。储量过高，则会使企业外加资金占用、外加保管费用。而且物资长期存放，还会使物资损坏变质，造成浪费，结果影响企业经济效益。因此，需要确定合理的物资储备标准。

物资储备定额是指在一定条件下，为保证生产顺利进行所需的最经济合理的物资储备数量标准，它通常以天数和实物数量两种计算单位来表示。

物资储备定额是企业管理工作的一项基础性资料，具有以下作用：①它是企业编制物资采购计划的重要依据之一。②它是企业经常审核监督物资库存动态，使库存保持在合理水平上的必要工具。③它是确定物资库存面积、所需设备及其定员的依据。④它是企业核定流动资金的一个重要依据。

企业的物资储备定额一般包括经常储备定额和保险储备定额。季节性生产企业还应当包括季节性储备定额。

1. 经常储备定额

经常储备定额是指相邻两批物资到厂的供应间隔期内，为保证企业生产正常进行所必需的物资储备数量标准。这种储备量经常在最大和最小之间周期性变动，是储备量中的周转部分，因此又称周转储备。它有两种制订计算方法，即"以期定量"方法和经济订购批量方法。

（1）"以期定量"方法。这种方法首先确定物资供应间隔天数（也就是物资的储备天数）、检验天数和使用前准备天数等，然后据此确定物资的经常储备定额。
其计算公式为

$$经常储备定额 = 平均每日需要量 \times （物资供应间隔天数 + 检验天数 + \\ 使用前准备天数）$$

$$平均每日需要量 = \frac{计划期物资需要量}{计划天数}$$

使用前准备天数，是指有的物资在投产使用前还需要加工或处理的时间，如木材的干燥、矿石的破碎等。供应间隔天数一般是根据报告年度的统计资料，用加权平均法计算，再按计划年度的情况适当加以修正而确定。

$$供应间隔天数 = \frac{\sum（某批物资需要量 \times 该批物资供应间隔天数）}{\sum 每次入库量}$$

【例 4-3】某企业 2022 年第四季度要计算 2023 年某种物资供应间隔天数，则可依据 2022 年前三个季度的实际入库物资的时间进行统计，见表 4-3。

表 4-3　某物资入库时间、数量统计表

材料入库时间	材料入库量 /t	供应间隔天数 /d	加权入库量 /（t·d）
1 月 16 日	10	18	180
2 月 11 日	20	26	520
3 月 13 日	30	30	900
4 月 20 日	24	38	912
5 月 25 日	16	35	560
6 月 14 日	20	20	400
7 月 18 日	24	34	816
8 月 15 日	18	28	504
9 月 16 日	20	32	640
合计	182	—	5 432

表 4-3 中，加权入库量等于材料入库量乘以供应间隔天数。根据表 4-3 中数据，计算平均供应间隔天数为

$$某物资平均供应间隔天数 = \frac{5\ 432}{182} \approx 30\ d$$

这种制订经常储备定额的方法，主要是根据供应单位的供应条件、运输条件等因素，保证企业不会因缺料停工而确定物资储备量。其较多考虑企业的外部条件，而较少考虑企业本身的经济利益。

（2）经济订购批量方法。这种方法侧重于从企业内部的经济效益来确定物资经常储备定额。物资储备成本费主要包括两大类。

第一，订购费用。订购费用主要是指与物资订购和采购有关的差旅费、行政管理费、验收费和搬运费等费用。它与订货和采购的次数成正比，而与每次订购的物资数量多少关系不大。因此，从节约订购费用来看，应当尽量减少订购次数，而相应地外加每次订购量。

第二，保管费用。保管费用主要包括物资占用资金的利息、仓库和运输工具的维修折旧费用、物资存储损耗等费用。保管费用则与每次订购的数量成正比，而与订购次数的多少无关。因此，从节约保管费用方面来看，应当外加物资的订购次数而减少每次订购的数量。

这两类费用对采购的要求往往是相互矛盾的。这需要寻求两者之间最佳的平衡点，即寻求两者费用之和最小的经济订购批量，如图4-4所示。

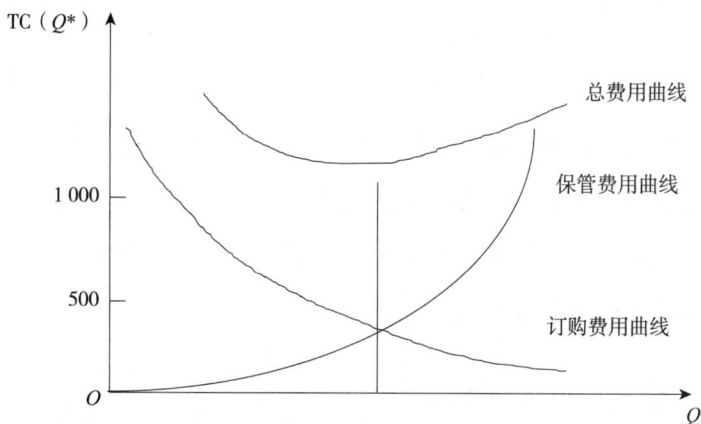

图4-4 经济订购批量示意图

从图4-4中可以看出，保管费用随着订购批量的增大而增大，订购费用则随着订购批量的增大而减少，而两者加起来所形成的总费用曲线之最低点，即为最经济的订购批量。根据这一数学模型所形成的计算经济订购批量公式如下：

$$经济订购批量\ Q = \sqrt{\frac{2DK}{C}}$$

式中，Q 表示经济订购批量；D 表示某商品的年需求量；K 表示每次订货的订购成本；C 表示单位储存成本。

【例4-4】某工厂的某种物资年需要量为 8 000 kg，订购费用为每次 5 元，单位物资的年保管费用为 0.5 元，求经济订购批量。

$$经济订购批量\ Q=\sqrt{\frac{2DK}{C}}=\sqrt{\frac{2\times8\ 000\times5}{0.5}}=400\ kg$$

如果企业按经济订购批量采购某种物资，该物资一次订购供货就是一个经济订购批量，也就是该企业的经常储备定额。这种方法充分考虑了企业物资储备的经济效益，是一种比较理想的方法。但是运用这种方法，需要具备一个前提条件，即企业要能自行决定订购批量和订购时间。如果订购数量和订购时间主要取决于供货单位与运输条件，则企业只能采用"以期定量"方法。经常储备定额在产品入库时达到最大，以后因不断耗用，到下一次入库前达到最小。我们一般计算的是最大量。

2. 保险储备定额

保险储备定额是指为预防因运输延误、交货拖期或退换不合格货物等原因造成库存中断而建立的物资储备数量定额。它是储备中固定的部分，只有在发生不正常时才准动用。一旦动用，则要求尽快地补上。所以它是一个常量储备。其计算公式为

$$保险储备定额 = 平均每日需要量 \times 保险储备天数$$

保险储备天数一般是根据经验或上期统计资料平均误期天数来确定的。平均误期天数是根据报告期实际供应间隔天数中超过平均供应间隔天数的那一部分以加权平均的方法计算出来的。

$$平均误期天数 = 保险储备天数 = \frac{\sum（每次误期时入库数量 \times 每次误期天数）}{\sum 每次误期时入库数量}$$

【例4-5】根据表4-3的有关数据计算平均误期天数。平均供应间隔天数为 30 d，超过 30 d 的误期有 4 次，分别为 38 d、35 d、34 d 和 32 d。每次误期天数分别为 8 d、5 d、4 d 和 2 d。平均误期天数计算如下：

$$平均误期天数 = \frac{24\times8+16\times5+24\times4+20\times2}{（24+16+24+20）} \approx 5\ d$$

保险储备定额的制订还可以采用计算标准差的方法。例如，某企业的各月产品销售量变动较大，引起每月的生产量及材料需要量波动较大，而销售预测又有一定的误差。在这种情况下，某种材料的保险储备量可用表 4-4 的方法来确定。

表 4-4　某种材料预期用量和实际用量的统计资料

月份	预期用量 /t	实际用量 /t	预期和实际之差	差异之平方
1	260	250	+10	100
2	220	225	−5	25
3	260	275	−15	225
4	230	240	−10	100
5	275	280	−5	25
6	270	260	+10	100
7	245	240	+5	25
8	270	280	−10	100
合计	—	—	—	700

表 4-4 中预期和实际之差等于预期用量和实际用量的差值。标准差为

$$标准差 = \sqrt{\frac{\sum（预测用量 - 实际用量）^2}{资料数}} = \sqrt{\frac{700}{8}} \approx 9.35\ t$$

若取两倍标准差作为保险储备量，即保险储备量确定为 $9.35 \times 2 \approx 19\ t$，则保证该材料有 95.5% 的机会不会发生缺料情况。若取标准差的 3 倍，即保险储备量确定为 $9.35 \times 3 \approx 28\ t$，则发生缺料的可能性仅有 0.3%（即 1−99.7%）。

3. 季节性储备定额

这是指由于产品生产的季节性和用料需求的季节性等所形成的物资储备，或因运输条件季节性原因不能正常供应而设置的物资储备。该储备定额是企业库存管理的重要组成部分，需结合生产、需求与运输条件的季节性规律来综合制订。其计算公式如下：

季节性储备定额 = 平均每日需要量 × 季节性储备天数

【例 4-6】某企业所需要的某种物资，是由水上航运到厂的，每年 12 月 15 日开始停航，到来年 3 月 15 日开航。每天用料 800 kg，每月按 30 d 计算，则

季节性储备定额 =800 kg × 30 × 3=72 000 kg

4.最高储备量、最低储备量和平均储备量

在确定经常储备定额、保险储备定额的前提下，就可求出最高储备量、最低储备量和平均储备量。储备定额之间的关系如图 4-5 所示。

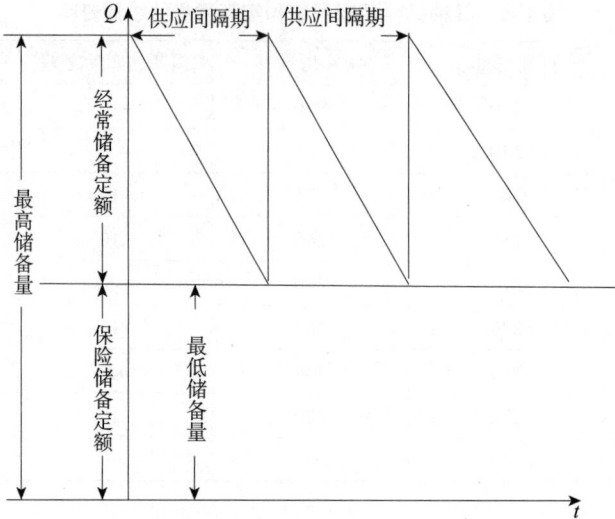

图 4-5　储备定额之间的关系

$$最高储备量 = 经常储备定额 + 保险储备定额$$

$$最低储备量 = 保险储备定额$$

$$平均储备量 = 经常储备定额 /2+ 保险储备定额$$

（二）计划期期末（初）储备量的计算

由于生产任务、供应条件等的变化，计划期内的期初库存量和期末库存量往往是不相等的。因而当物资需要量不变，申请供应的物资数量也会发生相应的增减。当期初库存大于期末库存时，申请供应的物资数量就会减少；反之，则要增加。

计划期的期末储备量就是计划期最后一天的库存量。如年计划的期末就是12 月 31 日，期初就是 1 月 1 日。

1.期末储备量的计算

计划期的期末储备之所以必需，是因为生产具有连续性，本计划必须为下一个计划期期初做好物资准备。其计算公式为

$$期末储备量 = （供应间隔天数 + 验收天数 + 使用准备天数 + 保险天数）\times$$
$$平均日耗量$$

实际工作中经常采用 50%~75% 的经常储备定额加保险储备定额粗略估算作为期末储备量。

2. 期初库存量的计算

计划期期初库存，实质上就是计划前期期末储备量。编制计划的时间，如果在计划期开始以后，则计划期的期初库存就可以通过实际盘点法来直接确定。如果编制时间在计划期开始之前，则计划期期初的库存量（计划前期期末储备量）就需要估算。其计算公式为

计划期期初预计库存量 = 前期期初实际库存量 + 前期预计收入量 –
前期预计需要量

公式中，前期期初实际库存量，有实际数字可以利用，前期预计收入量和前期预计需要量一般采用编制计划的实际数字，加上编制计划时到期末的预计数字进行计算。在计算过程中，有合同的按合同规定计算，没有合同的按计划计算。例如，假设编制计划的时间是 10 月，则 9 月以前的收入量、需要量都有实际数字可查，10—12 月的收入量和需要量需要预计，计算结果见表 4–5。前期期末预计库存量为 0.4 万 t。这个数字也就是计划期期初的库存量。

表 4–5　预计前期期末库存量计算表

期初库存	预计收入量			预计需要量			期末预计库存量
	合计	1—9 月实际	10—12 月预计	合计	1—9 月实际	10—12 月预计	
①	② = ③ + ④	③	④	⑤ = ⑥ + ⑦	⑥	⑦	⑧ = ① + ② – ⑤
0.42	3.98	3.08	0.9	4.00	2.90	1.10	0.40

四、物资采购量计算

有了计划期的物资需要量、期末储备量和期初库存量，再结合企业内部可利用资源即可求出采购（申请）量。其计算公式为

某种物资的采购量 = 该种物资的需要量 + 计划期期末储备量 –
计划期期初库存量 – 企业内部可利用资源

式中，企业内部可利用资源是指企业内可以进行改制、代用、修旧利废及计划期期初前到货而没有入库的物资。

【例 4–7】某企业预计计划期内生产 A 产品 400 t，每种产品净重 0.5 t，材料利

用率为 80%，允许废品率 1%，计划期回收废料为 1.5 t，编制计划时实际库存量为 40 t，计划期期初前到货 50 t，计划期期初前消耗 60 t，计划期期末库存为 20 t，求物资采购量。

$$物资需要量 =400 \times（1+1\%）\times 0.5 \div 80\%-1.5=251 \text{ t}$$

$$计划期期初库存量 =40+50-60=30 \text{ t}$$

$$计划期期末库存量 =20 \text{ t}$$

$$物资采购量 =251+20-30=241 \text{ t}$$

计划期内的采购量应为 241 t。

第四节　采购预算编制

一、采购预算概述

（一）预算的含义

预算就是一种用数量来表示的计划，它是指在计划初期，根据企业整体的目标任务要求，对实现某一计划目标或任务所需要的物料数量及全部活动成本所做的详细估算。因此预算的时间范围要与企业的计划期保持一致，绝不能过长或过短。由于企业所能支配的资源和资金在一定程度上是有限的，受到客观条件的限制，管理者必须通过有效地分配有限的资源来提高效率，以获得最大的收益。

因此，采购预算是指采购部门在一定计划期间（年度、季度或月度）编制的材料采购的用款计划。

（二）采购预算编制原则

（1）实事求是。采购数量规模的测算必须运用科学、合理的方法，既要与企业的经营目标保持一致，又要力求真实、准确，不能盲目扩大采购量或者随意虚增支出项目。各项需求的采购支出要尽可能符合部门实际情况，不能凭主观印象或人为提高购买标准。

（2）积极稳妥、留有余地。采购预算的编制要做到稳妥可靠、量入而出、收支平衡。积极稳妥是指不要盲目抬高预算指标，也不要消极压低指标，既要保证采购预算指标的先进性，又要保证预算指标的可操作性。采购预算一经批准，便要严格执行，充分发挥采购预算指标的指导和控制作用。

（3）比质比价。企业在编制采购预算时，应广泛收集、跟踪主要采购物资的质量、价格等市场信息变化情况，根据市场信息比质比价确定采购物资。如针对主要物资的采购可选择两个以上的供货单位，从质量、价格、信誉等方面择优选择和审查供应商资格，及时掌握供应商的质量、价格、信誉变化情况。对于大宗原材料、燃料、设施设备或者基建、技改等涉及金额较大的采购项目，应尽量通过公平竞争、公开招标的方式遴选。

二、采购预算编制流程

采购预算编制过程应从采购目标的审查开始。接下来是预测满足这些目标所需的行动或资源，然后制订计划或预算。采购预算编制一般包括以下几个步骤，如图 4-6 所示。

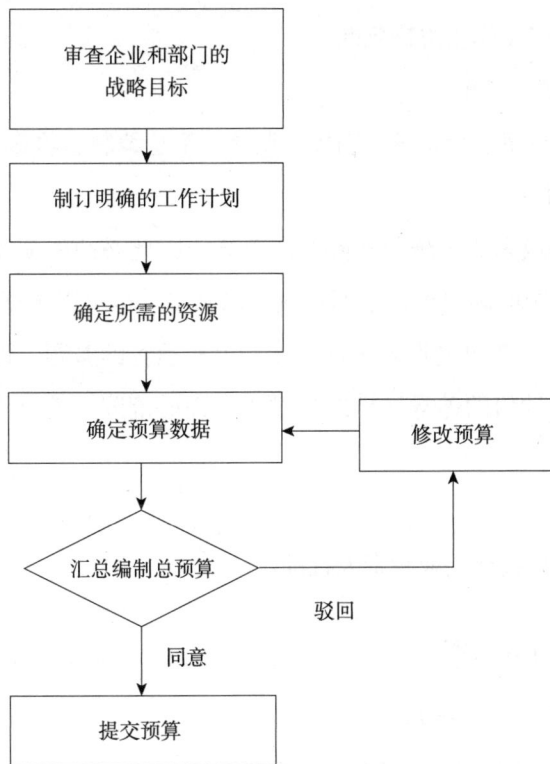

图 4-6　采购预算编制流程

（一）审查企业和部门的战略目标

采购部门作为企业的一个部门，在编制预算时要从企业总的发展目标出发，审查本部门和企业的目标，确保两者之间的协调。

（二）制订明确的工作计划

采购主管必须了解本部门的业务活动，明确它的特性和范围，制订出详细的工作计划表。

（三）确定所需的资源

有了详细的工作计划表，采购主管要对业务支出作出切合实际的估计，确定为实现目标所需要的人力、物力和财力资源。

（四）确定预算数据

确定预算数据是企业编制预算的难点之一，目前企业普遍的做法是将目标与历史数据相结合来确定预算数据，即对历史数据和未来目标逐项分析，使收入和成本费用等各项预算切实、合理、可行。对历史数据可采用比例趋势法、线性规划、回归分析等方法找出适用本企业的数学模型来预测未来。有经验的预算人员也可以通过以往的经验作出准确判断。

（五）汇总编制总预算

对各部门预算草案进行审核、归集、调整，汇总编制总预算。

（六）修改预算

由于预算总是或多或少地与实际有所差异，因此必须根据实际情况选定一个偏差范围。偏差范围的确定可以依据行业平均水平，也可以依据企业的经验数据。设定偏差范围以后，采购主管应比较实际支出和预算的差距，以便控制业务的进展。如果支出与估计值的差异达到或超过了允许的范围，就有必要对具体的预算作出修订。

（七）提交预算

将编制好的预算提交企业负责人批准。

三、采购预算编制注意事项

（一）避免预算过繁、过细

采购预算作为一种采购管理控制的手段，应尽量具体化、数量化，以确保其可操作性。但这并不意味着要对企业未来采购活动中的每一个细节都作出细致的规定。如果预算对极细微的支出也做了琐碎的规定，可能致使各职能部门缺乏应有的自由，从而会影响企业运营的效率。所以，预算不可能也不应该太详尽，也不是越细越好，而应抓住预算中的关键环节予以列述，以免主次难辨、轻重不分。

（二）避免预算目标与企业目标不协调

在编制预算时，由于没有恰当地掌握预算控制，为采购部门设立的预算标准没有很好地体现企业目标的要求，或者是企业环境变化引起了预算目标与企业总目标的脱离，采购部门主管不要忘记了首要的职责是要千方百计地去实现企业的目标。因此，为了防止采购预算与企业目标冲突，一方面应当使预算较好地体现计划的要求；另一方面应当适当把握预算控制的度，使预算具有一定的灵活性、现实性。

（三）避免一成不变

采购预算和采购计划一样，不能一成不变。在预算执行过程中，要对预算进行定期检查，如果企业面临的采购环境或企业自身已经发生了重大的变化，就应当及时进行修改或调整，以达到预期的目标。

总之，采购部门应在单位所有预算的制订和执行中都扮演一个积极的角色，尤其是那些涉及购买产品和服务的预算。采购部门应协同制订单位的其他预算，以确保其了解单位内部的每个部门和单元购买产品或服务时获得资金。

采购部门应该有责任和权力监控单位各个部门或单元产品和服务的预算支出情况。不论是哪类预算，采购部门都要利用单位各个部门和层次的预算，来计划和控制产品与服务的采购支出。在计划和控制上述支出的时候，采购管理者可以运用偏离分析来对这些预算做必要的调整。

【本章小结】

本章重点介绍了采购计划编制的目的、原则、内容、影响因素，采购需求分析方法，物资消耗定额和物资储备定额确定方法及最终物资采购量的确定方法，采购预算及其编制流程、编制注意事项等内容。

【即测即练】

【复习思考题】

1. 列举制订采购计划的目的。

2. 简述编制采购计划的流程。

3. 简述 MRP 的基本原理。

4. 简述编制采购预算的基本流程。

5. 简述采购预算编制注意事项。

【实践训练】

实践项目：编制一份采购计划书

任务要求：在老师指导下，学生以 5 人为一个小组，查找采购计划编制所需要的资料，结合实际编制一份采购计划书，并在各小组中进行交流互换，完成以下项目。

（1）进入采购企业调研，收集编制采购计划需要的相关资料和信息。

（2）根据未来时期企业的生产、销售或维修活动计划，编制一份采购计划书。

（3）将书本理论与企业中实际采购计划编制进行对比，分析两者的差别。

（4）对各小组的采购计划方案进行评价，提出优化改进方案。

（5）记录在采购计划编制及优化过程中得到的体验及感想。

按以上要求，在充分讨论基础上，形成小组课题报告。

第五章 招投标采购

【学习目标】

1.了解招投标采购的几种方式，以及招标、投标、评标的内容及流程等基础知识。

2.熟悉招标文件、投标文件、评标文件的编制内容及方法，领会招投标采购电子化、数字化及其转型意义。

3.掌握招投标采购的相关法律法规以及常见的违法违规行为表现。

【能力目标】

1.具备标、投标、评标的方法技能。

2.培养学生顺应数字经济发展趋势，具备实践活动中招投标采购组织管理和决策的能力。

3.具备精准甄别及分析违法违规违纪问题的能力。

【思政目标】

1.培养学生具备招投标采购思维、公平公正竞争意识和管理创新的职业素养。

2.树立学生采购管理创新、技术创新的意识，培养学生时代精神和开拓创新能力。

3.提高学生法治意识和遵纪守法职业能力，使其做社会主义核心价值观的践行者。

【思维导图】

```
                              ┌─ 公开招标采购
                   招标采购方式 ├─ 邀请招标采购
                              └─ 议标采购

                              ┌─ 策划
                              ├─ 招标
                  公开招标采购流程 ├─ 投标
                              ├─ 开标
                              ├─ 评标
                              └─ 定标

                              ┌─ 发布资格预审通告
              公开招标采购的前期准备 ├─ 准备招标文件
                              └─ 发出招标公告（投标邀请函）

                              ┌─ 编制投标文件
    招投标采购   投标、评标程序与方法 ├─ 评标步骤
                              └─ 评标方法

                              ┌─ 电子招投标的概念及其优劣势
                   电子招投标   └─ 电子招投标流程

                              ┌─ 招投标数字化转型意义
               招投标数字化转型   └─ 招投标数字化转型价值

                              ┌─ 招投标采购法律法规体系
              招投标相关法律法规   └─ 招投标常见的违法违规行为
```

【导入案例】

AI 为央企国企招标采购数字化提供支撑

【教学微视频】

第一节　招标采购方式

不同的招标采购模式具有不同的运作方式，企业在具体操作中往往根据自身

采购要求进行选择。现代企业常采用公开招标采购、邀请招标采购和议标采购三种方式。

一、公开招标采购

公开招标采购也称竞争性招标采购，是指采购方以招标公告的形式邀请不确定的供应商投标，并从其中选择中标供应商的采购方式。招标公告应当通过国家指定的报刊、信息网络或者其他媒介发布，并应当载明招标人的名称和地址、招标项目的性质、数量、实施地点和时间及获取招标文件的办法等事项。公开招标采购过程应由招标、投标、评标、决标及合同授予等阶段组成。

公开招标方式体现了市场机制公开信息、规范程序、公平竞争、客观评价、公正选择及优胜劣汰的本质要求。公开招标具有投标人较多、竞争充分的特点，且不容易出现串标、围标等现象，这有利于招标人从广泛的竞争者中选择合适的中标人并获得最佳的竞争效益，同时也有利于防范招标、投标活动操作人员和监督人员的舞弊行为。

二、邀请招标采购

邀请招标采购也称有限竞争性采购，是指采购方以投标邀请书的形式邀请五个以上特定的供应商参加投标的采购方式。它对供应商的要求较高，一般要求所邀请的供应商有足够的项目承担能力和良好的资信。

由于被邀请参加投标的竞争者有限，可以节约招标费用、缩短招标有效期、提高每个投标者的中标概率。对技术含量高，技术支持及后续服务有特殊要求，且限于有限供应商能够满足供货条件的采购活动，多采用邀请招标采购形式。

三、议标采购

议标采购也称谈判招标或限制性招标，即通过谈判来确定中标者。议标采购一般分为直接邀请议标、比价议标和方案竞赛议标三种方式。

采用议标采购的条件有：①公开招标后没有供应商参加投标、无合格标。②供应商只有一家。③向原供应商采购替换零部件。④因扩充原有采购项目需要考虑到配套要求。⑤属于研究用的试验品、试验性服务。⑥追加工程，必须由原供应商办理，且金额未超过原合同的 50%。⑦与原工程类似的后续工程，并在第一次招标文件中已做规定的采购等。

第二节　公开招标采购流程

公开招标采购是一个复杂的系统工程，其流程如图 5-1 所示，把整个招标采购流程划分为策划、招标、投标、开标、评标和定标六个阶段。需要说明的是，不同的招标项目可能具有不同的招标流程，招标单位可根据实际需要对一般的流程有针对性地修改。

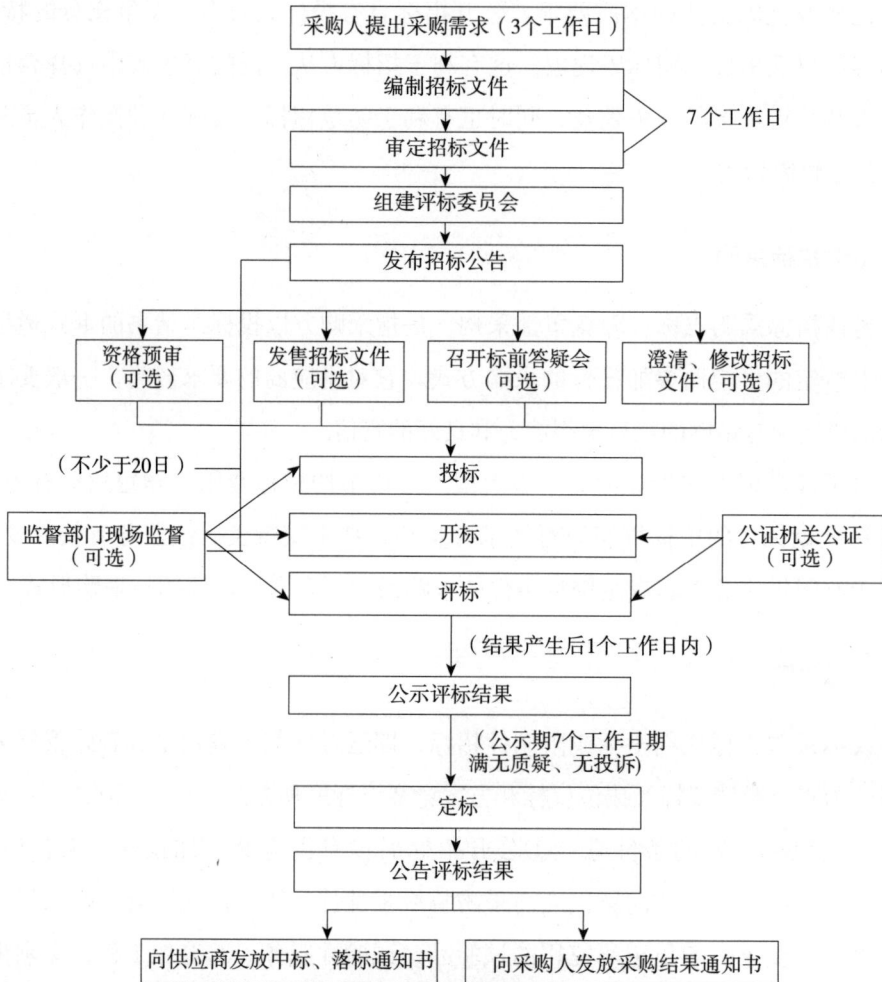

图 5-1　招标采购的流程

一、策划

在策划阶段，要对招标投标活动的整个过程作出具体安排，包括对招标项目制订总体实施方案、进行项目综合分析、确定招标采购方案、编制招标文件、组建评标委员会等。其主要程序如下。

（一）制订总体实施方案

制订总体实施方案即对招标工作作出总体安排，包括确定招标项目的实施机构和项目负责人及其相关责任人、具体的时间安排、招标费用测算、采购风险预测以及相应措施等。

（二）进行项目综合分析

对要招标采购的项目，应根据采购计划、采购人提出的采购需求（或采购方案），从资金、技术、生产、市场等几个方面对项目进行全方位综合分析，为确定最终的采购方案及其清单提供依据。必要时可邀请相关方面的咨询专家或技术人员参加对项目的论证、分析，同时也可以组织有关人员对项目实施的现场进行踏勘，或者对生产、销售市场进行调查，以提高综合分析的准确性和完整性。

（三）确定招标采购方案

通过项目分析，会同采购人员及有关专家确定招标采购方案，根据项目具体要求确定最佳采购方案。其主要包括项目所涉及产品和服务的技术规格、标准、主要商务条款及项目的采购清单，同时对一些较大项目，在确定采购方案和清单时有必要进行分包。

（四）编制招标文件

招标人根据招标项目的要求和招标采购方案编制招标文件。招标文件一般应包括招标公告（投标邀请函）、招标项目要求、投标人须知、合同格式和投标文件格式五个部分。

1.招标公告（投标邀请函）

其主要是：招标人的名称、地址和联系人及联系方式等；招标项目的性质、数量；招标项目的地点和时间要求；对投标人的资格要求；获取招标文件的办法、地点和时间；招标文件售价；投标时间、地点以及需要公告的其他事项。

2.招标项目要求

其主要是对招标项目进行详细介绍，包括项目的具体方案及要求、技术标准和规格、合格投标人应具备的资格条件、竣工交货或提供服务的时间、合同的主要条款以及与项目相关的其他事项。

3. 投标人须知

其主要是说明招标文件的组成部分、投标文件的编制方法和要求、投标文件的密封和标记要求、投标价格的要求及其计算方式、评标标准和方法、投标人应当提供的有关资格和资信证明文件、投标保证金的数额和提交方式、提供投标文件的方式和地点及截止日期、开标和评标及定标的日程安排及其他需要说明的事项。

4. 合同格式

其主要包括合同的基本条款、工程进度、工期要求、合同价款包含的内容及付款方式、合同双方的权利和义务、验收标准和方式、违约责任、纠纷处理方法、生效方法和有效期限及其他商务要求等。

5. 投标文件格式

其主要是对投标人应提交的投标文件作出格式规定,包括投标函、开标一览表、投标价格表、主要设备及服务说明、资格证明文件及相关内容等。

（五）组建评标委员会

评标委员会是指在招标投标和政府采购活动中,依法由招标人（采购人）代表和有关技术、经济等方面的专家组建,负责对投标文件进行评审并提出评审意见的临时性权威机构。评标委员会由招标人或其委托的招标代理机构熟悉相关业务的代表,以及有关技术、经济等方面的专家组成,成员人数为 5 人以上单数,其中技术、经济等方面的专家不得少于成员总数的 2/3。同时注意有下列情形的不得担任评标委员会成员。

（1）与投标人或者投标人主要负责人有近亲属关系的。

（2）项目主管部门、行政监督部门的人员。

（3）与投标人有经济利益关系,可能影响对投标公正评审的。

（4）曾因招标、评标以及其他与招标投标有关违法行为而受过行政处罚或刑事处罚等情形的。

此外,评标委员会成员名单一般应于开标前确定,且在中标结果确定前保密,若设负责人,由成员推举产生或由招标人确定,其与其他成员表决权同等。

二、招标

（一）发布招标公告（或投标邀请函）

公开招标应当发布招标公告（邀请招标发布投标邀请函）。招标公告必须在财政部门指定的报刊或者媒体发布。招标公告（或投标邀请函）的内容、格式与招标文件的第一部分相同。

（二）资格审查

招标人可以对有兴趣投标的供应商进行资格审查。资格审查的办法和程序可以在招标公告（或投标邀请函）中载明，或者通过指定报刊、媒体发布资格预审公告，由潜在的投标人向招标人提交资格证明文件，招标人根据资格预审文件规定对潜在的投标进行资格审查。

（三）发售招标文件

在招标公告（或投标邀请函）规定的时间、地点向有兴趣投标且经过审查符合资格要求的供应商发售招标文件。

（四）澄清、修改招标文件

对已售出的招标文件需要进行澄清或者非实质性修改的，招标人一般应当在提交投标文件截止日期15天前以书面形式通知所有招标文件的购买者，该澄清或修改内容为招标文件的组成部分。这里应特别注意，必须是在投标截止日期前15天发出招标文件的澄清和修改部分。

三、投标

（一）编制投标文件

投标人应当按照招标文件的规定编制投标文件，投标文件应载明的事项有：投标函；投标人资格、资信证明文件；投标项目方案及说明；投标价格；投标保证金或者其他形式的担保；招标文件要求具备的其他内容。

（二）投标文件的密封和标记

投标人对编制完成的投标文件必须按照招标文件的要求进行密封、标记。这个过程也非常重要，以往因为密封或标记不规范被拒绝接受投标的例子不少。

（三）送达投标文件

投标文件应在规定的截止时间前密封送达投标地点。招标人对在提交投标文件截止日期后收到的投标文件，应不予开启并退还。招标人应当对收到的投标文件签收备案，投标人有权要求招标人或者招标投标中介机构提供签收证明。

（四）投标文件的撤回、补充或者修改

投标人可以撤回、补充或者修改已提交的投标文件，但是应当在提交投标文件截止日之前书面通知招标人，撤回、补充或者修改内容也必须以书面形式在投标截止时间前提交。

四、开标

（一）举行开标仪式

招标人应当按照招标公告（或投标邀请函）规定的时间、地点和程序以公开方式举行开标仪式。开标由招标人主持，邀请采购人、投标人代表和监督机关（或公证机关）及有关单位代表参加。评标委员会成员不参加开标仪式。

（二）进行开标

开标活动的主要程序有以下几个。

（1）主持人宣布开标仪式开始，并简要介绍招标项目的基本情况和参加开标的领导与来宾等。

（2）介绍参加开标的投标人单位名称及投标人代表（这里需要对所招标项目做进一步介绍：如招标公告发布的时间、媒体、版面；截至什么时间，有多少家供应商作出了响应，并提交了资格证明文件；有多少家供应商购买了招标文件；在投标截止时间前有多少家供应商递交了投标文件等），在介绍投标人及其代表时，应按照递交投标文件的顺序，先介绍投标人单位名称，接着介绍其代表人姓名、职务、身份。

（3）宣布监督方代表名单、工作人员名单（主要是开标人、唱标人、监标人、记标人），并宣读有关注意事项（包括开标仪式会场纪律、工作人员注意事项、投标人注意事项等）。

（4）检查评标标准及评标办法的密封情况。由监督方代表、投标人代表检查招标方提交的评标标准及评标办法的密封情况，并公开宣布检查结果。

（5）宣布评标标准及评标办法。由工作人员开启评标标准及评标办法（须在确认密封完好无损的情况下），并公开宣读。

（6）检查投标文件的密封和标记情况。由监督方代表、投标人代表检查投标人递交的投标文件的密封和标记情况，并公开宣布检查结果。

（7）开标。由工作人员开启投标人递交的投标文件（须在确认密封完好无损且标记规范的情况下）。开标应按递交投标文件的逆顺序进行。

（8）唱标。由工作人员按照开标顺序唱标，唱标内容须符合招标文件的规定（招标文件对应宣读的内容已经载明）。唱标结束后，主持人须询问投标人对唱标情况有无异议，投标人可以对唱标做必要的解释，但所做的解释不得超过投标文件记载的范围或改变投标文件的实质性内容。

（9）监督方代表讲话。由监督方代表或公证机关代表公开报告监督情况或公证情况。

（10）开标仪式结束。

五、评标

（一）投标文件的移交

开标后，由招标人召集评标委员会，向评标委员会提交投标人递交的投标文件。

（二）评标的基本要求

评标由评标委员会独立进行，评标过程中任何一方、任何人不得干预评标委员会的工作。

（三）评标程序

1. 审查投标文件的符合性

由评标委员会对接到的所有投标文件进行审查，主要是审查投标文件是否完全响应招标文件的规定、要求必须提供的文件是否齐备，以判定各投标方投标文件的完整性、符合性和有效性。如不符合招标文件的要求或者有不完整情况的，可根据招标文件的规定判定其为无效投标。

2. 审查

对投标文件的技术方案和商务方案进行审查，如技术方案或商务方案明显不符合招标文件的规定，则可以判定其为无效投标。

3. 询标

评标委员会可以要求投标人对投标文件中含义不明确的地方进行必要的澄清，但澄清内容不得超过投标文件记载的范围或改变投标文件的实质性内容。

4. 综合评审

评标委员会按照招标文件的规定和评标标准、办法对投标文件进行综合评审和比较，综合评审和比较的主要依据是：招标文件的规定；评标标准、办法；投标文件；询标时所了解的情况。这个过程不得考虑其他外部因素和证据。

5. 评标结论

评标委员会根据综合评审和比较情况，得出评标结论。

六、定标

（一）审查评标委员会的评标结论

招标人对评标委员会提交的评标结论进行审查，审查内容应包括评标过程中的所有资料，即评标委员会的评标记录、询标记录、综合评审和比较记录、评标委员会成员的个人意见等。

（二）确定中标人

招标人应当按照招标文件规定的定标原则，在规定时间内从评标委员会推荐的中标候选人中确定中标人，中标人必须满足招标文件的各项要求，且其投标方案为最优，在综合评审和比较时得分最高。

（三）中标通知

招标人应当在招标文件规定的时间内定标，在确定中标后应将中标结果书面通知所有投标人。在通知所有未中标人并退还他们的投标保函时，应对他们的参与表示感谢。

（四）签订合同

中标人应当按照中标通知书的规定，并依据招标文件的规定与采购人签订合同（如采购人委托招标人签订合同的，则直接与招标人签订合同）。中标通知书、招标文件及其修改和澄清部分、中标人的投标文件及其补充部分是签订合同的重要依据。以上是招标采购的基本程序，不同的采购活动可根据实际情况进行步骤上的调整。

第三节　公开招标采购的前期准备

一、发布资格预审通告

资格预审内容包括两大部分：基本资格预审和专业资格预审。

基本资格预审主要审查供应商的合法地位和信誉，包括是否注册、是否破产、是否存在违法违纪行为等。

专业资格预审主要审查已具备基本资格的供应商履行拟采购项目的能力，具体包括：①资格预审申请人的经验及以往完成类似合同的业绩。②财务状况。③为履行合同配备的人员情况。④为履行合同任务而配备的机械、设备及综合能力。⑤售后维修服务的网点分布、人员结构等。

资格预审程序：①编制资格预审文件。②邀请潜在的供应商参加资格预审。③发售资格预审文件和提交资格预审申请。④资格评定，确定参加投标的供应商名单。

二、准备招标文件

招标文件是整个招标投标活动的核心文件，是招标方全部活动的依据，也是招标方的智慧与知识的载体。

招标文件的主要内容：招标通告（投标邀请函），投标须知，合同条款，技术规格，投标书的编制要求，供货一览表、报价表。

（一）招标通告（投标邀请函）

其简要介绍招标单位名称，招标项目名称及内容，招标形式，售标、投标、开标的时间、地点，承办联系人姓名、地址、电话等。

拓展资源 5.1

陕西省消防救援总队采购项目招标通告

（二）投标须知

（1）供应商或承包商在投标过程中应遵循的各项规定。

（2）供应商或承包商在投标过程中制作标书和投标时应考虑、注意的问题。

（3）投标文件的基本内容、数量、形式、有效期和投递要求。

（4）评标的方法、原则。

（5）招标结果的处理。

（6）合同的授予及签订方式。

（7）履约保证金及中标服务费的规定等。

（三）合同条款

一般合同条款：买卖双方的权利和义务；价格调整程序；不可抗力因素；运输、保险、验收程序；付款条件、程序以及支付货币规定；延误赔偿和处罚程序；合同中止程序；合同适用法律的规定；解决争端的程序和方法；履约保证金的数

量、货币及支付方式；有关税收的规定。特殊合同条款：交货条件；验收和测试的具体程序；履约保证金的具体金额和提交方式；保险的具体要求；解决争端的具体规定；付款方式和货币要求；零配件和售后服务的具体要求；对一般合同条款的增减等。

（四）技术规格

技术规格重点表述招标单位的技术经济目标。技术规格是招标文件和合同文件的重要组成部分，它规定所购货物、设备的性能和标准。技术规格也是评标的关键依据之一。货物采购技术规格一般采用国际或国内公认的标准，除了不能准确、清楚地说明拟招标项目的特点外，各项技术规格均不得要求或标明某一特定的商标、名称、专利、设计、原产地或生产厂商，不得有针对或排斥某一潜在供应商的内容。

（五）投标书的编制要求

对投标文件的规范要求：投标人应提供的投标文件种类、格式、份数。投标方授权代表签署的投标函，其中应说明投标的具体内容和投标报价，并承诺遵守招标程序和各项责任、义务，确认在规定的有效期内投标文件所具有的约束力。提供技术方案的内容提纲和投标价目表格式，以便招标者对所有投标文件进行同口径的比较。

投标有效的必要文件——投标保证金：对招标方的必要保护，一旦投标方在投标有效期内撤标或拒签合同或不交纳履约保证金，招标单位可通过没收其投标保证金以弥补因此而蒙受的损失。投标保证金采用现金、支票、不可撤销信用证、银行保函、保险公司或证券公司出具的担保书等方式交纳。

（六）供货一览表、报价表

供货一览表、报价表是开标时用以唱标的基本投标信息汇总表，主要包括投标项目名称、项目编号、投标人名称、投标报价、票据税率、供货时间、售后服务等信息，可以快速地把投标人基本信息展现给评标委员会和招标方。

三、发出招标公告（投标邀请函）

招标公告（投标邀请函）的内容包括：采购者的名称和地址；资金来源；采购内容简介；希望或要求供应货物的时间或工程竣工的时间；获取招标文件的办法和地点；采购者对招标文件收取的费用及支付方式；提交投标书的地点和截止

日期；投标保证金的金额要求和支付方式；开标日期、时间和地点。

第四节　投标、评标程序与方法

一、编制投标文件

（一）投标

投标是与招标相对应的概念，它是指投标人应招标人的邀请或投标人满足招标人最低资质要求而主动申请，按照招标的要求和条件，在规定的时间内向招标人递交，争取中标的行为。

（二）投标的基本做法

投标人首先取得招标文件，认真分析研究后（在现场实地考察），编制投标书。投标书实质上是一项有效期至规定开标日期的发盘，内容必须十分明确。中标后与招标人签订合同所要包含的重要内容应全部列入投标书，并在有效期内不得撤回标书、变更标书报价或对标书内容做实质性修改。

为防止投标人在投标后撤标或在中标后拒不签订合同，招标人通常都要求投标人提供一定比例或金额的投标保证金。招标人决定中标人后，未中标的投标人已缴纳的保证金给予退还。招标人或招标代理机构须在签订合同后两个工作日内向交易中心提交《退还中标人投标保证金的函》。交易中心在规定的 5 个工作日内办理退还手续。

（三）投标文件

撰写设计标书、邀请合格供应商参与投标及组织评标、开标活动是采购方的工作，而对于参与投标的供应商来说，投标活动则更为重要。投标过程中的每一个细节，诸如投标书的撰写、报价、投标保证金的递交、有关文件是否按要求备齐等，出现失误都将导致整个投标工作全盘皆输。因此，要想获取投标的成功，必须谨慎小心，做好每一步。

1. 投标书撰写

投标方应仔细阅读招标文件的所有内容，按招标文件的要求提供投标文件，对招标文件的要求作出实质响应，符合招标文件的所有条款、条件和规定且无重大偏离与保留，并保证所提供的全部资料的真实性，以使其投标文件对应招标文件的要求；否则，其投标将被拒绝。

投标文件一般应包括下列部分：投标书、投标报价一览表、投标资格证明文件（公司的营业执照副本复印件加盖公章及其他相关证件）、公司与制造商代理协议和授权书、公司有关技术资料及客户反馈意见等。另外，投标方应按照招标文件中提供的投标文件格式填写，并将投标文件装订成册。

2. 投标文件的签署及规定

投标文件正本和副本须打印并由投标方法人代表或委托代理人签署。除投标方对错处做必要修改外，投标文件中不许有加行、涂抹或改写。电报、电话、传真形式的投标一般不予接受。

3. 投标文件的密封和标记

投标方应准备正本和副本各一份，用信封分别把正本和副本密封，并在封面上注明"正本"和"副本"字样，然后一起放入招标文件袋中，再密封招标文件袋。一旦正本和副本有差异，以正本为准。

4. 投标文件的递交

所有投标文件都必须在招标方在投标邀请函中规定的投标截止时间之前送至招标方。

从投标截止之时起，标书有效期为 30 天。招标方将拒绝在投标截止时间后收到的投标文件。

5. 关于投标保证金

投标方应向招标代理机构按招标要求的固定金额或比例缴纳投标保证金。未中标的投标方的保证金，在定标后 5 日内予以退还（无息）。中标的投标方的保证金，在中标方签订合同并履约后 5 日内退还（无息）。投标保证金一般应于投标截止之日前交至指定处。未按规定提交投标保证金的投标，将被视为无效投标。

6. 关于报价

投标人应对招标项目提出合理的价格。高于市场的价格难以被接受，低于成本报价将被作为废标。因唱标一般只唱正本投标文件中的"开标一览表"，所以投标人应严格按照招标文件的要求填写"开标一览表""投标价格表"等。

7. 其他文件

投标人的各种商务文件、技术文件等应依据招标文件要求备全，缺少任何必需文件的投标人将被排除在中标人之外。一般的商务文件包括：资格证明文件

（营业执照、企业代码以及行业主管部门颁发的等级资格证书、授权书、代理协议书等）、资信证明文件（包括保函、已履行的合同及商户意见书、中介机构出具的财务状况书等）。

总之，投标人应以合理报价、优质产品或服务、先进的技术、良好的售后服务为成功中标打好基础。但投标人还应学会包装自己的投标文件，如在标书的印刷、装订、密封等方面均应给评委以良好的印象。

二、评标步骤

（一）设定评标内容

评标的目的是根据招标文件中确定的标准和方法，对每个投标商的标书进行评价和比较，以评出最佳的投标商。评标必须以招标文件为依据，不得采用招标文件规定以外的标准和方法进行评标，凡是评标中需要考虑的因素，都必须写在招标文件中。

评标分为技术评审和商务评审两个方面。技术评审的目的在于确认备选的中标商具备本招标项目的技术能力、企业资质、品牌信誉、财务能力及其提供方案的可靠性。商务评审的目的在于从成本、财务和经济分析等方面评定投标报价的合理性和可靠性，并估量授标给各投标商后带来的不同经济效果，以及中标商实施本招标项目带来的成本效益。

拓展资源 5.2

技术评审和商务评审
的具体内容

（二）确定评标考核指标体系

确定评标考核指标体系是整个评标的关键，考核指标体系设置是否科学、合理，在很大程度上将直接影响招标活动的顺利进行。因此，考核指标体系的确定，不能仅仅局限于投标单位的资格条件、经验、规模、服务和财务能力等，既要考虑到各方面的综合因素，又要便于操作。

在实际评标过程中，常用的考核指标体系有投标商品的价格、技术性能、企业资格、质量水平、交货期、付款条件、售后服务、资信及履约能力、合作精神和其他优惠条件等。此外，各个指标在评标考核中重要程度不同，可以分别赋予每个指标不同的权值。

（三）对投标书初步审查

在正式开标前，招标企业要对所有的投标书进行审查。

（1）审查投标书是否完整、是否提交投标保证金、文件签署是否合格、投标书的总体编排是否有序。

（2）审查是否有计算错误。如果单价和数量的乘积与总价不一致，以单价为准修改总价，投标人不接受对其错误的更正，可以拒绝其投标书，没收其投标保证金。如果用文字表示的数值与数字表示的数值不一致，以文字表示的数值为准。

（3）审查每份投标书是否实质上与招标文件要求的全部条款、条件和规格相符，没有重大偏差。对关键条文的偏离、反对，例如，投标保证金、关税等偏高将被认为是实质上的偏离。如果投标书实质上没有响应招标文件的要求，招标企业将予以拒绝。

（四）对投标书深度审查

（1）审查供应商资格。开标大会后，评标小组及工作人员对各供应商的投标文件进行符合性审查，剔除符合性审查不合格的供应商并做记录。

（2）审查供应商报价。审查合格的供应商报价是否有缺项、漏项，报价计算是否准确，重新核算报价。

（3）供应商报价排序。根据审核后的报价即评标价对各供应商进行排序。

（4）确定入围供应商。按评标价从低至高的顺序确定入围询标的供应商名单。

（5）确定询标内容。评标小组评审各入围供应商的投标设计方案，研究确定各入围供应商的询标内容。

（6）进行询标。对各入围供应商分别询标，明确澄清问题，形成纪要或由供应商出具书面文字材料、有关人员签字（盖章）。

（7）确定评标结果。评标小组根据询标情况形成评标小组集体决议，确定预中标供应商和备选中标供应商。

（五）编写完整全面的评标报告

招标单位根据评标委员会评审情况编写评标报告，评标报告编写完成后报招标管理机构审查。评标报告应包括以下内容。

1. 招标情况说明

（1）工程说明。工程说明应包括工程概况及招标范围等。

（2）招标过程。招标过程应包括：资金来源及性质、招标方式；招标文件报招标管理机构时间及招标管理机构的批准时间；刊登招标通告的时间；发放招标文件情况（有几家投标单位）、现场勘察和投标预备会情况（投标单位参加情况）；到投标截止时间递交投标文件情况（有几家投标单位）。

2. 开标情况说明

开标情况包括开标时间及地点、参加开标会议的单位及人员情况和唱标情况。

3. 评标情况说明

（1）评标委员会情况。其包括评标委员会的组成及评标委员会人员名单。

（2）评标依据。其包括评标所依据的标准和规定等。

（3）评标内容。评标内容包括：投标文件的符合性鉴定；投标单位的资格审查（未资格预审的采用）；报价审核；投标文件问题的澄清（如有必要）；投标文件分析论证内容及评审意见。

4. 推荐意见

评标委员会经评审和比较后，向招标单位推荐中标优选方案，提出评审意见书，对推荐方案作出评价并提出修改、完善意见。

5. 附件

附件一般包括：评标委员会人员名单；投标单位资格审查情况表；投标文件符合性鉴定表；投标报价评比评价表；投标文件质询澄清的问题。

三、评标方法

评标工作在整个招标采购中至关重要。为了确保评标工作的公平、公正和透明、合法，需要确定合理的评标方法供评标委员会采纳。评标方法有很多，目前常用的也最具有实操性的有以下几种。

（一）最低投标价法

最低投标价法是指在满足实质性要求和内涵相同的条件下，以报价最低确定中标方的评标方法。最低投标价法操作简便、应用范围较广，是评标的常用方法。但此种方法在评标时只注重考虑价格因素而忽略其他影响因素，缺乏科学性。每个厂家的生产能力、规模、生产条件、质量保证和信誉度、交货期、运距都存在差异，在招标时的报价就会不同。因此价格低廉不应作为中标的唯一标准。

（二）最低评标价法

最低评标价法是指以价格为主要因素确定中标候选供应商的评标方法，即在全部满足招标文件实质性要求的前提下，依据统一的价格要素评定最低报价，以提出最低报价的投标人作为中标候选供应商或者中标供应商。该评标方法中"统一的价格要素"即为不确定的评标因素，需要根据实际情况确定这些评标因素，用加价的方式进行调整。

对于不同类型的采购标的，其评标价的计算往往存在较大的差异。总的来说，以投标报价为基础，综合考虑质量、性能，交货或竣工时间，交付使用后的运行维护费用，以及售后服务等各种因素，按照评标委员会确定的权数或量化方法，将这些因素一一折算为一定的货币额，并加入投标报价中，最终得出的就是评标价。但哪些因素可加价及加价的幅度则根据采购人的采购意图等因素决定。应用这种方法时，本身报价较低且加价因素较少的产品，最终价格也比较低，所以对同档次的产品，报价低的有一定的优势。由此可见，运用该种方法应保证尽可能地减少招投标过程中的不确定因素。

（三）综合评分法

综合评分法是指在最大限度地满足招标文件实质性要求的前提下，按照招标文件中规定的评标考核指标，如资质、价格、技术、财务状况、信誉、业绩、服务等，依据每个投标人对招标文件的响应程度对相应指标进行评分，同时结合各项指标的权重值，采用加权求和方法得到每个投标人的综合评价值，其中综合评价值得分最高的投标人作为中标候选供应商或者中标供应商，次之作为中标备选供应商。得分相同时，按投标报价由低向高顺序排列。得分且投标报价相同的，按技术指标优劣顺序排列。

综合评分法也是目前在国内运用最广泛的招标方法，货物、服务、工程的采购均可采用该种方法。这种方法运用起来灵活性较强，既能在一定程度上避免采购单位的倾向性，又能较好地体现采购人的意图。该方法的运用也使高报价战胜低报价成为可能。

实践中，综合评分法中的报价得分经常统一采用低价优先法计算，即满足招标文件要求且投标价格最低的投标报价为评标基准价，其报价得分为满分，其他投标人的报价得分统一按下列公式计算：

$$投标报价得分 = （评标基准价／投标报价）\times 价格权值 \times 100$$

（四）理想点评定法

运用理想点评定法评定中标厂家是一种较为科学、有效的方法。理想点评定法简称 TOPSIS（technique for order preference by similarity to an ideal solution）模型，中文叫作"逼近理想解排序方法"，是根据评价对象与理想化目标的接近程度进行排序的一种距离综合评价方法。它借助多目标决策问题的"正理想解"和"负理想解"进行排序，所谓正理想解是一个设想的最好解（方案），它的各个属性值都达到各候选方案中的最好值。而负理想解是另一个设想的最劣解，它的各个属性值都达到各候选方案中的最劣值。测算各评价对象与正、负理想解的距离，得到其与理想方案的相对贴近度（即距离正理想解越近，同时距离负理想解越远），进行各评价对象的优劣排序。其具体步骤如下。

（1）设有 m 个方案、n 个指标，指标值为 x_{ij}（$1 \leqslant i \leqslant m$，$1 \leqslant j \leqslant n$），则决策矩阵 $X=(x_{ij})_{m \times n}$，用向量归一法对决策矩阵做标准化处理，得标准矩阵 $Y=(y_{ij})_{m \times n}$。

$$y_{ij} = \frac{x_{ij}}{\sqrt{\sum_{i=1}^{m} x_{ij}^2}} \quad (i=1, 2, \cdots, m; j=1, 2, \cdots, n)$$

（2）计算加权标准化矩阵：

$$U = (u_{ij})_{m \times n} = (w_j y_{ij})_{m \times n} = \begin{cases} u_1(1) & u_1(2) & \cdots u_1(n) \\ u_2(1) & u_2(2) & \cdots u_2(n) \\ \cdots & \cdots & \cdots & \cdots \\ u_m(1) & u_m(2) & \cdots u_m(n) \end{cases}$$

其中，$w_j = w_j / \sum_{k=1}^{n} w_k$，$j=1, 2, 3, \cdots, n$，$\sum_{j=1}^{n} w_j = 1$。

（3）确定正理想解和负理想解：

$$u_0^+ = \{\langle \max u_i(j) | j \in J^+ \rangle, \langle \min u_i(j) | j \in J^- \rangle\}$$
$$= (u_0^+(1), u_0^+(2), \cdots, u_0^+(j), \cdots, u_0^+(n))$$
$$u_0^- = \{\langle \min u_i(j) | j \in J^+ \rangle, \langle \max u_i(j) | j \in J^- \rangle\}$$
$$= (u_0^-(1), u_0^-(2), \cdots, u_0^-(j), \cdots, u_0^-(n))$$

其中，$J^+ = \{j=1, 2, 3, \cdots, n | j\}$ 与积极影响的指标相关（如收益型指标）；$J^- = \{j=1, 2, 3, \cdots, n | j\}$ 与消极影响的指标相关（如损耗型指标）。

（4）计算第 i 个方案到正理想解和负理想解的距离：

$$D_i^+ = \sqrt{\sum_{j=1}^{m} [u_i(j) - u_0^+(j)]^2} \quad (i=1, \ 2, \ \cdots, \ m)$$

$$D_i^- = \sqrt{\sum_{j=1}^{m} [u_i(j) - u_0^-(j)]^2} \quad (i=1, \ 2, \ \cdots, \ m)$$

（5）计算方案的相对贴近度：

$$C_i^* = \frac{D_i^-}{D_i^- + D_i^+} \quad (i=1, \ 2, \ \cdots, \ m)$$

（6）依据各方案的相对贴近度大小对其进行排序。相对贴近度越小，方案越劣；相反，相对贴近度越大，方案就越优。

（五）生命周期基本评标法

生命周期基本评标法是在综合评分法的基础上，加上一定运行年限内的费用作为评审价格。生命周期成本是生命周期评标法的重点内容，它是指在设备的生命周期内，为其论证、研制、生产、运行、维护、保障、退役后处理所支付的所有费用之和。它将设备管理的全系统过程中涉及的各种技术、物资、人力及组织管理措施统统量化为费用指标，运用系统工程观点，同时借助一定的数学方法和计算机技术，为管理决策的科学化提供可靠的依据。

这种评标方法主要用于企业采购整套厂房、生产线或设备、车辆等在运行期内的各项后续费用（零配件、油料、燃料、维修）很高的设备。在计算生命周期成本时，可根据实际情况，在标书报价的基础上加上一定运行期年限的各项费用，再减去一定年限后设备的残值，即扣除这几年折旧费用后的设备剩余值。在计算各项费用或残值时，都应按标书中规定的贴现率折算成净现值。例如，计算机按生命周期成本评标时应计算的因素：计算机价格、根据标书偏离招标文件的各种情况、生命周期内所需的燃料消耗费用、计算机生命周期所需零件及维修费用、生命周期末的残值。

以上几种确定中标公司的方法，不难看出各有利弊，因此在评标时应根据招标的物资类别或具体情况灵活运用，可采用一种固定方式，也可结合本企业的需求和特点综合评定。总之，评标是招标采购工作的关键和难点，它是比较投标人的结果。采用何种评标方法，还需因时、因物、因地，参考众多因素。随着标的

物的变化，其评标影响因素及其权重也将相应发生变化。这就要求在实践中不断
摸索，积累经验。

第五节　电子招投标

一、电子招投标的概念及其优劣势

（一）电子招投标的概念

电子招投标是以数据电文形式完成的招标、投标活动。招投
标是一种商品交易行为，是交易过程的两个方面，简单来说，就
是采购方进行的一次有组织的择优成交活动。相比于传统招投标
的方式，电子招投标消除了时空屏障，更加高效、便捷，既能够
保障采购流程规范化，又能够保障采购成本最低化，更加公平、
公正。从它的作用来看：①简化了一般招标采购程序，提高了效率。②防止腐败。
③有助于规范市场秩序。

拓展资源 5.3

线下招投标局限性

（二）电子招投标优劣势

电子招投标的优劣势主要表现如下。

1. 主要优势

首先宏观上，实现了整个内部市场供求双方更有效的连接，消除了地理空间
的障碍，改善资源分配。其次微观上，提高了供应管理水平，扩大了询比价范围，
降低了招标采购成本，缩短了采购周期。电子招投标采购全过程监控，提高了采
购透明度。实现信息快速传递和资源共享，有助于企业制定一套规范的招标采购
流程。

2. 主要劣势

外行人难以了解，不易推行。需要高层管理和政府的支持，会涉及计算机相
关的法律问题及电子安全的问题。

二、电子招投标流程

电子招投标流程可简单概括为：网上发布公告，网上接受报名，网上递交投
标文件，携带相关原件参加现场开标会，评标，发布中标公告，发中标通知书，
签订合同。其具体的流程如图 5-2 所示。

```
  招标方              网站              竞投方
     ↓                 ↓                 ↓
 用户在线注册                        用户在线注册
     ↓                 ↓                 ↓
  了解模式              ↓              了解模式
     ↓                评标                ↓
 网上招标协议            ↓            网上竞投规则
     ↓                 ↓                 ↓
 缴纳保证金          公布中标人        网上竞投协议
     ↓                 ↓                 ↓
   审核          退还其他投          缴纳保证金
     ↓           标人保证金             ↓
 发布招标公告          ↓               审核
                 双方签订合同           ↓
                                   申请投标
                                      ↓
                                   网上竞标

 收取交易佣金并        成交         收取交易佣金并
 退还保证金                        退还保证金
```

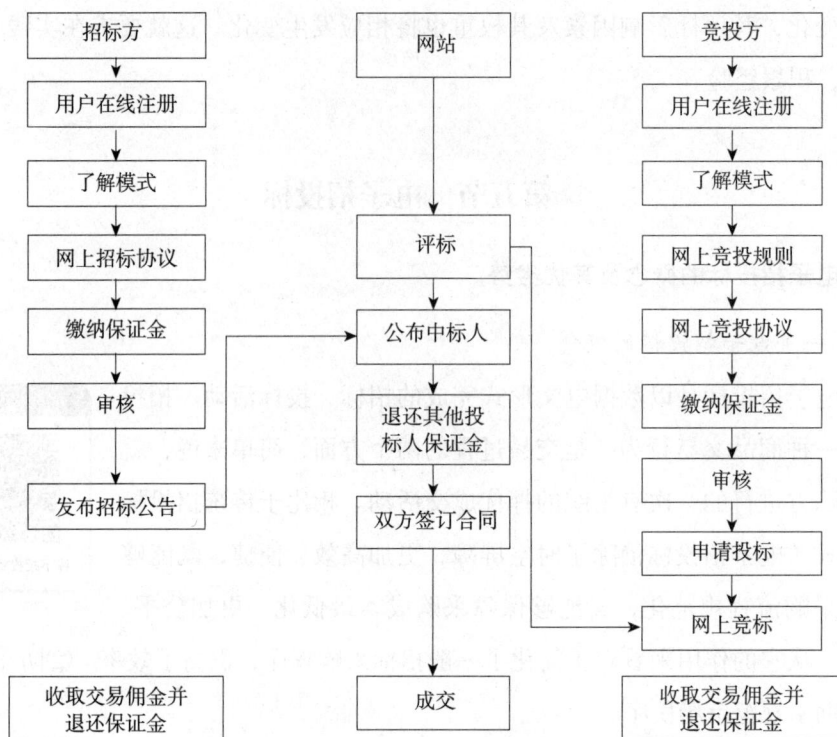

图 5-2　网上招投标流程

第六节　招投标数字化转型

一、招投标数字化转型意义

随着互联网、大数据、区块链、人工智能等新一代信息技术发展，数字化转型日益成为招投标管理探索发展的全新方向，并为招投标管理带来了新的思路和方法。利用区块链、人工智能、大数据、互联网平台等，从需求识别、供应商询价、招投标、交易、合同签署等多个环节实现全流程数字化，可以实现全过程信息共享、交易载体文件无纸化。同时依托大数据发现新知识、创造新价值、提升新能力，充分挖掘各地交易中心积累的海量、实时、精准的电子化交易数据，实现实时自动跟踪分析和监测预警，及时发现查处交易活动中的违规和腐败行为。

招投标采购数字化转型意义在于以下几方面。

（1）招投标管理数字化转型发展，有利于强化招投标信息的高效处理，能够更好地提高监管效率。各行政主管部门运用各种数字化手段，提高招投标过程的数字化水平，提升招投标信息处理能力和处理速度，对提升招投标监管和服务的效率有极大促进。

（2）在招投标监管工作中利用数字技术，逐步推进跨区域、跨部门的招投标信息共享和验证互认机制，加强招投标交易数据统计分析、综合利用和风险监测预警，这势必进一步提升对市场交易主体、社会公众和行政监管部门的信息化支撑能力。此外，被监管企业在经营管理中采用大量新型技术，数字化应用特征凸显，企业的数字化转型趋势也将促进招投标监管与服务的数字化转型进程。

（3）实现招投标监管与服务数字化转型，将进一步汇聚整合政府部门数据与行业市场主体的招投标过程数据信息，为市场宏观分析、监管政策决策、服务市场主体提供强有力的数据支撑。

拓展资源5.4

招投标数字化转型的
实践路径探索

二、招投标数字化转型价值

（一）及时掌握供应商市场动态

基于互联网的数字招投标打破了地域差别和空间限制，实现了信息的广泛、及时传播，进一步提升了信息处理和传播效率，增强了信息的透明度，各企业需要凭借互联网信息技术对供应商的各种基础信息进行全面、快速的了解，客观地查询了解所处行业的发展趋势及供应商的历史纪录，获取供应商全方位的信息。同时，不同地域的投标方也可通过网络获取招标商相关信息。这种数字招投标方式为参与招投标采购的各方主体提供了公平、公正的交易平台，大幅提升了相关业务环节的操作效率，提高了业务操作的准确度。

（二）降低招投标采购成本

传统招投标采购模式在工作实施过程中依赖于人与人之间的沟通，增加了人力成本投入。招投标采购数字化转型能够将人员沟通过程逐渐转换为系统平台工作流程模式，削弱了招投标各方对于关键人员的依赖度，降低了招投标采购工作中的人力成本。

（三）提高招投标采购效率

数字化赋能交易全过程，提高招投标采购效率。通过数字化赋能将项目招标活动的标前、标中、标后各个交易环节进行有效关联，推进项目交易全过程电子化，简化交易程序，提高交易效率。标前：在招标环节，招标人通过平台根据自身项目类型及特点在线提交立项申请，该申请自动流转至相关行业主管部门，立项审批流程更加规范高效。标中：在投标环节，投标人通过平台能够自动搜索、查阅、匹配相关招标信息，精准掌握市场信息，及时获取价值信息。在开评标环节，通过物联网、大数据等技术，构建大数据在线监管系统及数字信用体系，交易过程更加公开、透明。标后：在档案管理环节，打造数字化档案管理系统及大数据分析平台，归集汇总平台数据资料，通过数字分析驱动科学决策。

（四）高效链接招投标采购交易主体

在传统交易模式下，招标人、投标人、代理机构等市场交易主体因为时间和空间的限制，相互之间割裂，且市场交易的参与方又是独立的利益个体，相互之间因为立场、角色不同存在着利益博弈。数字化招投标交易平台的搭建，使得招标人、代理机构等可以通过移动终端随时随地登录公共资源交易系统，发布各类招标信息，进行招标答疑，而投标人可通过电脑、手机等多种终端设备查看交易信息，甚至可通过订阅实现交易信息的精准推送，随时随地下载、制作、上传相关文件。招投标参与各方在交易过程中不再受时间、空间的限制，沟通互动增加，减少了信息不对称问题，避免出现道德风险和逆向选择，交易过程更加规范、有序，有利于激发社会创新创造的动力和活力，形成数字交易协作创新体系。

（五）数字化技术应用赋能评标管理

利用数字化技术实现了方案展现更直观、标书文件更集成、信息共享更便捷的效果。通过引入数字化技术，对开评标现场的业务流程、操作程序及现场环境进行全面的感知，评标系统能够为后续环节的应用提供条件。同时，通过评标行为大数据全面检视评标专家操作，提高对评标专家的监管水平。各级各类招投标交易平台在相互沟通联系的情况下，能够较好地实现资源信息共享，保障参与招投标过程的招标人、投标人、评标专家的自律性，对招投标工作的健康稳步发展起到了重要作用。

（六）强化招投标过程监管

采购交易违规行为具有隐蔽性，传统招投标手段难以有效防治。大数据可以根据交易行为数据的蛛丝马迹，通过交易行为风险检测模型，还原并捕捉市场交易主体陪标、围标、串标等交易违规痕迹，使违规行为暴露在阳光下，无处遁形。大数据改变评

拓展资源 5.5

比德平台＋中国铁塔的采购模式

标专家填报回避承诺书的方式，通过引入公安、税务等外部数据信息建立专家回避机制，防止出现打人情分甚至参与围标、串标的情形，有效规避了围标、串标这类违法现象。

第七节　招投标相关法律法规

一、招投标采购法律法规体系

（一）招投标采购法律法规的层级

招标投标法律规范是国家级政府部门用来规范招标投标活动，调整在招标投标过程中产生的各种关系的法律规范的总称。根据法律效力的不同，招标投标法律规范分为四个层次。

1. 第一层次：法律

法律包括由全国人大及其常委会颁布的各项法律，如：《中华人民共和国招标投标法》（2017 年修正）、《中华人民共和国政府采购法》（2014 年修正）。

2. 第二层次：法规

法规是由国务院颁布的招标投标行政法规及有立法权的地方人大颁布的地方性有关招标投标法规，如：《中华人民共和国招标投标法实施条例》（2019 年修订）、《中华人民共和国政府采购法实施条例》（2015 年施行）。

3. 第三层次：规章

规章是由国务院有关部门颁布的招标投标的部门规章及有立法权的地方人民政府颁布的地方性招标投标规章，如：《评标委员会和评标方法暂行规定》（2013 年修订）、《评标专家和评标专家库管理暂行办法》（2013 年修正）、《工程建设项目勘察设计招标投标办法》（2013 年修订）、《工程建设项目招标投标活动投诉处理办法》（2013 年修订）、《工程建设项目申报材料增加招标内容和核准招标事项暂行规定》（2013 年修订）、《标准施工招标资格预审文件》（2013 年修订）、《必须招标的工程项目规定》（2018 年施行）、《招标公告和公示信息发布管理办法》（2018 年施行）。

拓展资源 5.6

中华人民共和国招投标法及其实施条例简介

拓展资源 5.7

招投标的一些法律法规条款

4. 第四层次：行政规范性文件

行政规范性文件是由各级政府及其所属部门和派出机关制定的关于招投标采购方面的规定，如：《招标投标违法行为记录公告暂行办法》（2009 年施行）、《关于进一步贯彻落实招标投标违法行为记录公告制度的通知》（2010 年施行）、《关于监察机关和有关行政监督部门在查处工程建设招标投标违法违纪案件工作中加强协作配合的通知》（2008 年施行）、《关于进一步规范电子招标投标系统建设运营的通知》（2014 年施行）、《关于建立清理和规范招标投标有关规定长效机制的意见》（2015 年施行）。

（二）招投标法律法规的效力

（1）从纵向效力层级来看，是由高到低的。按照《中华人民共和国立法法》的规定，依次为宪法、法律、行政法规、地方性法规、规章、行政规范性文件。

（2）从横向效力层级来看，特殊优于一般。根据《中华人民共和国立法法》的规定，同一机关制定的法律、行政法规、地方性法规、规章特别规定与一般规定不一致的，适用特别规定。

（3）从时间序列效力层级来看，新法优于旧法。从时间序列看，同一机关新规定的效力高于旧规定。

二、招投标常见的违法违规行为

（一）串标

事先知道所有投标人，一般是投标人互相串通，也可以和招标人串通。比如：投标人互相串通，投标人、招标人串通，潜规则，轮流中标。

（二）陪标

预先确定意向中标单位，为达到三家报价要求，由意向中标单位邀请其熟悉或相关的单位进行陪衬，达到中标目的。比如：与招标人合伙满足公司招投标要求，以达到中标目的。

（三）围标

事先不知道哪些人投标，然后联合其他公司，将报价控制在一定范围，确保某一家公司中标。比如：联合其他公司控制，自己关联公司合谋。

（四）故意流标

以不足三家、不合格、不合规为名，宣布招标不合格，直接流标。比如：进行二次招标以增加新投标人、更改新的投标价格。

（五）私开标书

没有监督人员，采购员自己开标、记录、整理标书，存在幽灵标书。比如：更改标书价格、撤换投标人标书。

（六）泄露标底

招标人向投标人通报招标底价和相关内容。比如：招标人与投标人同谋、关联公司合伙投标。

拓展资源5.8

招投标违法违规行为
处罚案例

【本章小结】

本章主要介绍了常用的招标采购方式，公开招标采购流程，公开招标采购的前期准备，投标、评标程序与方法，电子招投标，招投标数字化转型，招投标相关法律法规等内容。本章内容实践性非常强，可结合相关实践活动加以理解掌握。

【即测即练】

【复习思考题】

1. 招标采购有哪些实施程序？

2. 投标需要哪些文件？

3. 简述评标步骤。

4. 招标采购前期应该做哪些准备？

5. 简述评标方法中的综合评分法。

6. 传统招投标采购面临哪些挑战？

7. 简述招投标采购数字化转型的价值。

8. 招标代理机构应当具备哪些条件？

9. 属于投标人弄虚作假的行为有哪些？

【实践训练】

实践项目：招投标采购项目实践活动

　　任务要求：在老师指导下，分小组模拟一次招投标采购活动。各小组分别担任不同角色，招标组和投标组数量比为 1/4，即一个小组作为招标组，相应四个小组作为投标组，针对每个招标项目选出 3 名同学作为评标专家。要求招标组编制招标文件并发布招标公告，投标组编制投标文件，评标组撰写评标报告，并模拟公开开标活动。将书中所学理论知识尝试在实践中应用。

第六章　供应商管理

【学习目标】

1. 了解供应商管理的概念及基本内容，了解供应商调查与供应商开发。

2. 熟悉供应商选择的影响因素、方法步骤及评价标准等要点。

3. 掌握供应商绩效评估方法、激励控制和供应商关系管理技巧。

【能力目标】

1. 具备供应商管理基本理论知识及供应商调查与开发基本方法技能。

2. 具备供应商选择的评价标准制定能力与供应商选择基本方法技能。

3. 具备供应商绩效评估、激励控制和供应商关系管理方法技能。

【思政目标】

1. 培养学生诚恳友善、合作共赢的供应商管理职业素养。

2. 培养学生公平公正、自律负责、法治思维和良好的人际沟通能力。

3. 培养学生胸怀大局、公平公正、开拓创新精神。

【思维导图】

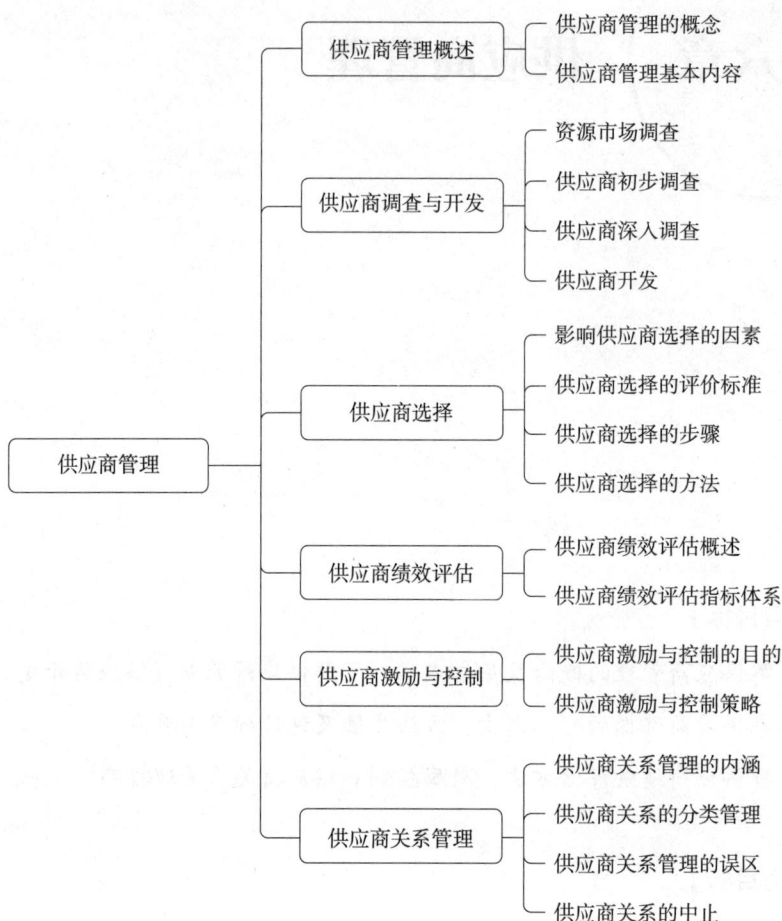

【导入案例】

三洋冷链的供应商管理之道

【教学微视频】

第一节　供应商管理概述

企业需要可靠的供应商为其提供各类物资，以维持正常生产秩序。因此，供应商对企业的物资供应起着非常重要的作用，采购管理就是直接和供应商交易从而采购获得各种物资。因此采购管理的一个重要工作，就是做好供应商管理。

一、供应商管理的概念

供应商是指那些向买方提供产品或服务并相应收取货币作为报酬的实体，可以是为企业生产提供原材料、设备、工具及其他资源的生产企业，也可以是流通企业。

供应商管理是对供应商的了解、选择、开发、激励和控制、合作等综合性管理工作总称。其中，了解供应商是基础，选择、开发、激励和控制供应商是手段，而最终目的是实现与供应商的长期持续合作。供应商管理是一种致力于实现与供应商建立和维持长久、紧密伙伴关系，旨在改善企业与供应商之间关系的新型管理。

二、供应商管理基本内容

（1）供应商调查。供应商调查的目的是了解企业有哪些可能的供应商、各个供应商的基本情况如何，为企业了解资源市场及选择正式供应商做准备。

（2）资源市场调查。资源市场调查的目的，就是在供应商调查的基础上，进一步了解掌握整个资源市场的基本情况和基本性质。此外，还需了解资源生产能力、技术水平、管理水平及价格水平等，为制定采购决策和选择供应商做准备。

（3）供应商开发。将一个现有的原型供应商转化成一个基本符合企业需要的供应商的过程，就是一个开发过程。其具体包括供应商深入调查、供应商辅导、供应商改进等活动。

（4）供应商选择。在供应商考核的基础上，制定科学的选择方法，在定性分析与定量分析的基础上，综合评定出最优入选企业。

（5）供应商使用。与选定的供应商开展正常的业务活动，在合作期间注意收集与保存合作信息数据，为后续供应商评价提供数据支撑。

（6）供应商考核。供应商考核是一个很重要的工作。它分布在合作中各个阶段：在供应商开发过程中需要考核，在供应商选择阶段需要考核，在供应商使用阶段也需要考核。不过，每个阶段考核的内容和形式并不完全相同。

（7）供应商激励与控制。这是指在使用供应商过程中的激励和控制，供应商属性不同，所适宜采取的激励与控制措施也不相同。通过不断的激励与控制，实现合作双赢局面。

第二节　供应商调查与开发

供应商管理的首要工作，就是要了解供应商、了解资源市场。为了掌握供应商的情况，就需要进行供应商调查。供应商调查，在不同的阶段有不同的要求。供应商调查可以分成三个阶段：一是资源市场调查；二是供应商初步调查；三是供应商深入调查。

一、资源市场调查

资源市场调查的任务之一就是进行资源市场分析。资源市场分析，对于企业制订采购策略及产品策略、生产策略等都有很重要的指导意义。资源市场调查内容主要如下。

（1）资源市场的规模、容量、性质。例如，预测资源市场的大体容量范围，现有的资源量及需求量规模。判断资源市场竞争结构是属于完全竞争市场、垄断竞争市场、寡头垄断市场还是属于完全垄断市场。了解资源市场是属于新兴的成长型市场还是属于陈旧的没落型市场。

（2）资源市场的环境。例如，市场管理制度、法治建设、市场规范化程度、市场经济环境、政治环境等外部因素，以及市场发展前景。

（3）资源市场中供应商的情况。分析资源市场中众多的供应商基础资料，就可以得出资源市场自身的基本情况。例如，资源市场的生产能力、技术水平、管理水平、可供资源量、质量水平、价格水平、需求状况及竞争性质等。

二、供应商初步调查

供应商初步调查是对供应商的基本情况的调查，主要是了解供应商的名称、地址、所售产品、生产能力、销量、价格、质量、市场份额、物流条件。

（一）供应商初步调查的目的

供应商初步调查的目的，是了解供应商的一般情况。而了解供应商一般情况的目的，一是为选择最佳供应商做准备；二是掌握整个资源市场的情况，因为许多供应商的基本信息汇总就是整个资源市场的基本情况的反映。

（二）供应商初步调查的特点

（1）内容浅，只需要了解一些简单的、基本的情况。如企业的实力、规模，产品的生产能力，技术水平，管理水平，企业的信用度。另外，简单分析供应商物流系统情况，进行运输时间分析、运输费用分析。

（2）范围广，最好能对资源市场中尽可能多的供应商都有所调查、有所了解，从而掌握资源市场的基本情况。

（3）速度快，迅速确定供应商是否值得被全面评估，以免在根本不可能被选中的供应商身上浪费时间。

（三）供应商初步调查的标准

初步调查主要围绕供应合作的基本问题展开，表 6-1 提供了一个供应商初步筛选标准例子。

表 6-1　供应商初步筛选标准

序号	筛选标准
1	供应商的产品或服务范围是否能够满足企业的需求
2	供应商的产品或服务是否满足企业的最低质量要求
3	供应商是否能够以企业所需的最小 / 最大数量提供产品或服务
4	供应商是否能够按照企业要求交货
5	供应商的营业年限是否满足企业的要求
6	企业所接触的有关供应商的信息中，是否反映出供应商存在某些问题
7	供应商是否与企业的竞争者之间存在任何合伙关系
8	对企业来讲供应商的规模是否过大或过小
9	供应商是否拥有健全的信息管理系统
10	供应商是否与企业使用同种语言
11	供应商的报价是否在企业可接受的范围内
…	……

三、供应商深入调查

供应商深入调查是指对经过初步调查后、准备发展为自己的供应商的企业进行的更加深入仔细的考察活动。这种考察，是深入供应商企业的生产线、各个生产工艺、质量检验环节甚至管理部门，对现有的工艺设备、生产技术、管理技术等进行考察，看看能否满足本企业所采购的产品应当具备的生产工艺条件、质量保证体系和管理规范要求。有的甚至要根据所采购产品的生产要求，进行资源重组并进行样品试制，试制成功以后，才算考察合格。只有通过深入的供应商调查，才能发现可靠的供应商，从而建立比较稳定的物资采购供需关系。

拓展资源 6.1

供应商调查渠道

（一）供应商深入调查的范围

进行深入的供应商调查，需要花费较多的时间和精力，调查的成本高，并不是所有的供应商都是需要的，它只是在以下情况下才需要。

（1）准备发展成紧密关系的供应商。例如在进行 JIT 采购时，供应商的产品准时、免检、直接送上生产线进行装配。这时，供应商已经与企业结成了如同企业内部生产车间的紧密合作关系。若需筛选出此类紧密合作关系的供应商，就必须开展深入的供应商调查工作。

拓展资源 6.2

供应商初步调查的
内容

（2）寻找关键零部件产品的供应商。如果企业所采购的是一种关键零部件，特别是如精密度高、加工难度大、质量要求高、在企业的产品中起核心功能作用的零部件产品，在选择供应商时需要特别小心，要进行反复、认真的深入考察审核。只有经过深入调查证明确实能够达到要求时，才确定发展它为企业的供应商。

（二）供应商深入调查的步骤

对于深入调查，在具体实施深入调查时，也可以分成三个阶段。

第一阶段：通知供应商生产样品，最好生产一批样品，从中随机抽样进行检验。如果抽检不合格，允许其改进后再生产一批、再检一次，如果还不合格，则这个供应商就落选，不再进入第二阶段。只有抽检合格，才能进入第二阶段。

第二阶段：对于生产样品合格的供应商，还要进入供应商生产过程、管理过程进行全面详细考察，检查其生产能力、技术水平、质量保障体系、装卸搬运体系、管理制度等，判断是否达到标准要求。如果基本符合要求，则深入调查可以到此结束。供应商符合要求，可以中选。如果检查结果不符合要求，则进入第三阶段。

第三阶段：对于生产工艺、质量保障体系、规章制度等不符合要求的供应商，要协商提出改进措施，限期改进。供应商愿意改进并且限期改进合格者，可以中选企业的供应商。如果供应商不愿意改进，或者愿意改进但限期改进不合格者，则落选。深入调查也到此结束。

在选择重要物资供应商的过程中，对供应商的实地考察至关重要。必要时可以邀请质量部门和工艺工程师一起参与，他们不仅会带来专业的知识与经验，共同审核的经历也有助于公司内部的沟通和协调。

四、供应商开发

企业开发供应商的目的就是从无到有地寻找新的供应商，建立起适合于自身需要的供应商队伍。供应商开发工作是指采购组织为帮助供应商提高供应能力和运营绩效以适应企业自身的采购需求而采取的一系列活动。供应商开发工作可分为两类：①倾向于实物采购的供应商开发。②倾向于服务采购的供应商开发。

倾向于实物采购的供应商开发工作策略，有以下特点：①追求降低最终成本。②关注物料的可获得性。③较高的质量、安全和性能要求。④合理范围的参数、功能、技术规范及公差。⑤关注及时交付率。⑥重视与供应商的关系。

倾向于服务采购的供应商开发工作策略，有以下特点：①并不一定追求最低成本。②对物料的可获得性关注有限。③对质量、安全和性能要求较低。④对参数、功能、技术规范及公差要求近乎完美。⑤关注产品的整体设计。⑥重视概念上的、抽象的产品质量。

参与试运行的供应商谈好以后，将与企业建立起一种紧密关系参与试运作。这时企业要积极参与辅导、合作。企业应当根据企业生产的需要，也要根据供应商的可能，共同设计规范相互之间的作业协调关系，制定一定的作业手册和规章制度，并且为使供应商适应企业的需要，在管理、技术、质量保障等方面进行辅导和协助。

拓展资源6.3

供应商开发的试运作考核

第三节 供应商选择

一、影响供应商选择的因素

（一）产品质量保证

供应商提供的原材料、零部件或商品质量及其相应的技术水平是采购方选择的重要因素。作为原材料供应商，必须具有良好和稳定的货物生产过程和质量标准，并配置质量控制体系保证其连续性。此外，在生产过程中，如果发现原材料存在严重问题，则要检查供应商是否有完善的退换货质量保证策略和赔偿政策。

（二）供货能力

供货能力，即潜在供应商的设备和生产能力、技术力量、管理与组织能力以及运行控制（比如供货商持有特殊产品的进口配额等）等，这些因素旨在考虑供应商所能提供需要物资的质量与数量的能力及供应商能否持续、稳定地提供相关服务的能力。

（三）企业信誉

信誉是供应商在执行业务时所表现的形象，包括货物本身、经营作风、管理水平、口碑等，企业应该选择一家满意的供应商，为保证完成采购任务打下扎实的基础。

（四）产品价格

供应商产品价格会影响到最终产品的成本，是选择供应商的主要因素，但不是最重要的因素。综合来看，质量、可靠性及相关的成本则更为重要。采购的目的之一是以适当的成本来获取满足，但价格不一定是越低越好。

（五）技术力量

供应商的技术力量也是一个要考虑的因素，尤其是对于那些科技型生产企业来说。如果原材料供应商能够进行产品技术更新、新技术应用，采购方也会因此受益无穷。同时，对于那些愿意并且能够积极响应需求改变、接受新产品设计方案的供应商，应予以重点考虑。

（六）财务状况

一般来说，对于那些采购资金额度比较大的原材料，往往不是货到付款。如果供应商财务出现问题，很可能会要求提前付款或者停产。这样，对于长期采购是不利的。

（七）交货期

交货期也是一个很重要的考核指标。考察交货期主要是考察供应商的准时交货性、交货周期等。能否按约定时间和地点将产品准时运达，直接影响企业生产和供应链运作的连续性，也会影响各级供应链的库存水平，继而影响企业对市场的反应速度。交货周期是指自订单开出之日到收货之时的时间长度，通常以天

（d）为单位。交货周期长短通常对采购方的库存持有量有很大影响。有些公司还将本公司必须保持的供应商供应的原材料或零部件的最低库存量、供应商的后勤体系水平、供应商所采用的后勤系统（ERP）、供应商本公司是否实施"即时供应"（JIT供应）等也纳入考核。

（八）供应商地理位置

地理位置是构成采购成本的直接因素。供应商所处的位置对送货时间、运输成本、紧急订货与加急服务的回应时间等都有影响。除此之外，从供应链和零库存的角度考虑，在同等条件下，应尽量选择距离较近的供应商。

（九）售后服务

售后服务是采购工作的延续环节，是保证采购连续性的重要方面。一般的售后服务包括提供零部件、技术咨询、保养修理、技术讲座、培训等内容，如果售后服务只流于形式，那么被选择的供应商只能是短时间配合与协作，不能成为战略伙伴关系。

此外，有些企业还会考虑包括设计能力、创新能力、履约能力、项目管理能力等其他因素。这些因素对于不同行业的供应商来说，重要性并不相同。比如制造企业更重视设计能力等技术指标，商贸企业更重视管理能力因素。

最后，企业根据采购内容与采购时间跨度的不同，选择供应商的要求会有所区别。按采购合作时间的长短不同，选择供应商考虑的因素也不同（表6-2）。

表6-2　长期和短期选择供应商考虑因素的不同

因素	具体内容
短期选择供应商考虑因素	商品质量、成本、交货期、整体服务水平（安装服务、培训服务、维修服务、升级服务、技术支持服务）、履行合同的承诺和能力等
长期选择供应商考虑因素	质量管理体系是否健全、设施设备是否先进及保养情况、财务状况是否稳定、内部组织与管理是否良好、员工核心队伍是否稳定等

二、供应商选择的评价标准

不同的采购项目，供应商选择的评价标准也有所差异，下文主要介绍两种适用性较广的供应商选择标准。

（一）QCDS多元平衡标准

供应商选择的基本标准可概括为"QCDS多元平衡"，也就是质量（quality）、成本（cost）、交付（delivery）与服务（service）并重原则。在这四项标准中，前两者偏向能力属性，后两者偏向态度属性。供应商在合作过程中，不仅应满足企业采购的物质要求，还要有完成供应任务的态度积极性，供应商选择的理想区间如图 6-1 所示。

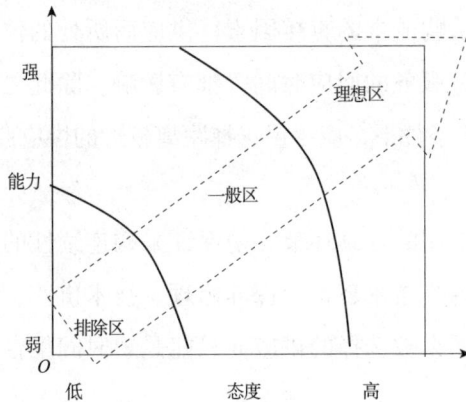

图 6-1　供应商选择的理想区间

在这四者中，质量标准是最重要的，首先要确认供应商是否建立一套稳定、有效的质量保证体系，然后确认供应商是否具有生产所需特定产品的设备和工艺能力。其次是成本，要运用投入产出指标对所涉及的采购产品进行量化分析，并利用互利共赢的合作模式实现成本节约。在交付方面，要确定供应商是否拥有足够的生产能力、生产要素是否充足、有没有创新扩张的潜力。最后一点，也是非常重要的是考察供应商的售前、售后服务水平。

（二）分类选择标准

根据采购项目对供应商的重要性及采购量，可将采购项目分为一般采购项目、杠杆采购项目、瓶颈采购项目、关键采购项目，如图 6-2 所示。不同类型采购项目的供应商，选择标准有所差异。

（1）一般采购项目。采购方尽量将采购时间和采购费用降至最低。供应商选择重点是能够尽可能地满足企业的采购需求且售前、售后服务水平较高，可以长期连续供应企业所需产品。

（2）杠杆采购项目。采购方的主要目标是尽可能降低采购价格和成本。市场价格波动情况、交货时间可靠性、可替代供应商的交易成本大小等因素决定企业选择的杠杆采购项目的供应商类型。

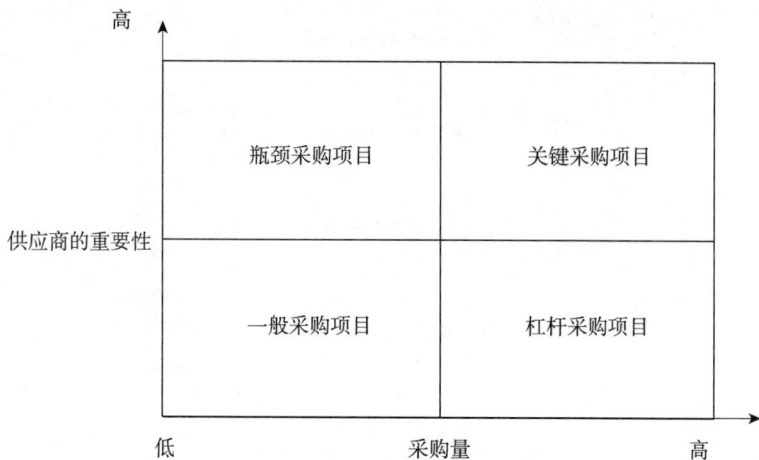

图 6-2 采购项目分类

（3）瓶颈采购项目。采购方将供应商选择的重点集中在降低供应链风险方面。例如供应商提供的产品质量是否满足企业发展需求，以及能否在合约期内保持稳定、灵活的供应。

（4）关键采购项目。关键采购项目在选择供应商时，除了需要努力降低采购成本之外，还应确保供应的质量和连续性。这类项目的供应商选择需要花费更多的决策时间和精力。

拓展资源 6.4

G. W. Dickson 的供应商选择评价标准

三、供应商选择的步骤

供应商在供应链中担负重要角色，供应商的选择机制是多元化的，不同的企业在选择供应商时，所采用的步骤会有差别，但基本的步骤相似。其具体步骤如图 6-3 所示。

（一）成立供应商评选小组

企业需成立一个专门小组来控制和实施供应商评价，这个小组的组员以来自采购、质量、生产、工程等与供应链合作关系密切的部门为主。组员必须有团队合作精神，还应具备一定的专业技能。评选小组必须同时得到采购企业和供应商企业最高领导层的支持。

（二）分析市场竞争环境

企业必须知道现在的产品需求是什么、产品的类型和特征是什么，以此来确认客户的需求、确认是否有建立供应关系的必要。如果已经建立供应关系，需要

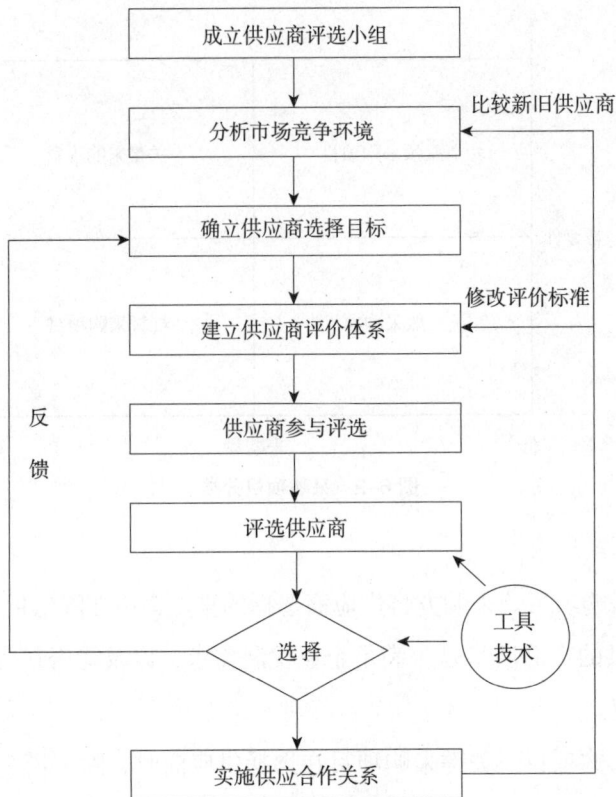

图 6-3　供应商选择步骤

根据需求的变化确认供应合作关系变化的必要性，分析现有供应商的现状，总结企业存在的问题。

（三）确立供应商选择目标

企业必须确定供应商评价程序如何实施，而且必须建立实质性的目标。供应商评价和选择不仅是一个简单的过程，也是企业自身的一次业务流程重构过程，如果实施得好，就可以带来一系列的利益。

（四）建立供应商评价体系

评价体系是企业对供应商进行综合评价的依据，是反映企业本身和环境所构成的复杂系统的不同属性的指标，是按隶属关系、层次结构有序组成的集合。不同的行业、企业，不同产品需求和环境下的供应商的评价体系并不相同，但供应商的评价体系一般会包括供应商业绩、设施设备、人力资源、产品质量、成本价格、技术研发、服务满意度、交货协议等。

（五）供应商参与评选

一旦企业决定实施供应商评选，评选小组需尽可能让供应商参与到评选的设计过程中，确认它们有获得更高业绩水平的愿望。

（六）评选供应商

评选供应商主要的工作是调查、收集有关供应商生产运作等全方位的信息。在收集供应商信息后，就可以利用一定的工具和技术方法进行供应商的评选了。

（七）实施供应合作关系

在实施供应合作关系的过程中，市场需求也将不断变化。企业可以根据实际情况的需要及时修改供应商评选标准，或重新开始供应商评估选择。在重新选择供应商的时候，应给予新旧供应商以足够的时间来适应变化。

四、供应商选择的方法

目前，可以应用于供应商选择的方法主要分为三类：定性方法、定量方法及定性与定量相结合的方法，具体有直观判断法、考核选择法、招标选择法、协商选择法、ABC 成本法、线性规划方法、层次分析法（AHP）、模糊综合评判法、神经网络法、TOPSIS 法（逼近理想解排序法）、数据包络分析（DEA）、成分分析法、灰色综合评价法以及这些方法的集成应用法等，企业可以根据自己的实际情况选择其中的方法加以应用。常用的方法如下。

（一）直观判断法

直观判断法是指通过调查、征询意见、综合分析和判断来选择供应商的一种方法，是一种主观性较强的判断方法，主要是倾听和采纳有经验的采购人员的意见，或者直接由采购人员凭经验作出判断。这种方法的质量取决于对供应商资料掌握得是否正确、齐全和决策者的分析判断能力与经验。这种方法运作简单、快速，但是缺乏科学性，受掌握信息的详尽程度限制，常用于选择企业非主要原材料的供应商。

（二）考核选择法

考核选择法是指在对供应商充分调查了解的基础上，建立自身的供应商选择标准体系，再进行认真考核、分析比较而选择供应商的方法。常见的选择标准主要是企业的实力、产品的生产能力、技术水平、质量保障体系和管理水平等。根据各个评价指标进行供应商选择综合评估。其计算公式为

$$S= \sum W_iP_i$$

式中，S 是综合评分值；W_i 是第 i 个指标的权数；P_i 是第 i 个指标评分值，根据各个指标的相对重要性而主观设定。S 作为供应商表现的综合描述，值越高的供应商表现就越好。

（三）招标选择法

当采购物资数量大、供应市场竞争激烈时，可以采用招标选择法来选择供应商。采购方作为招标方，事先提出采购的条件和要求，邀请众多供应商企业参加投标，然后由采购方按照规定的程序和标准一次性地从中择优选择交易对象，并提出最有利条件的投标方签订协议等过程。注意，整个过程要求公开、公正和择优。

（四）协商选择法

在可选择的供应商较多、采购单位难以抉择时，也可以采用协商选择法，即由采购单位选出供应条件较为有利的几个供应商，和它们分别进行协商，再确定合适的供应商。和招标选择法相比，协商选择法因双方能充分协商，在商品质量、交货日期和售后服务等方面较有保证，但由于选择范围有限，不一定能得到最便宜、供应条件最有利的供应商。当采购时间较为紧迫，投标单位少，供应商竞争不激烈，订购物资规格和技术条件比较复杂时，协商选择法比招标选择法更为合适。

拓展资源 6.5

选择供应商时应注意的问题

第四节　供应商绩效评估

一、供应商绩效评估概述

供应商绩效评估是指买方企业在特定的绩效范围内，考核供应商达到或超过买方期望或需求的能力。能力考核可以分为三个层次：考核供应商一贯符合或超出标准绩效的能力；考核供应商未来超出标准期望的能力；考核供应商在关键绩效领域的能力。

二、供应商绩效评估指标体系

常见的供应商绩效评估指标体系包括五个方面：质量、采购成本、交货期、服务、资产管理。前三个指标各行各业通用，相对易于统计，属于定量指标，是供应商管理绩效的直接表现。后两个指标相对难以量化，属于定性指标，是供应商内在价值的重要表现。前三个指标广为接受并通用。其余指标在不同采购项目中的内涵存在明显差异。

（一）质量

质量是首要考核指标，在双方合作开始阶段就要重视对产品质量的测评。按照考核范围，产品质量考核可以分为两类：全面检查和抽样检查。由于全面检查工作量非常大，一般可以用抽样检查的方法。

（1）合格水平。产品质量合格水平评估指标使用质量合格率。

$$质量合格率 = 合格数量 / 检查数量 \times 100\%$$

质量合格率指标优点是简单易行，缺点是难以体现质量问题带来的危害。螺丝钉与发动机的合格率相同，造成的负面影响却大不相同。供应商可以通过操纵低值采购产品的合格率标准来提高总体质量要求。不同采购项目制定的质量指标绝对值标准差距很大。例如在采购品种很多、采购量很小的"类多量少"采购项目中，产品质量达到 97.7% 就称得上先进水平。但在大批量加工产品的零缺陷标准下，这样的质量水平会使供应商失去市场。

（2）质量成本。质量成本指标能弥补质量合格率指标的不足。其理念是价值不同的产品，质量问题带来的损失不同。同一次品，出现在供应链的不同位置，造成的损失也不一样，弥补手段包括更换、维修、保修、停产、丧失信誉、失去市场等。例如，次品出现在客户环节，损失最大，假设损失权重为 100。次品出现在采购方生产线，损失较大，假设损失权重为 50。次品出现在采购方内部物流环节，损失最小，假设损失权重为 10。如果该采购产品价格为 1 000 元，在上述三个环节各出现次品一个，总的质量成本就是 160 000 元：

$$160\ 000 = 100 \times 1\ 000 + 50 \times 1\ 000 + 10 \times 1\ 000$$

质量成本指标有助于产品质量问题早发现、早解决，特别是在一些附加值高、技术含量高、供应链复杂的采购项目中比较适宜应用，如在飞机制造业等精密仪器设备制造行业采用得比较多。

质量绩效考核还有很多指标，如样品首次通过率、质量问题复发率等。不管哪类质量指标，都应做到统计口径一致，有可对比性才能获得供应商的认可与支持。另外，质量指标统计只是手段，统计的最终目标是通过表象的质量问题发现供应商的产品不足，督促整改，达到优质标准。

（二）采购成本

（1）产品价格。采购成本首先要考核供应商的产品价格水平，可以和市场同类产品的平均价和最低价进行比较，通常采用市场平均价格比率和市场最低价格比率指标。

市场平均价格比率 =（供货价格 – 市场平均价格）/ 市场平均价格 ×100%

市场最低价格比率 =（供货价格 – 市场最低价格）/ 市场平均价格 ×100%

（2）采购节约率。采购成本还要反映与供应商的合作效率。可以用采购节约率指标，也称作年度降价率。在实际操作中，采购节约率的统计远比看上去复杂，如价格变动生效的时间节点，可以按照交货期计算，也可以按照下单的日期计算，选取的时间节点不同，可能导致计算结果差距很大，因此使用此指标时需要提前与供应商协商。

采购节约率 =（本期采购费 – 上期采购费）/ 上期采购费 ×100%

（3）采购返利水平。采购返利是指当采购额超过某一数字时，若采购方付款及时，则供应商给予采购方一定比例的返利回馈。例如货到 10 天支付采购款，供应方给采购方 2% 的折扣等。很多公司把这个指标算作年度采购价差的一部分。

（4）成本分配比例。企业可以统计 80% 的采购开支用于多少个供应商数量，以此反映采购成本在供应商间的分配情况。其目的是减少供应商数量、增加规模效益。此指标的标准值很难定，因为不同企业、行业，即使同一企业在不同市场环境下，最佳供应商数量也不同。例如在买方市场下，供应商数量越少越好，这样规模效益好。但在卖方有产能限制、原材料不足等情况下，供应商多，采购方的风险就相对低。

（三）交货期

（1）交货准时率。交货期同样是比较重要的考核项目。考核交货期的主要指标是考查供应商的交货准时率。交货准时率可以用准时交货的次数与总交货次数之比来衡量。其概念很简单，但计算方法很多。例如按件、按订单、按批次计算出的交货准时率可能不同。

交货准时率 = 准时的次数 / 总交货次数 ×100%

此指标的缺点与质量合格率一样：一个螺丝钉与一个发动机的交货准时率相同，虽然从流水线生产角度缺少哪个产品都没办法完成生产任务，但是从供应管理角度来说，螺丝钉补货与发动机补货成本差距非常大。

（2）按时交货量率。交货量能够体现供应商完成工作量的能力。考核交货量的主要指标是按时交货量，可用按时交货量率表示。按时交货量率是指给定交货期内的实际交货量与期内应当完成交货量的比率。

$$按时交货量率 = 期内实际完成交货量 / 期内计划交货量 \times 100\%$$

（3）安全库存率。对于供应商管理库存（vendor managed inventory，VMI），因为有最低库存点与最高库存点，按时交货绩效可通过相对库存水平来衡量。例如库存为零，风险很高。库存低于最低点，风险相当高。库存高于最高点，断货风险很小但过期库存风险升高。这样，统计上述各种情况可以衡量供应商的交货表现。根据未来采购需求和供应商的供货计划，还可以预测库存点的未来走势。

值得注意的是，采购成本、质量和交货期绩效水平应综合考虑。如果这些指标分归不同部门管理，部门间的利益纠纷有可能很大。例如在一些企业里，采购成本归供应管理部门，质量由质量管理部门负责。为降低成本，供应管理部门试图寻找低价位供应商。质量管理部门为确保质量，则坚决反对。较好的解决方法是让一个部门同时负责三个指标，促使其通盘考虑。

（四）服务

服务是无形的，服务水平不方便直观统计，但是服务是供应商价值的重要能力。服务不会直接体现在价格上，价值上却很明显。例如，有设计能力的供应商，可以为采购方提出合理化的产品设计建议，对于那些只能按图加工的企业，其价值不言而喻。

（1）工作质量。考核工作质量，可以用交货差错率和交货破损率指标。

$$交货差错率 = 期内交货差错量 / 期内交货总量 \times 100\%$$

$$交货破损率 = 期内交货破损量 / 期内交货总量 \times 100\%$$

（2）信用度。信用度体现供应商的诚信履约水平，考核侧重点是供应商履行合同条款的诚意与能力。

$$信用度 = 期内失信次数 / 期内合作总次数 \times 100\%$$

（3）客户满意度。服务在不同的行业，侧重点会有不同，但共性是服务都涉及人，可通过调查客户满意度来统计。例如采购方期望供应商尽量缩短产品的交货时间、主动配合绩效考核、积极响应采购方的调度，那么企业可发放简短的问卷给相关人员，调查他们对上述各项问题的满意程度，以及改进建议。统计的范围越广，统计结果越接近真实情况。更重要的是供应商会感受到的信号是企业在意服务问题，且任何一个人的意见都很重要。这样就可尽量避免只有采购主管部门才能驱动供应商的现象。

（五）资产管理

资产管理体现供应商的企业总体经营管理水平。它包括固定资产、流动资产、长期负债、短期负债等。这些都有相应的比率指标，只是不同行业的标准比率可能不同。例如在简单加工行业，库存周转率动辄几十、上百，而大型设备制造行业，一年能周转六次就算是先进水平。供应方定期（如每季度）审阅供应商的资产负债表等财务报表，是及早发现供应商经营问题的有效手段。现金流、库存水平、库存周转率、短期负债等都可能影响供应商的未来供应表现，也是采购方能否不断降低采购成本的保证。

采购方往往忽视供应商的资产管理绩效，只要供应商能按时交货，就忽视供应商的库存数量、负债水平。事实上供应商资产管理不善时，生产成本必然上升。羊毛出在羊身上：上升的成本要么转嫁给采购方，要么就降低供应绩效。这两种结果都会给采购方带来负面影响。遇到这种情况，对于少数采购项目可能只需要更换供应商，因为市场很透明，采购就像去超市购物。但对于大多数采购项目，更换供应商成本很高，且会带来潜在问题和不确定因素。所以敦促现有供应商注重资产管理水平往往是双赢的做法。

第五节　供应商激励与控制

一、供应商激励与控制的目的

供应商激励与控制的目的，一是充分发挥供应商的积极性和主动性，努力做好物资供应工作，保证本企业的生产生活正常进行；二是防止供应商企业的不轨行为，预防一切对企业、对社会的不确定性损失。

二、供应商激励与控制策略

（一）逐渐建立起一种稳定、可靠的关系

企业应当和供应商签订一个较长时间的业务合同关系，如 1 年至 3 年。时间不宜太短，否则供应商难以完全信任采购方，容易产生机会主义行为。只有合同时间长，供应商才会感到放心，才会倾注全力与企业合作，做好物资供应工作。

特别是当业务量大时，供应商会把本企业看作它生存发展的依靠和希望，形成一种休戚与共的关系。但是合同时间也不能太长。这一方面是因为将来可能发生变化，如市场变化导致产量变化甚至产品变化、组织机构变化等。另一方面，也是为了防止供应商产生木已成舟的思想而放松对业务的竞争进取精神。为了促使供应商加强竞争进取，就要使供应商有危机感。所以合同时间一般以 1 年比较合适，并说明如果第二年继续合适，可以再续签。第二年不合适，则合同终止。这样签合同，就是既要让供应商感到放心，可以有一段较长时间的稳定工作，又要让供应商有危机感，不要放松竞争进取精神，才能保住明年的工作。

（二）有意识地引入竞争机制

有意识地在供应商之间引入竞争机制，促使供应商在产品质量、服务质量和价格水平方面不断优化。例如，在几个供应量比较大的品种中，每个品种可以实行 AB 角制或 ABC 角制。所谓 AB 角制，就是一个品种设两个供应商；一个 A 角，作为主供应商，承担 50%~80% 的供应量。一个 B 角，为副供应商，承担 20%~50% 的供应量。在运行过程中，对供应商的运作情况进行结构评分，一个季度或半年一次评比。如果主供应商的月平均分数比副供应商的月平均分数低 10% 以上，就可以把主供应商降级成副供应商，同时把副供应商升级成主供应商。ABC 角制则实行三个角色的制度，原理与 AB 角制一样，同样也是一种激励与控制的方式。

（三）与供应商建立相互信任的关系

采购方应与供应商建立恰当的信任关系。当供应商经考核转为正式供应商之后，一个重要的措施，就是应当将验货收货逐渐转为免检收货。免检，这是对供应商的最高荣誉，也可以显示出企业对供应商的高度信任。免检当然不是不负责任地随意得出结论，应当稳妥地进行。既要积极地推进免检考核的进程，又要确保产品质量。一般免检考核要经历 3 个月左右时间，在免检考核期间，起初总要进行严格的全检或抽检。如果全检或抽检的结果，不合格率很小，则可以降低抽检的频次，直到不合格率几乎降到零。这时，要组织供应商有关方面的人员，稳定生产工艺和管理条件，经考核保持一段时间的"零缺陷率"，就可以实行免检了。当然，免检期间，也不是绝对免检，还要不时地随机抽检一下，以防供应商的质量滑坡，影响本企业的产品质量。抽检的结果如果满意，则继续免检。一旦发现问题，就要增加抽检频次，进一步加大抽检的强度，甚至取消免检。通过这种方式，也可以激励与控制供应商。

此外，建立信任关系还包括其他很多方面。例如，不定期地举行一些企业负责人参加的洽谈会，交换意见，研究问题，协调工作，甚至开展一些互助合作。特别对涉及企业之间的一些共同的业务、利益等有关问题，一定要开诚布公，把问题谈透、谈清楚，树立起"双赢"的指导思想。只有这样，双方才能真正建立起比较协调可靠的信任关系，这种关系实际上就是一种供应链关系。

（四）建立相应的监督控制措施

在建立信任关系的基础上，也要建立起比较得力的、相应的监督控制措施。特别是供应商出现一些问题或者一些可能发生问题的苗头之后，一定要建立起相应的监督控制措施。根据情况的不同，可以分别采用以下措施。

（1）对一些非常重要的供应商，或是当问题比较严重时，可以向供应商单位派常驻代表。常驻代表的作用，就是沟通信息、技术指导、监督检查等。常驻代表应当深入生产线各个工序、各个管理环节，帮助发现问题，提出改进措施，切实保证把有关问题彻底解决。对于那些不太重要的供应商或者问题不那么严重的单位，则视情况分别采用定期或不定期到工厂进行监督检查或者设监督点对关键工序或特殊工序进行监督检查，或者要求供应商自己报告生产条件情况、提供工序管制上的检验记录、进行分析评议等办法实行监督控制。

（2）加强成品检验和进货检验，做好检验记录，退还不合格品，甚至要求赔款或处以罚款，督促供应商改进。

（3）组织本企业管理技术人员对供应商进行辅导，提出产品技术规范要求，使其提高产品质量水平或企业服务水平。

（五）供应商管理信息交流机制

信息交流有助于减少投机行为、促进重要生产信息的自由流动。为加强供应商与制造商的信息交流，可以从以下几个方面着手。

（1）在供应商与制造商之间经常进行有关成本、作业计划、质量控制信息的交流和沟通，保持信息的一致性和准确性。

（2）实施并行工程。制造商在产品设计阶段让供应商参与进来，这样供应商可以在原材料和零部件的性能与功能方面提供有关信息，为实施 QFD（质量功能配置）的产品开发方法创造条件，把用户的价值需求及时地转化为供应商的原材料和零部件的质量与功能要求。

（3）建立联合的任务小组解决共同关心的问题。在供应商与制造商之间应建立一个基于团队的工作小组，双方的有关人员共同解决供应过程及制造过程中遇到的各种问题。

（4）供应商和制造商经常互访。供应商与制造商采购部门应经常性地互访，及时发现和解决各自在合作活动过程中出现的问题与困难，建立良好的合作气氛。

拓展资源6.6

七种企业常见的供应商激励方式

（5）使用电子数据交换（EDI）和互联网技术进行快速的数据传输。

第六节　供应商关系管理

随着资源在全球化范围内调配、企业间业务联盟的进一步发展、供应链业务紧密连接趋势越来越强等，企业与供应商之间的关系变得越来越重要，当企业发现彼此的贡献可以融合成一种新能力和产生综合效益时，这种与供应商合作创造的市场价值，是业务伙伴合作中一个重要的新问题。

一、供应商关系管理的内涵

供应商关系管理是用来改善与供应链上游供应商的关系的，它是一种致力于实现与供应商建立和维持长久、紧密伙伴关系的管理思想及软件技术解决方案，旨在改善企业与供应商之间关系的新型管理机制。它通过对双方资源和竞争优势的整合来开拓市场，扩大市场需求和份额，降低产品前期的高额成本，实现双赢。实际上，它是一种以"扩展协作互助的伙伴关系、共同开拓和扩大市场份额、实现双赢"为导向的企业资源获取管理的系统工程。

咨询公司 Gartner 这样定义供应商关系管理：供应商关系管理是用于建立商业规则的行为，以及企业为实现盈利而和不同重要性的产品或服务供应商进行必要沟通的活动。根据 Gartner 的观点，企业采用供应商关系管理能带来如下好处。

（1）优化供应商关系，企业可以依据供应商的性质及其对企业的战略价值，对不同供应商采取不同的对待方式。

（2）建立竞争优势，并通过合作，快速地引入更新、更好、以顾客为中心的解决方案，来增加营业额。

（3）扩展、加强与重要供应商的关系，把供应商集成到企业流程中。

（4）在维持产品质量的前提下，通过降低供应链与运营成本促进利润提升。

拓展资源 6.7

传统与现代供应商关系管理理念

二、供应商关系的分类管理

一个企业的供应商数量可能很多，如果不加以区分，则很难制定科学的管理方法。供应商关系细分的依据主要来自采购金额、采购商品的重要性、供应商可依赖度等。供应商关系细分是供应商关系管理的先行环节，根据不同标准可以将供应商关系细分为如下几种。

（一）按采购双方对于彼此的重要程度分类

按采购双方对于彼此的重要程度，可以将供应商分为伙伴型、优先型、重点商业型、普通商业型四种类别。当具有很强产品研发能力的供应商认为买方企业对于自身非常重要时，买方企业同样认为采购合作非常重要的情况下，对应的供应商类型是伙伴型。当供应商认为买方企业对于自身来说非常重要，但是买方企业并不认为供应商企业重要时，局面对于买方企业有利，对应的供应商类型为优先型。当供应商认为买方企业对于自身无关紧要，但该采购业务对买方企业非常重要时，对应的供应商类型是重点商业型。当供应商与买方企业双方都认为彼此不太重要时，采购业务可以很容易地更换供应商，对应的供应商类型是普通商业型。

（二）按采购价值分类

按采购价值，可以将供应商分为重点供应商与一般供应商。采购价值的划分依据是 80/20 规则分类法。这种分类方法的基本思想是针对不同的采购物品应采取不同的策略，采购时间与费用的分配也应有所不同。通常认为提供 20% 供应量却占买方总采购物资 80% 价值的供应商为重点供应商，而其余提供了 80% 供应量却只占总采购物资 20% 价值的供应商则为一般供应商。对于重点供应商应投入 80% 的采购时间和费用进行管理与改进。这些供应商提供的物资基本上是企业的战略物品或紧缺物资，如计算机厂商需要采购的 CPU（中央处理器）和显卡，蛋糕厂需要采购的奶油及一些价值高、但供应不力的物品。而对于一般供应商则只需要投入 20% 的采购时间和费用与其交易。因为这类供应商所提供的物品对于企业的生产成本与产品质量的影响较小，如办公用品、生产辅料等。

（三）按采购战略分类

（1）短暂型。这种类型的最主要特征是采购活动表现为单纯市场交易。双方并没有意愿保持长时期的供应关系，各种交易行为的出发点只停留在短期交易上，双方关注的是如何赢得谈判胜利，如何提高自己的交易主动权，尽量不要让自己的利益受损，并不考虑如何改善供应或采购工作，使双方都获利。此类供应商一般提供的是标准化的产品或服务，可以保证市场交易的信誉。这类采购业务比较简单，只需业务人员和采购人员参与即可，买方其他部门人员一般不用参与。当采购业务终止时，双方关系也终止了。

（2）长久型。长久型的特征是双方从长远利益出发，相互协作，不断改进采购产品质量与服务水平，整体上降低双方总成本，提高供应链的竞争力。同时，长期合作范围涉及企业内很多部门与人员。采购方与供应商保持长期合作关系好处很多，双方会有意愿为了共同利益改进采购工作内容，并在此基础上建立起超越市场交易关系的合作。例如在长期合作的前提下，采购方对供应商提出技术革新要求，供应商目前能力有限的状况下，采购方可以为供应商提供技术及资金等多方面的支援。供应商的技术改进会促进产品改良，这对供应商是非常有利的好机会。所以长期合作符合双方的长远利益。比如计算机制造商可以为电池制造商提供技术和资金支持用于改进电池的技术含量与升级换代，同时电池厂商的技术革新也会促进计算机制造商生产出质量更为优越的产品。

（3）渗透型。这种合作形式是在长期目标型基础上形成的。其合作理念是将对方公司看作自己公司的外延或内在组成部分。因此，采购双方在合作过程中的信任程度及亲密程度极大提高。为了便于融入对方企业文化及业务活动，有时会在产权关系上采取适当的措施，如互相投资或参股等，在企业产权结构上保证双方利益的一致性。同时在组织架构上也可以采取相应的措施，如彼此委派员工承担对方有关业务活动。渗透型的优点是可以深入地了解对方的管理情况，供应商在渗透中可以了解自身提供的产品在下游企业如何应用，进而便于发现改进的方向。并且采购方也能知道供应商如何制造产品，可以有针对性地提出改进建议。

（4）联盟型。联盟型是从战略合作角度提出的。它的特点是考虑更长远的企业发展战略层面的合作问题。在管理难度加大的前提下，对于协作的要求也相应提高。另外，由于双方之间的合作属于战略合作，往往需要协调成员之间的发展战略，使之在企业发展方向上起到相互支撑作用，同时在行动策略上也要进行相应的调整配合。

（5）供应链集成型。这种形式被认为是合作投入最多的关系类型，即把采购双方看作一个企业考虑合作事宜。虽然成员企业在法律上是完全独立的企业，经营自主权还是归自身所有，但是在这种关系中，要求每家企业在充分了解彼此的目标、要求，充分掌握信息的前提下，自觉作出有利于供应链整体利益的决策。

拓展资源6.8

供应商关系管理的重点

三、供应商关系管理的误区

（一）无节制压低采购单价

在制造业成本构成中，原材料或零部件一般都占有很高的份额，企业高管对原材料或零部件成本予以关注，这本在情理之中。但是，管理者会不知不觉地把关注的焦点放在原材料或零部件的采购单价上，并期望通过无节制压低供应商价格来提高自身成本竞争优势。

无节制压低采购单价的后果是严重的，供应商可能因为无利可图而被迫停止供货，更坏的情况是供应商为了生存而采取以次充好的应对策略。可见，期望无限压低资源价格来获得成本优势，不仅背离了精益管理思想，而且企业还可能为此付出惨痛代价。

（二）过多审核监管，缺少辅导支持

许多企业抱怨，供应商能力低下，品质、交货等总是达不到要求。面对问题，许多管理者想到的是，通过加强审核监督，甚至采用重罚等手段来达到目的。至于对供应商实施辅导、帮助提升管理水平方面，则没有意识或少有作为。其结果是，供应商能力提升缓慢，考核和处罚还会增强供需双方的不信任感，以至于出现相互推诿的现象。

（三）故意拖欠供应商货款

有的采购方将拖欠供应商货款看作采购人员值得称道的工作能力，并以此来考核采购部门及员工的工作绩效。其结果是企业想方设法拖欠货款，还故意苛责供应商，以品质不良或交货延迟等为理由不支付或少支付。这样将打击供应商提供服务的积极性，并严重影响采购方的企业信用和形象。

（四）频繁更换供应商

在一些企业看来，更换供应商易如反掌，因为有太多的中小企业等着成为它们的供应商。在不断更换供应商的过程中，这些企业确实能够得到短期实惠。但是，这样做的缺点也是显而易见的，那就是在供应链整体能力提升方面无所作为，缺乏积累，而且还会在企业信用和形象上遭受莫大的损失。

以上四个供应商关系管理方面的认识误区和错误做法，不利于企业整体实力的提升，更会阻碍企业壮大变强的进程。

四、供应商关系的中止

当供应合作关系失败而决定中止时，双方处理不好将会产生抱怨乃至敌意。从社会关系网络角度来看，未来采购双方再次合作或产生交易关联的可能性是存在的，如原供应商的某个高层管理者"跳槽"到了其他公司，而这家公司正是采购企业目前的供应链合作伙伴。所以采购方应尽量将更换供应商工作处理得周全、妥当，不伤害供应商利益，不危及企业声誉及合作友谊。

拓展资源6.9

供应商关系中止的原因

（一）供应商关系中止的策略

有些采购方与供应商中止合作时出于自身利益考虑并不提前通知供应商，或者在通知供应商时以"不需要再采购了""采购合作不符合企业利益了"等含糊的理由贸然结束与供应商的关系。这些做法，一方面会伤害供应商的利益，另一方面也不符合商业道德。当采购方寻找到新的供应商后，新供应商会猜疑自己也被同样对待，所以在合作中有所保留或产生机会主义行为，最终受害的是采购方自身的利益。因此采购方要注意终止供应关系时的策略，保全企业声誉。

友好中止供应关系的最佳途径是在关系处于危险期时就表露出中止态度，如在供应商的服务态度持续欠佳或供应商财务状况长期处于危险区时，坦率而直接地提出警告，这样供应商在真正中止关系时就不会感到意外或不合理。和平处理中止供应事件的策略有三个。

（1）积极的态度。双方此阶段的供应关系结束并不意味着永远不再合作，从日后还有机会合作的角度出发，彼此积极解决中止合作的善后问题，不要使采购环节的问题影响到生产活动。

（2）友好的氛围。虽然中止合作不是一件愉快的事情，但是双方沟通交流相关事宜时不要相互指责，特别是采购方尽量理解供应商的失落情绪。

（3）恰当的理由。采购方对于中止合作的原因一定要解释清楚，并向供应商表明再继续合作对自身可能产生的损失。客观而恰当的中止合作理由，有助于保护采购方的声誉。

（二）供应商关系中止的处理过程

采购方在确定与供应商中止关系的想法后，需要考虑如何处理中止关系引发的问题。关系中止时需要处理的问题主要是协商双方应该承担的责任。

（1）与供应商协调停止供应的具体时间节点，并制作行动时间表。

（2）恰当处理供应商的现有库存，列出库存产品清算单。

（3）计算双方还未结算的各项费用，保证双方没有财务纠纷。

（4）反思本次中止供应关系的经验教训，为以后的采购业务提供参考。

拓展资源 6.10

华为的采购与供应商管理之道

对于双方有争议的事项，当超出合同规定内容时，可以寻求第三方中立机构帮助协调，避免进入法律程序对簿公堂。比较理想的处理结果是供应商有秩序地退出，采购方的客户没有发生损失，供应商转换成本降到最低。

🔍【本章小结】

供应商在企业的物资供应中发挥着非常重要的作用，供应链管理的重要工作之一就是做好供应商管理。本章首先介绍了供应商管理的概念与基本内容，分析了供应商调查与开发的方法步骤。其次介绍了供应商选择的影响因素、评价标准与步骤、方法。再次介绍了供应商绩效评估指标体系和供应商激励与控制方法策略。最后对于供应商关系管理的内涵、分类管理及存在误区等进行了介绍。

🔍【即测即练】

【复习思考题】

1. 概括供应商按采购战略分类的类型及特征。

2. 概括供应商调查三个阶段主要包括的内容。

3. 概括供应商开发的工作特点。

4. 选择供应商时应注意的问题有哪些？

5. 供应商绩效评估体系一般包括哪些指标？

6. 供应商关系中止时应处理的问题有哪些？

【实践训练】

实践项目：供应商选择与管理

任务要求：在老师指导下，分小组实地调查所在城市的某企业在供应商选择与管理中的成功经验，最终得出供应商选择的相关依据。完成以下任务：

（1）通过对供应商调查与研究，建立有效的供应商档案。

（2）依据收集的信息，确定供应商选择评估的参考指标，并设计出一套合理的评估计分系统。

（3）将设定的供应商选择评估指标体系应用到实际案例中，帮企业选择供应商合作伙伴。

按以上要求，在充分讨论的基础上，形成小组课题报告。

第七章　采购谈判技巧与策略

【学习目标】

1. 了解采购谈判的概念、原则及采购谈判实力等基础知识。

2. 熟悉采购谈判过程管理知识要点及采购谈判过程管理技巧。

3. 掌握采购谈判入题、阐述、提问、答复、说服等技巧及还价、让价和说服谈判策略。

【能力目标】

1. 培养学生采购谈判基本技能与采购谈判实力提升能力。

2. 具备采购谈判管理能力与商务谈判沟通技能。

3. 培养学生灵活应用采购谈判技巧与采购谈判方法策略的实战能力。

【思政目标】

1. 培养学生尊重互惠互利、公平透明的竞争秩序与商业规则，引导学生成为品德高尚的采购谈判高手。

2. 培养学生诚实守信、团结合作的职业素养，树立正确的利益观和博弈观。

3. 培养学生敏锐的思辨能力与创新的商务沟通技能。

【思维导图】

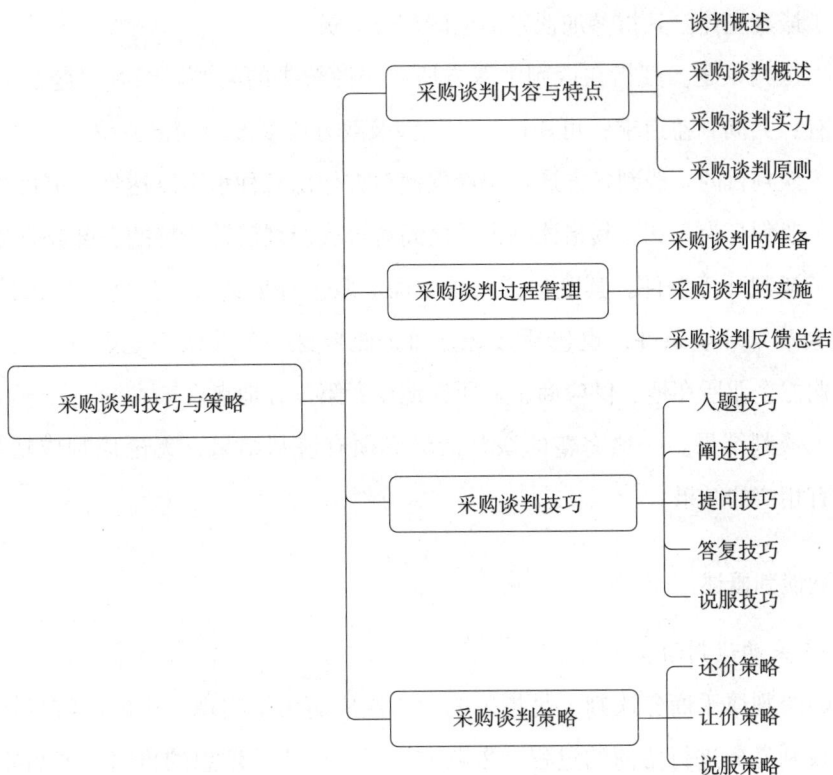

【导入案例】

如何成为谈判高手

【教学微视频】

第一节　采购谈判内容与特点

一、谈判概述

（一）谈判的概念

谈判是双方或多方，为了协调彼此之间的关系，满足各自的需要，通过协商而争取达到意见一致的行为和过程。谈判有商务谈判、政治外交谈判、雇主与雇员之间的雇佣谈判等。

（二）谈判的构成要素

（1）谈判主体。其指参加谈判活动的双方人员。

（2）谈判议题。其指在谈判中双方所要协商解决的问题。谈判议题必须具备的条件有：共同利益追求；可谈性；必然涉及双方或多方的利害关系。

（3）谈判目的。谈判各方通过协商促使对方作出某种承诺以达到一定目的。

（4）谈判行为方式。其指谈判人员之间对解决谈判议题所持的态度或方法。

（5）谈判环境条件。其既包括宏观方面的政治环境条件、经济环境条件、技术和社会背景环境条件，也包括微观方面企业自身状况及谈判地点场所的选择，如在采购方企业所在地、供应商企业所在地或者第三方地点。

（6）谈判结果。一项完整的谈判活动必须有谈判结果，无论谈判成功与否，都需要有相应的结果。

二、采购谈判概述

（一）采购谈判的含义

采购谈判属于商务谈判，是指采购方与供应商为了实现一定的经济目标，就双方的权利义务进行协商的过程。采购方想以自己比较理想的价格、产品质量和服务条件来获取供应商的产品，供应商则想以自己希望的价格和服务条件向采购方提供自己的产品。当两者出现分歧差异时，就需要通过谈判来解决。另外，在采购过程中，由于业务操作失误发生了货损、货差、货物质量数量问题而在赔偿上产生争议而进行谈判，也属于采购谈判。

采购谈判的目的是实现"双赢"，即双方达成互相满意的共识。采购谈判是双方既合作又冲突的行为和过程，具有二重性的特点，这决定了采购谈判成功的基础是企业必须加强各自的谈判实力。

拓展资源 7.1

采购谈判的重要性

（二）采购谈判的内容

在采购谈判中，谈判双方主要就以下几项交易条件进行磋商。

（1）商品的品质条件。商品品质是谈判双方磋商的主要交易条件之一。只有明确了商品的品质条件，谈判双方才有谈判的基础。在明确商品品质时，可以用规格、等级、标准、产地、型号和商标、产品说明书和图样等方式来表达，也可以用一方向另一方提供商品实样的方式表明己方对交易商品的品质要求。

（2）商品的价格条件。在项目采购过程中，谈判双方的焦点主要是就价格的高低进行磋商。而在国际货物买卖中，商品价格的表示方式除要明确货币种类、计价单位以外，还应明确以何种贸易术语成交。

（3）商品的数量条件。在磋商数量条件时，谈判双方应明确计量单位和成交数量，在必要时订立数量的机动幅度条款。

（4）商品的包装条件。在货物买卖中，大部分货物都需要包装。因此，谈判双方有必要就包装方式、包装材料、包装费用等问题进行洽谈。

（5）商品的交货条件。交货条件是指谈判双方就商品的运输方式、交货时间和地点等进行的磋商。

（6）货运保险条件。货运保险条件的确定需要买卖双方明确由谁向保险公司投保、投保何种险别、保险金额如何确定，以及依据何种保险条款办理保险等。

（7）货款的支付条件。货款的支付条件主要涉及支付货币和支付方式的选择。不同的支付方式，买卖双方可能面临的风险大小不同，在进行谈判时，要根据情况慎重选择。

（8）检验、索赔、不可抗力和仲裁条件。该条件有利于买卖双方预防和解决争议，保证合同的顺利履行，维护交易双方的权利，是谈判中必然要商议的交易条件。

拓展资源 7.2

采购谈判的特点

三、采购谈判实力

（一）谈判实力的含义

语言词法学上对实力的解释是：实力是一种实实在在的力量，实力是由强弱来衡量的。所谓谈判实力，是指影响谈判双方在谈判过程中的相互关系、地位和谈判最终结果的各种因素总和及这些因素对各方的有利程度。

谈判是人们为了各自的利益或责任，通过交换意见，谋求一致协议的交往活动。从这个定义中可以看出，谈判的目的是要达成一份双方都满意的协议。而在实际生活中，双方之间的利益是此消彼长的关系时，达成同时使双方都满意的协议是很困难的，一方的满意必是另一方的不满意。就算在合作型的谈判中，谈判的最终协议也只能是令双方相对满意。其根本原因是人的欲望的无限性与资源的有限性之间的矛盾。因此，如何说服谈判的一方接受另一方提出的方案，或者说服对方放弃他所坚持的方案，寻找对双方来说更为满意的解决方案，就需要通过谈判实力来实现。

（二）影响企业采购谈判实力强弱的因素

（1）交易内容对企业的重要性。交易内容主要包括交易产品数量、产品特性、转换成本等，这些都会对任何一方造成增强其谈判实力或削弱其谈判实力的影响。

（2）企业对交易内容和交易条件的满足程度。谈判任何一方对交易内容和交易条件的满足程度、偏好程度越高，其谈判实力越弱。

（3）竞争态势。谈判双方所处的市场竞争环境、市场结构形态也会影响企业谈判实力。如果供应商处于垄断市场，其谈判实力非常强大，相应地采购方的谈判实力减弱。如果供应商处于完全竞争市场，其谈判实力减弱，则采购方的谈判实力大大增强。

（4）对于商业行情的了解程度。谈判本身是信息沟通与磋商的过程，通过双方信息交流，最终对双方所共同面临的问题达成某种看法。因此，任何一方对市场商业行情信息掌握越多，谈判主动性越强，谈判实力也越强。当然，谈判如同战争，真真假假，谈判中不只是了解判断市场信息，还需要了解谈判对方的信息，同时还要散布有利于己方的信息，迷惑对方，达到"明修栈道，暗度陈仓"的效果。

（5）企业信誉和实力。谈判中一方的企业品牌信誉、财务实力、市场地位等越强，谈判实力也越强。

（6）对谈判时间因素的反应。谈判各方对谈判时间的反应可能不同，如果一方因为某种原因迫切需要成交，则相应地其谈判实力被削弱。相反，时间充裕的一方，往往使用疲劳战术争取更多对自己有利的交易条件。

（7）谈判的艺术和技巧。谈判的艺术和技巧强的谈判高手往往是谈判创新能力强的人。谈判创新能力指的是在谈判中不拘束于过去解决问题的形式，而是面对同样的问题寻找各种各样解决形式等。谈判创新能力体现在多个方面，如谈判的思维创新、谈判问题的一揽子解决方案创新等。拥有较强谈判艺术和技巧的谈判高手往往具有敏锐的眼光和洞察能力，能够准确把握事态发展变化，在追求自身利益的同时能够准确掌握谈判对手的愿望、说服对方接受条件，能创新地针对双方面临的问题提出恰当、合适的解决方案，在谈判中可以更好地掌握谈判的节奏，打破谈判中的僵局，起到柳暗花明的作用。

比如，我国在加入世界贸易组织的谈判中，始终坚持平等互利的原则，一方面坚定地维护国家核心利益，确保国家政治经济安全；另一方面，为了顺利加入世界贸易组织，也尽可能照顾谈判方的关切和利益。举例来说，对于反倾销条款，我国作出了让步，但坚持了"日落条款"（即到期自动作废，反倾销条款加入之日后 15 年失效），拒绝了对方使其永久化的过分要求。类似的还有农业补贴条款，我国曾要求允许补贴 10%，谈判方只同意 5%，最后达成了 8.5%。实践证明，中国加入世界贸易组织后认真履行承诺，中国受益，世界也同样受益。

四、采购谈判原则

（一）互惠双赢

采购谈判最基本的原则就是谋求买卖双方的"皆大欢喜"。其含义是采购谈判应兼顾买卖双方的利益，将谈判成功的希望放置于双方需要的基础上，并在此基础上追求对各方都有利的结果。贯彻"双赢"的原则，就要在谈判过程中努力去寻求满足共同利益的方案。

（二）诚实守信

此外，在采购谈判中，买卖双方还要以诚实守信原则来指导自己的言行。诚实守信就是在谈判中买卖双方互相信任、以诚待人，各方认真遵守和履行自己在谈判过程中所做的承诺，不失信于人。

（三）平等互惠

平等互惠是指不论买卖双方企业的大小、社会知名度等客观因素如何，在谈判中双方都应平等对待，遵循在平等的基础上各自实现其经济利益的原则，这是谈判达成交易的前提条件，同时也是市场经济的规律所决定的。

（四）心胸宽广

心胸宽广是指在谈判中买卖双方要有较强的忍耐性，豁达大度，心胸宽阔，相互包容，能进能退。由于各种因素的制约，谈判并不能按照各方预料的那样发展下去，这就要求双方根据谈判的实际情况决定下一步的做法，善于把谈判问题的原则性与灵活性有机结合起来，以便使谈判获得最终的成功。

第二节　采购谈判过程管理

一、采购谈判的准备

采购谈判的准备是成功谈判的基础，准备工作做得如何，在很大程度上决定着谈判的进程及结果。有经验的谈判人员都十分重视谈判前的准备工作。一些规模较大的重要谈判往往提前几个月甚至更长时间就开始着手准备。总体来说，采购谈判的准备工作主要从采购谈判队伍的组建、采购谈判资料的收集与分析、采购谈判方案的设计等方面展开。

（一）采购谈判队伍的组建

谈判的主体是人，因此筹备谈判的一个重要工作内容就是人员准备，也就是组建谈判队伍。谈判队伍的素质及其内部协作与分工的协调对于谈判的成功是非常重要的。

1. 组选采购谈判队伍的原则

为了保证采购谈判实现预期的目标，提高采购谈判的成功率，应从以下两个方面来选择不同的人员组成队伍：①采购谈判的内容、重要性和难易程度。在确定采购谈判队伍阵容时，应着重考虑谈判主题的大小、重要性等因素，以此来确定选派的人员和人数。②采购谈判对手的具体情况。在对谈判对手的基本情况了解之后就可以根据谈判对手的特点和作风来配备谈判人员。一般可以遵循"对等"原则，即整体实力对等。

拓展资源 7.3
采购谈判人员素质要求

2. 谈判人员的配备

在一般的采购谈判中，所需的知识大体上可概括为以下几个方面：价格、交货、支付条件等商务方面的知识，合同法律方面的知识，语言翻译方面的知识。因此，谈判队伍应配备以下相关人员。

（1）技术精湛的专业人员。熟悉生产技术、生产性能和技术发展动态的技术员、工程师，在谈判中负责有关产品技术方面的问题，也可以与商务人员配合，为价格决策做技术参谋。专业人员是谈判组织的主要成员之一，其基本职责是：和对方进行专业细节方面的磋商；修改草拟谈判文书的有关条款；向首席代表提出解决专业问题的建议；为最后决策提供专业方面的论证。

（2）业务熟练的人员。主要由熟悉贸易惯例和价格谈判条件、了解交易行情

的有经验的业务人员或公司主管领导担任。其具体职责是：阐明己方参加谈判的愿望和条件；弄清对方的意图和条件；找出双方的分歧和差距；掌握该项谈判总的财务情况；了解谈判对手在项目利益方面的期望指标；分析、计算修改中的谈判方案所带来的收益变动；为首席代表提供财务方面的意见和建议；在正式签约前提供合同或协议的财务分析表。

（3）精通经济法的法律人员。法律人员是一个重要谈判项目的必需成员，如果谈判小组中有一位精通法律的专家，将会非常有利于谈判所涉及的法律问题的顺利解决。法律人员一般由律师或既掌握经济知识又精通法律专业知识的大员担任，通常由特聘律师或企业法律顾问担任。其主要职责是：确认谈判对方经济组织的法人地位；监督谈判在法律许可范围内进行；检查法律文件的准确性和完整性。

（4）业务熟练的翻译人员。翻译人员一般由熟悉外语和企业相关情况、纪律性强的人员担任。翻译是谈判双方进行沟通的桥梁。翻译的职责在于准确地传递谈判双方的意见、立场和态度。一个出色的翻译人员，不仅能起到语言沟通的作用，而且必须能够洞察对方的心理和发言的实质，既能改变谈判气氛，又能挽救谈判失误，增进谈判双方的了解、合作和友谊。因此，对翻译人员有很高的素质要求。

（5）首席代表。首席代表是指那些对谈判负领导责任的高层次谈判人员。他们在谈判中的主要任务是领导谈判的组织工作。这就决定了他们除具备一般谈判大员必须具备的素质外，还应阅历丰富、目光远大，具有审时度势、随机应变、当机立断的能力，有善于控制与协调谈判小组成员的能力。因此，无论从什么角度来认识他们，都应该是富有经验的谈判高手。其主要职责是：监督谈判程序；掌握谈判进程；听取专业人员的建议和说明；协调谈判班子成员的意见；决定谈判过程中的重要事项；代表公司签字；汇报谈判工作。

（6）记录人员。记录人员在谈判中也是必不可少的。一份完整的谈判记录既是一份重要的资料，也是进一步谈判的依据。为了出色地完成谈判的记录工作，记录人员要有熟练的文字记录能力，并具有一定的专业基础知识。其具体职责是准确、完整、及时地记录谈判内容。

拥有不同专业能力的人员经过以上安排，就形成了一个分工协作、各负其责的谈判组织群体。

（二）采购谈判资料的收集与分析

要分析自己和对手的优势或劣势，需要收集信息资料。准确、可靠的信息是了解对方意图、制订谈判计划、确定谈判策略及战略的基本前提和依据。信息的收集包括对人和事的情报的收集及对谈判条件情报的收集。

1. 收集采购谈判资料

采购谈判资料主要包括四项内容，即谈判对手的资料、竞争者的资料、己方的资料、谈判议题的资料。

（1）谈判对手的资料。它主要包括：该企业的发展历史，组织特征，产品技术特点，市场占有率和供需能力，价格水平及付款方式，对手的谈判目标和资信情况，合作欲望，以及参加谈判人员的资历、地位、性格、爱好、谈判风格、谈判作风，等等。另外，还要了解谁是谈判中的首席代表，其能力、权限、特长及弱点是什么等。这些都是必不可少的资料。了解这些资料之后，谈判前即可以思考己方如何扬长避短、如何因势利导。

（2）竞争者的资料。它主要包括：市场同类产品的供求信息，相关产品和替代品供求状况，产品的发展趋势，主要竞争厂家的生产能力、经营状况和市场占有率，有关产品的配件供应情况，竞争者的推销力量，市场营销状况、价格水平、信用状况等。对于采购方而言，了解竞争者的情况是很有必要的，竞争者作为谈判双方力量对比中一个重要的砝码，影响着天平的倾斜。但是，了解竞争者的状况是比较困难的，因此对于谈判人员来说，最重要的是了解市场上占主导地位的竞争者。

（3）己方的资料。在谈判前了解己方谈判人员的情况。只有这样，才能制订出切实可行的谈判策略。

（4）谈判议题的资料。谈判议题的资料是指对谈判内容及标的的深入了解，即从技术上进一步了解对手的产品特性、生产工艺、技术参数等核心优势与短板，从商业维度掌握其成本结构、定价策略、市场占有率及合作历史案例，从行业层面洞察供需趋势、政策法规影响及竞品动态。

拓展资源 7.4

采购谈判背景条件资料

除了收集以上采购谈判资料之外，还应该关注和收集采购谈判背景条件资料。

2. 采购谈判资料收集的方法和途径

（1）本企业直接派人去对方企业进行实地考察，收集资料。

（2）通过各种信息载体收集公开信息，如企业的文献资料、统计数据、产品说明和样品、企业内部报纸和杂志等。

（3）通过对与谈判对手有过业务往来的企业和人员的调查了解信息。

（三）采购谈判方案的设计

1. 谈判目标的确定

谈判目标是指谈判欲达到的目的。其分为三个层次：①理想目标，指谈判人员通过谈判所要达到的上限目标。②现实目标，指谈判人员期待通过谈判达到的下限目标。③满意目标，指介于理想目标和现实目标之间的目标。

谈判目标的确定是主观上的认识，理想目标与现实目标有一定差距，如何缩小这个差距，促使目标实现，就要对目标的可行性进行研究，对企业内部实力与外部环境做比较分析，以寻找可行途径达到目标要求。为此，采购谈判人员需要掌握以下几个方面的信息：①市场信息，市场可供资源量、产品质量、市场价格、产品流通渠道、供销网点分布等。②环境信息，影响企业采购活动的外部因素，如国家经济政策的制定、进出口方针的制定、价格体系的改革等。③内部需求信息，企业所需原材料、零配件需用量计划，企业计划任务的变更，资金状况等。④谈判对手的信息，供货厂商生产能力、技术水平、信誉等。通过对各个目标信息的综合分析和讨论，最后确定恰当的目标，容易取得谈判的成功。

2. 谈判计划

谈判计划是谈判过程的初始阶段，包括在对谈判交易内容进行可行性调查研究的基础上进行的谈判计划，包括确定采购谈判主题、安排采购谈判议程、草拟谈判备选方案等。

（1）确定采购谈判主题。要进行一次谈判首先就要确定谈判的主题，凡是与本次谈判相关的、需要双方展开讨论的问题，都可以作为谈判的议题。可以把它们罗列出来，然后根据实际情况确定应重点解决哪些问题。对于采购谈判来讲，最重要的也就是采购原材料的质量、数量、价格水平、运输等方面，所以应把这些问题作为谈判议题重点加以讨论。

（2）安排采购谈判议程。采购谈判议程主要是说明采购谈判时间顺序和阶段性谈判内容的安排。谈判时间的安排就是要确定谈判在何时举行、为期多久。若是一系列的谈判需要分阶段进行的话，还应对各个阶段的谈判时间作出安排。一般来说，在选择谈判时间时要考虑以下几个方面的因素：①准备的充分程度，要注意给谈判人员留有充分的准备时间，以防仓促上阵。②对方的情况，不要把谈判安排在对对方明显不利的时间进行。③谈判人员的身体和情绪状况，要避免在谈判人员身体不适、情绪不佳时进行谈判。

（3）草拟谈判备选方案。通常，在谈判过程中难免会出现谈判人员始料未及的情况而影响谈判的进程。为了预防这种情况的发生，在接到一个谈判任务时，应对整个谈判过程中双方可能做出的一切行动做正确的估计，并依次设计出几个可行的备选方案。在制订谈判备选方案时，可以注明在出现何种情况下，使用此备选方案及备选方案的详细内容、操作说明等。当然，任何一种估计都可能是错误的，这就要求我们不仅在分析、讨论问题时必须以事实为依据，按照正确的逻辑思维来进行，而且在谈判过程中注意对谈判对手的观察、核对谈判形势、分析谈判，对原定的方案进行不断的修正并结合具体情况灵活运用。

拓展资源 7.5

采购谈判地点选择与
场地安排

二、采购谈判的实施

俗话说，"万事开头难"，谈判双方做好各种准备工作之后，自然要开始面对面地交锋了。谈判过程所用时间不等，在每一次谈判中，双方都需要提出各自的交易条件，并根据彼此的目标与分歧进行磋商，直至消除分歧、达成一致。

拓展资源 7.6

采购谈判预演

（一）开局阶段

1. 气氛

营造谈判气氛是开局阶段的第一项工作。当谈判双方面对面时，谈判初期气氛即已形成并且会影响整个谈判。实践证明，轻松、和谐的环境比紧张、恐怖的气氛更有利于相互谅解、友好合作。那么，如何创造良好的谈判气氛呢？

1）场内

（1）尊重＋真诚＝以诚取信。在经济飞速发展的今天，"诚信"越来越被人们重视，因为只有"诚信"才能彼此信任，合作才能得以建成。显然诚信度高的合作者是受人欢迎的。所以，首先，谈判人员应注重自身形象的设计，仪表整洁大方，尽量适合公司文化氛围与环境，拉近彼此距离。其次，谈判人员要注意自己的表情动作、说话语气、眼神等各方面所传达的信息，表现出对对方的尊重。自然的微笑、真诚的表达、信任的目光都有助于为彼此营造尊重、信任的气氛。

（2）沟通＋友好＝自然轻松。当双方坐在谈判桌前，首先可多花点时间就一些双方感兴趣但与谈判无关的话题随意聊聊，以这种沟通来调整相互间的关系。试想，如果双方初次见面就急于进入实质性洽谈，不免容易冷场，可能引起紧张的气氛，不利于谈判人员进行谈判。所以，不妨先谈谈时政、天气等，根据具体情况给彼此一个相互沟通的机会，营造一种自然轻松的环境。

2）场外

在正式谈判前，双方可能会有一些非正式接触机会，而这些机会往往会在一定程度上影响谈判人员的态度、情绪及彼此之间的关系，所以千万不要忽视这些机会，在与对方沟通理解中不仅要给对方留下美好的印象，同时为今后的谈判做好关系铺垫，尽可能营造良好的谈判气氛。

2. 摸底

对于未来的谈判对手，摸底工作越深入、准确，越有利于掌握谈判的主动权，所以在开局阶段，双方较多地把注意力放在摸清对手底牌上。

如果在前面的谈判准备工作中已做好相对充分的准备，收集到一些有关对方实力及各方面状况的资料，了解对方谈判人员的相互关系、个人性格、思维习惯等一些相关情况，这无疑对谈判是十分有利的。那么接下来就应该通过与对方谈判人员在谈判阶段进行场内外沟通了解更多信息。

（1）场内。在互相尊重、友好合作的氛围中，彼此坦诚相待，一定要注意认真倾听对方发言，不妨多巧妙地询问一些信息，了解对方所需、所想和利益。

（2）场外。在场外的非正式接触中，闲聊时对方不经意的一句话可能就会传达给我们很重要的潜在信息，甚至会露出底牌。曾经有个美国人受公司委派去日本进行谈判，日本人热情款待并向美国人问起是否定好了回国时间，许诺到时安排轿车送其去机场。在美国人高兴地告诉日本人具体回国日期后，日本人套出了美国人的底牌，于是在接下来的日子中，每天都安排大量的游玩活动，并推脱说是为了让美国人了解日本。最后，终于开始谈判，就在紧要关头，时间不多了，送美国人去机场的车到了，结果匆匆完成交易，美国人作出了较大的让步，惨败而归。

在谈判进行中，从准备到接触，我们会掌握新的信息，会有新的认识，所以我们应该重新审视自己的判断，修正计划，从而推动谈判的发展。

（二）报价阶段

谈判双方在结束非实质性交谈以后，就要将话题转向有关交易内容的正题，即开始报价。报价阶段一般是采购谈判由横向铺开转向纵深的转折点。报价及随之而来的磋商是整个谈判过程的核心和最重要的环节，决定了这笔生意是否成交，或者一旦成交，盈利能有多少。

这里所说的报价不仅仅是指产品在价格方面的要价，而是泛指谈判的一方对另一方提出的所有条件，包括商品的数量、质量、包装、价格、装运、保险、支付、商检、索赔、仲裁等交易条件，其中价格条件具有重要的地位，因为其余的交易条件最终都会体现在价格的变化上。一般情况下，谈判都是围绕着价格进行的。

1. 报价的原则

（1）合理确定开盘价。实际谈判过程中的最初报价称为开盘价。对于采购方而言，一般是以不能突破最低开盘价报出的期望值。很多专家认为：买方在开盘时报出的期望价，理所当然是"最低价"，这是因为开盘价给己方后续的报价设置了限制。通常情况下，买方报出开盘价后就没有机会再报出更低的价格了。另外，开盘价报得越低，下一步价格磋商的余地就越大，在面对可能出现的意外情况或对方提出各种要求时，就可以作出更为积极有效的反应。

（2）报价果断、清晰。报价严肃可使对方相信报价方的准确性和坚定性。报价时果断、毫不犹豫，这样才能给对方留下己方是认真且真诚的印象。报价要非常清晰，切忌含糊，否则容易使对方产生误解或异议。所以在一些重大的谈判中，有必要采取书面报价的形式。

（3）避免主动解释和评论。报价方对所报价格不做主动解释和评论。在对方提出问题前，如果报价方主动解释或说明报价，往往会暴露报价方的意图、实力等秘密，在对方看来，报价方会显得信心不足。如果对方在采购价格方面有不清楚或者不满意的事项，一般会主动质疑。

2. 如何对待对方的报价

在对方报价时，要想在后面的报价中更为有利，就应该正确对待对方的报价。在对方报价的过程中切忌干扰对方的报价，而应该认真听取，完整、准确、清楚地把握对方报价的内容。在对方报价结束后，己方应将对对方报价的理解进行归纳总结，并加以复述，以确认自己的理解准确无误，对不清楚的地方可以要求

拓展资源 7.7

到底是先报价？还是
后报价？

对方予以解答。同时己方还可以要求对方对所报价格的构成、报价依据、计算的基础以及方式方法等作出详细的价格解释，以此来了解对方报价的实质、意图和诚意，从中寻找破绽，为我所用。在对方完成价格解释后，要求对方降价，在实在得不到答复的情况下，提出自己的报价。

3. 报价方式

在国际商务谈判中有两种比较典型的报价方式：欧式报价术和日式报价术。欧式报价术的一般模式是：首先提出留有较大余地的价格，然后根据买卖双方的实力和交易的外部竞争情况，通过给予各种优惠，如数量折扣、价格折扣等来逐步软化和接近买方的市场与条件，最终达到交易的目的。实践证明，这种报价方式只要能稳住买方，往往会有一个不错的结果。日式报价术的一般模式是：将最低价格列在价格表上以求首先引起买方的兴趣。由于这种低价格一般是以卖方最有利的结算条件为前提的，并且在这个低价格的交易条件下，各个方面都很难全部满足买方的需求，如果买方要求改变有关条件，则卖方便会相应地抬高价格。因此，买卖双方最后的成交价格，往往高于价格表中的最低价格。

在面临众多卖家竞争的时候，采用日式报价可以排斥竞争对手而把买方吸引过来，取得与其他卖主竞争中的优势。而聪明的买家也不愿意陷入日式报价的圈套。通常买方会将对方的报价内容与其他卖家的报价内容进行比较，从而判断其报价与其他卖家的报价是否具有可比性。如果在对比中发现内容不一致，即从中判断其内容和价格的关系。切忌只注意最后的价格，忽视报价的内容而匆忙决策，造成不应有的被动和损失。另外，即使某个卖家的报价的确比其他卖家优惠，富有竞争力，也不要完全放弃与其他卖家的接触和联系，要知道这样做实际上就是要给对方一个持续的竞争压力，迫使其继续作出让步。

（三）磋商阶段

在采购谈判中，当一方报价后，很少出现另一方马上接受的情况。通常买卖双方要经过一番讨价还价，最后才能达成协议。这个讨价还价的过程就是采购谈判的磋商过程。它是谈判的关键阶段，也是最困难、最紧张的阶段，并且在这个阶段，谈判的策略和技巧也是丰富多彩的。在这一阶段，谈判人员要掌握其规律和特点，为己方争取更多的利益。

（1）把握气氛。进入磋商阶段后，谈判双方要针对对方的报价讨价还价。双方之间难免会出现提问、解释、质疑、反击，甚至是发生激烈的辩论和无声的冷场。因此在磋商阶段仍然要把握好谈判气氛。只有在已经营造出的友好合作的气氛中才能使磋商顺利进行。这就需要谈判人员既自我约束，杜绝粗暴的、任性的、骄横的做法，又尊重对方，礼貌待人。

（2）把握谈判次序逻辑。把握谈判次序逻辑是指按磋商议题内涵的客观次序逻辑来确定谈判的先后次序和谈判进展的层次。在磋商阶段，双方都面临很多需要沟通的议题，如果不分先后次序，不讲究磋商进展的层次，想起什么就谈判什么，就会毫无头绪，造成混乱，毫无效率可言。因此必须按照一定的规律来确定谈判议题的先后次序。①议题的合理排序。各谈判议题有天然的内在因果关系。只有顺序正确，才能提高谈判效率。双方在磋商开始时要确定几个主要的议题，按照其内在逻辑关系确定先后次序，然后逐题磋商。具体排列议题顺序时可以先磋商对其他议题有决定意义的议题，此议题达成共识后再讨论其他议题，也可以先磋商双方容易达成共识的议题，将问题比较复杂、双方认识差距大的议题放在后面讨论。②论述的层次顺序。这是纵向的逻辑次序，是指对于单个议题的磋商，谈判人员也要注意逻辑次序。单个议题也存在内在逻辑次序。要考虑将最容易讲清楚、最有说服力的内容作为磋商的切入点，避免在一些不容易说清楚的话题上争论不休，影响重要问题的磋商。例如，价格问题涉及成本、市场供求和比价等多方内容，可以先用比价论述，再做成本分析，比较合适。

（3）把握谈判节奏。磋商阶段的谈判节奏要稳健，不可过于急促。因为这个阶段是解决分歧的关键时期，双方对各自观点要进行充分的论证，许多认识有分歧的地方要经过多次交流和争辩，而且某些关键问题经过一轮谈判不一定能达成共识，要多次地重复谈判才能完全解决。一般来说，双方开始磋商时，节奏要放慢一点，因为此时双方都需要时间和耐心倾听对方的观点，了解对方，分析研究分歧的性质和解决分歧的途径。关键性问题涉及双方的根本利益，双方必然会坚持自己的观点，不肯轻易让步，还有可能使谈判陷入僵局，所以磋商要花费较多的时间。谈判人员要善于掌握节奏，不可急躁，稳扎稳打，步步为营，一旦出现转机，要抓住有利时机不放，加快谈判节奏，不失时机地消除分歧，争取达成一致。

（4）注重沟通和说服。磋商阶段实质上是谈判双方相互沟通、相互说服的过程。没有充分的沟通，没有令人满意的说服，不会产生积极结果。首先，双方要善于沟通。这种沟通应该是双向的和多方面的。一方既要善于传播己方信息，又要善于倾听对方信息，并积极向对方反馈信息。没有充分的交流沟通，就会在偏见和疑惑中产生对立情绪。沟通的内容也是多方面的。既要沟通交易条件，又要沟通相关的理由、信念、期望，还要交流情感。其次，双方要善于说服，要充满信心来说服对方，让对方感觉到你非常感谢他的协作，而且你也非常乐意努力帮助对方解决困难。要让对方真正感觉到赞成你是最好的决定。

（四）交易达成阶段

随着磋商的不断深入，谈判双方在越来越多的事项上达成共识，彼此在立场与利益等方面的差异逐步缩小，交易条件的最终确立已经成为共同的要求，此时采购谈判将进入交易达成阶段。

1. 最后的总结与起草备忘录

在谈判快结束时，双方已对各方面的内容和条款进行了协商，达成了共识。此时有必要就整个谈判过程、谈判内容做一次回顾，以便最后确认双方在哪些方面达成一致，对于那些没有达成共识的问题是否有必要做最后的磋商和妥协。即使最小的谈判也不可能只面对单一的问题，特别是大型谈判遇到的是大量需要解决的问题，而且内容面广，又那么具体，如果不进行回顾和总结，在起草合同时双方或一方往往会不断推翻以前的结论，不断提出新的意见。所以在最后阶段，应对所谈论的各项内容做一个双方意见的总结，并将意见以备忘录的形式记录下来，给参与谈判的各方过目。如果各方对备忘录的内容没有异议，则可起草谈判合同或协议。如果谈判最终没有对具体的细节达成协议，也可以将双方某些已达成一致意见的原则性的问题用备忘录的形式记录下来，作为下一次谈判参考资料。

2. 草拟谈判合同或协议

在各类采购谈判中都需要签订书面合同，书面合同由哪一方草拟并无统一规定，但在我国涉外采购谈判中习惯上都争取我方负责草拟合同。参加谈判的业务人员必须具备草拟合同的知识和技能。在实际货物买卖谈判中，书面合同往往采用我方或对方印好的现成格式填写。

3. 审核合同并签字

正式合同文本书写完毕后，谈判双方就应该进行正式签字，在签字前应进行审核。其主要内容包括以下几方面。

（1）合法性审核，即符合国家法律、法规等的相关规定。

（2）有效性审核，一是双方谈判人员有无签署合同的全权；二是合同内容有无相互矛盾或前后否定之处。

（3）一致性审核，即审核合同文本与谈判内容的一致性。

（4）文字性审核，即审核合同文字是否严谨、准确地表述了谈判内容。

（5）完整性审核，即审核合同条款是否有任何遗漏或省略，不能以心领神会、交情友谊代替合同条款。

审核合同时为保证合同审核的有效性，应有 2~3 人进行，以便互相检验，并反复审核若干次，确保万无一失。签署前的审核应当双方同时进行。签字时应注意签字人的权限。通常合同签署者必须是企业法人或被授权的企业全权代表，授权书应由企业法定代表人签发。

三、采购谈判反馈总结

（一）采购谈判总结

采购谈判结束后不管是成功还是破裂都要对过去的谈判工作进行全面、系统的总结。谈判结束后的总结工作往往被人们所忽视，实际上它对于做好今后的谈判工作是十分必要的。谈判结束后的总结应包括以下内容。

1. 谈判战略

其包括谈判对手的选择、谈判目标的确定、谈判小组的工作作风等。

2. 谈判情况

其包括准备工作、制定的程序和进度、采用的策略和技巧等。

3. 谈判小组情况

其包括小组的权力和责任的划分、成员的工作作风、成员的工作能力和效率及有无进一步培训和增加小组成员的必要性等。

4. 谈判对象情况

其包括工作作风、小组整体的工作效率、各成员的工作效率和特点、所采用的技巧和策略等。

（二）关系维护

合同签字并不意味着双方关系的了结，相反，它表明双方的关系进入一个新的阶段。从近期来讲，合同把双方紧紧联系在一起。从远期来讲，该次交易为今后双方继续合作奠定了基础。为此，为了确保合同得到认真彻底的履行及考虑到双方今后的业务关系，应该安排专人负责和对方经常性地联系，谈判人员个人也应和对方谈判人员保持经常的联系，使双方的关系保持良好的状态。

（三）谈判资料的管理

谈判资料包括总结材料，应编制成客户档案并妥加保管。这样在今后再与对方进行交易时，上述材料即可成为非常有用的参考资料。在保存资料的同时还要特别注意资料的保密工作，特别是关于己方的谈判方针、策略和技巧方面的资料。

第三节　采购谈判技巧

一、入题技巧

谈判双方刚进入谈判场所时，难免会感到拘谨，尤其是谈判新手，在重要谈判中，往往会产生忐忑不安的心理。为此，必须讲求入题技巧，采用恰当的入题方法。

（一）迂回战术

为避免谈判时单刀直入、过于暴露，影响谈判的融洽气氛，谈判时可以采用迂回入题的方法，如先从题外话入题，从介绍己方谈判人员入题，从"自谦"入题，或者从介绍本企业的生产、经营、财务状况入题等。

（二）细节入手

围绕谈判的主题，先从洽谈细节问题入题，条分缕析，丝丝入扣，待各项细节问题谈妥之后，也便自然而然地达成了协议。

（三）先谈原则

一些大型的经贸谈判，由于需要洽谈的问题千头万绪，双方高级谈判人员不应该也不可能介入全部谈判，往往要分成若干等级进行多次谈判。这就需要先谈原则问题，双方就原则问题达成一致，那么洽谈细节问题也就有了依据。

（四）设定议题

谈判总是由具体的一个个单独的议题组成，在具体的每一个议题谈判中，双方可以首先确定本次会议的谈判议题，然后从这一议题入手进行洽谈。

二、阐述技巧

（一）开场阐述要点

①开宗明义，明确本次会谈所要解决的主题，以集中双方的注意力，统一双

方的认识。②表明己方通过洽谈应当得到的利益，尤其是对己方至关重要的利益。③表明己方的基本立场，可以回顾双方以前合作的成果，说明己方在对方所享有的信誉。也可以展望或预测今后双方合作中可能出现的机遇或障碍。还可以表示己方可采取何种方式共同获得利益作出贡献等。④开场阐述应是原则的，而不是具体的，应尽可能简明扼要。⑤开场阐述的目的是让对方明白己方的意图，创造协调的洽谈气氛，因此，阐述应以诚挚和轻松的方式来表达。

（二）对对方开场阐述的反应

①认真、耐心地倾听对方的开场阐述，归纳弄懂对方开场阐述的内容，思考和理解对方的关键问题，以免产生误会。②如果对方开场阐述的内容与己方意见差距较大，不要打断对方的阐述，更不要立即与对方争执，而应当先让对方说完，认同对方之后再巧妙地转开话题，从侧面进行谈判。

（三）让对方先谈

在谈判中，当你对市场态势和产品定价的新情况不太了解，或者你尚未确定购买何种产品，或者你无权直接决定购买与否的时候，你一定要坚持让对方先说明可提供何种产品、产品的性能如何、产品的价格如何等，然后，你再审慎地表达意见。

有时即使你对市场态势和产品定价比较了解，有明确的购买意图，而且能直接决定购买与否，也不妨先让对方阐述利益要求、报价和介绍产品，然后你在此基础上提出自己的要求。这种后发制人的方式，常常能收到奇效。

（四）坦诚相见

谈判中应当提倡坦诚相见，不但将对方想知道的情况坦诚相告，而且可以适当透露己方的某些动机和想法。坦诚相见是获得对方同情的好办法，人们往往对坦诚的人有好感。但是应当注意，与对方坦诚相见，难免要冒风险。对方可能利用你的坦诚逼你让步，你可能因为坦诚而处于被动地位，因此，坦诚相见是有限度的，并不是将一切和盘托出。总之，以既赢得对方的信赖又不使自己陷于被动、丧失利益为度。

三、提问技巧

（一）提问方式

通常，提问可分为开放式和闭合式两种。开放式提问可以让谈判对手回答时不受约束，能够畅所欲言，它常用于营造谈判氛围。闭合式提问语言直白、明确具体，它常用于具体业务内容的洽谈。从提问方式上讲，采购谈判中的提问大致可分为六种：一般性提问、引导性提问、探询性提问、澄清性提问、迂回性提问和借助性提问等。

拓展资源 7.8

采购谈判中如何
提问？

（二）提问要点

提问也是一种谈判技巧，问题的措辞、发问的方式、发问的时间等对提问的效果都有影响。所以，一定要考虑到以下几方面。

1. 提问的时机

掌握好提问的时机有助于引起对方注意。提问时机主要有三个：①对方发言间歇。②对方发言之后。③己方发言前后。前两个时机是为了不打断对方发言，而在己方发言之前提问是为了进一步明确对方发言的内容，在己方发言之后提问是为了探测一下对方的反应。

2. 提问的节奏

提问后要留出一定的时间让对方思考和表达意见，不要连续发问，以免导致对方厌倦、乏味而不愿回答，即使回答也是马马虎虎，甚至答非所问。

3. 提问的目的

明确提问的目的，问什么，怎么问，都要事先有所准备，且不要漫天提问，否则会令对方无从回答。尤其是重要的问题要根据以往的谈判经验预先设想对方的可能答案，并针对不同的答案设计好对策后再提问。

4. 提问的语言

不要对问句做过多的解释，否则对方认为你在低估他的领悟能力。但提出敏感性问题时还是应附以发问的理由。

四、答复技巧

（一）有备而答

古人云："凡事预则立，不预则废。""以虞待不虞者胜。"谈判人员对答复必须"有备"方能"无患"。在谈判前除了对谈判的中心议题、对方的矛盾焦点、己方的论据资料应力求了若指掌外，还应对对方的经营情况、贸易意图及需求、谈判成员的组成和对方有可能提出的问题及其策略做更多的了解和更全面、透彻的分析。在谈判中，对对方提出的每个问题都必须站在谈判全局的利益高度上认真思考、冷静斟酌、谨慎从容地应对。要记住，对对方提的每一问都必须想一想："他为什么问这个问题？"越是在对方催逼自己作答的情况下，越要沉着冷静、深思熟虑。答复前做充分的思考不仅是谈判的需要，也是谈判权力。尤其是碰到对手提出一些旁敲侧击、模棱两可的问题时，更需要冷静三思、辨其意旨、权衡利弊、明智作答。切不可掉以轻心、信口而答，以免上当。

（二）含糊应答

当遇到一些比较棘手的问题，一时难以做确切回答，而如果拒不回答又会影响到谈判的合作气氛时，可以运用含糊其词的应答法，即借助一些宽泛模糊的语言，看似已作答，其实已留有余地具有某种弹性，即使在意外情况下也无懈可击。

（三）局部作答

在谈判中有一种"投石问路"的策略，即借助一连串的提问来摸索、了解对方的成交意图、策略，分析对方的成本、价格等情况，以作出明智的决策与选择。在这种情况下，如果"和盘托出"地答复，常常会陷入被动的不利局面。据此，可以只做局部的答复，留有余地，以使对方摸不到己方的底牌。比如对方连珠炮似的提出："假如我们增加 50% 的订货量，在价格上能否优惠？""假如我们与贵公司签订 3 年的合同，价格上能让多少折？""假如我们减少保证金，你方有何考虑？""假如我们自己提供工具或材料呢？""假如我们采取分期付款的方式呢？"这里每一个提问都是一个探路的石子，它不但会使采购方穷于应付而无法主动出击，而且会让对方探测到采购方的虚实。因此，不应有问必答，而应有选择性地局部作答，对其他问题则可用装聋作哑、听而不闻、不着边际等方式搪塞过去。

（四）拖延回答

在谈判中如果对方所提的问题动机不明，或己方觉得"从实招来"于采购方不利，或问题很棘手，而对方又频频催问，采购方不便表示拒答，则可以施行"缓兵之计"，拖延回答。比如可以说："很抱歉，因为没估计到贵方会提到这个问题，我们所带资料不全，待我们回去找到资料后即可答复你们。"也可以说："你所提出的问题，请允许我们向上级有关部门请示查询后再答复好吗？"还可以说："你提出了一个很重要的问题，我想你是希望我们为你作出详尽、圆满的答复，而这需要时间，请让我们充分考虑一下好吗？"当然，实施这种拖延策略后要酌情作出两种选择：①先延后答，即对待应答之题，我们在做好准备后感到好答时，不妨做恰当的回答。②延而不答，即对待经过考虑觉得没必要回答的，选择不了了之。因为这类提问的用意双方心照不宣，延而不答并不是无礼的表现。

（五）有偿作答

当对方在谈判中运用投石问路策略时，高明的谈判人员决不会轻易地就范，而会沉着冷静、因势利导，根据对方所提之问反过来试探对方。这种答复策略既有助于反过来试探对方的虚实，又有助于增进谈判双方的合作气氛和促成拍板成交，还有助于抑制对方的投石问路策略的实施。比如对方问："如果我方增加一倍的订货量，你方能给予多少百分点的优惠？"卖方可以回答说："如果我告诉您，可以给予一定的优惠，咱们就签订成交合同，怎么样？"又如买方问卖方："如果我们要求按我方设计的规格生产，那么价格是否可以维持不变？"卖方答道："我们这种规格的产品在市场上适应面广，销量很大，供不应求。如果要重新按贵方的设计规格来生产，那么将意味着很多工序都要作出新的调整，这就势必加大成本，而且要求你们的订货量起码达到 5 万个，价格提高 4 个百分点，请问这对贵方是否可行呢？"

（六）答非所问

谈判对手提出的问题采购方不好回答，或作出回答会带来某些风险与不利，而对方又一再催逼作答，如拒不回答，会被对方指责为缺少诚意；而勉强作答，说不定会落入对方陷阱。在这种情况下，可采用答非所问的策略：以回答问题的语气开始表述，而其实是只点了题而未表态就从原题的侧面滑过，谈了与原题相关而实际是另一个问题的看法，从而有效地避开了对方正面的锋芒，使谈判继续进行下去。或者是在看似正面作答的语气中偷梁换柱、另起炉灶，谈到了某件事的细节，再反过来征求对方的看法，将皮球踢回给对方。比如说："你提的这个问题我方也认为确实重要，我们的看法是必须切实解决，而这就涉及更为关键的问题，这就是……"又比如说："刚才你提到的问题很值得讨论。比如我方就遇到过这样一件事……不知你们对此有何看法？"

五、说服技巧

说服是一种人们在沟通中通过传递信息使对方改变信仰、态度或行为的活动过程。说服的目的是依靠理性和情感的力量，通过自己的语言策略，令对方朝着对自己有利的方向改变。采购中说服的技巧有以下几方面。

（一）取得信任

一般情况下，当一个人考虑是否接受他人的意见时，总是先衡量一下他与说服者之间的关系，是否熟悉与友好。如果互相熟悉、相互信任，对方就会正确地、友好地理解你的观点与理由。信任是人际沟通的过滤，只有对方信任你，才会理解你的友好动机，否则，即使你的动机再友好，别人也不会接受，可能会产生负面作用。所以，说服别人时首先要取得别人的信任，才能进行有效的说服。

（二）分析影响

首先应该向对方诚恳地说明要他接受你的意见的充分理由，以及对方一旦被你说服将产生的利弊得失。其次要坦率地承认如果对方接受你的意见，你也会获得一定的利益，这样一来，对方才会觉得你诚实可信，否则，别人会认为你的话中有诈而将你拒之门外。这样做的好处有两个：①使人感觉到你的客观、符合情理。②当对方接受你的意见后，如果出现恶劣的情况，你也可以进行适当的解释，双方达到双赢的效果。

（三）简化程序

当对方初步接受你的意见时，为避免其途中变卦，要简化确认这一结果的程序。在需要书面协议的场合，可提前准备一份原则性的协议书草案让对方签署。这样往往可当场取得被说服者的承诺，避免在细节问题上出现过多的纠缠。

（四）争取认同

在商务谈判中要想说服对方，除了要赢得对方的信任，消除对方的对抗情绪，还要利用双方共同感兴趣的问题作为跳板，因势利导地解开对方思想的纽结，说服才能奏效。事实证明，认同是双方相互理解的有效方法，也是说服他人的一种有效方法。

认同，就是人们把自己的说服对象看成与自己相同的人，寻找共同点，这是人与人之间心灵沟通的桥梁，也是说服对方的基础。在商务谈判中，双方本着合作的态度走到一起，共同的东西本来就多，随着谈判的进展，双方越来越熟悉，在某种程度上就会感到比较亲近，这时，某些心理上的疑虑和戒心会减轻，从而更容易说服对方。

（五）强调立场

在研究对方的心理及需求特点时，不要操之过急、急于求成，要先谈好的信息和有利的情况，再谈坏的消息和不利的情况，对于好的信息要多次重复，强调互相合作、互惠互利的可能性、现实性，朝着期望的目标奋进。

（六）保持耐心

说服必须耐心细致，不厌其烦地动之以情、晓之以理，把接受你的意见的好处和不接受你的意见的害处讲深、讲透。不怕挫折，一直坚持到对方能够听取你的意见为止。

（七）推敲语言

在商务谈判中，欲说服对方，言语一定要推敲。事实上，说服他人时，用语的色彩不一样，说服的效果就会截然不同。通常情况下，在说服他人时要避免用"愤怒""怨恨""生气""恼怒"这类字眼。即使在表达自己的情绪，如担心、失意、害怕、担忧等时，也要在用词上注意推敲，这样才能收到良好的效果。另外，忌用胁迫或欺诈的手法进行说服。

（八）把握时机

在对方情绪激动或不稳定时，在对方喜欢或敬重的人在场时，在对方的思维方式极端定势时，暂时不要进行说服。这时你首先应当设法安定对方的情绪，避免让对方失面子。用事实适当地警示一下，然后才可进行说服。

拓展资源7.9

采购谈判中说服的重要性

第四节 采购谈判策略

一、还价策略

（一）过关斩将

过关斩将是指采购人员善于利用上级主管的谈判和议价能力。当采购人员的议价结果不太理想时，如果采购金额较大，应请求上级主管，甚至买方总经理向卖方相应的主管直接对话，这样做通常效果会很好。

高层主管不仅议价技巧与谈判能力会高超一些，且社会关系广、地位高、经验又丰富，常常可能与对方主管有共同语言，甚至一见如故，对方也因为买方主管的出面会有受到敬重或重视的感觉，从而使商务谈判易于进行，甚至加大降价的幅度。这种策略需要注意的是，采购人员最好请相应职务的双方主管进行会谈，尽量避免直接和比自己职位高的双方主管会谈，因为从社交礼仪与业务决策上来讲，谈判双方职务相当更有利于谈判的顺利进行。

（二）先声夺人

先声夺人是指谈判前给对手带来一定的压力。比如，企业因为某些原因想改变产品的设计，但为了保证生产的顺利进行，还要维持原来的供应渠道。这种情况下，供应商由于怕麻烦或成本等原因很可能不愿意更换原有的供应条件，那么采购人员就可以采用先声夺人的谈判技巧。

在与原供应商的商务谈判过程中，采购人员在使用先声夺人的谈判策略时，特别是面对小型供应商时，要将重点放在企业的强大实力和良好的信誉等方面，让对方感受到继续合作的好处及失去合作伙伴的风险，说服供应商同意维护供应关系并降低价格，这样企业在不改变供应渠道的情况下可以顺利达到降低采购成本的目的。

（三）擒贼先擒王

擒贼先擒王是指在谈判过程中直接和对方企业负责人谈判。这一策略适用于某些“集权式”的企业。采购人员可以在事先已完成精细的市场价格调查的情况下，先和对方的区域主管商谈，如价格谈不下来，其后再与对方销售部副经理、经理谈，如果被告知价格是刚性的，这时采购人员就要考虑是不是只有企业负责人才有定价权。采购人员可以通过各种渠道与对方负责人谈判，往往会收到意想不到的效果。

在对方低层主管没有价格决策权的情况下，采取这种策略是非常必要的。但这种做法一般难度比较大，因为对方企业负责人可能不愿意出面谈判。与此策略相对应的另一个策略是“权力有限”策略，即在谈判较被动的情况下，推说自己没有被授予作出更大让步的权力，尽量使对方接受给定的价格或者条件。

（四）化整为零

所谓“化整为零”，就是对组成最终产品的每种材料逐一报价，再对专业制造该产品的厂商进行询价，比较分析后得出最佳方案。化整为零的策略特别适用于原材料来源多且价格高的产品。

需要注意的是比价采购有些时候存在盲目现象，因为采购人员经常会遇到信息不对称的情况，即供应商的成本价属于商业机密。采购人员只能从外部渠道尽可能探听供应商的成本价，这样对控制议价和商务谈判的主动权很有帮助。

（五）追根溯源

追根溯源就是企业绕过中间供应商，与总厂或原厂家直接接触，以达到降低成本的目的。有些中间供应商由于"独家代理"，价格居高不下，谈判、议价总无结果，这时便可采取"追根溯源"的策略。如对某材料的订购，如果企业经与其他生产厂家的同类产品比较，"总代理"的价格高出许多，企业可以撇开"总代理"，直接向厂家询价。这种做法的一种结果是原厂家拒绝供应，企业依然需要到中间供应商那里采购；另一种结果是原厂家不但愿意提供报价，而且价格比"总代理"低。

因此，采购人员在议价过程中应细心了解"总代理"的虚实，因为有些供应商自称总代理，事实上并未与生产厂家签订任何合约或协议，只是借总代理的名义自抬身价，获取超额利润。但在产销分离制度要求相当严格的供应链上，这种策略就行不通了。

二、让价策略

让价策略是指在商业采购谈判中双方就价格问题争执不下时，为了促成谈判成功，采购方以放弃部分利益为代价的谈判策略。

（一）让价策略的原则

让价的基本规则是以小换大。为了达到这一目的，要事先充分准备在哪些问题上与对方讨价还价、在哪些方面可以作出让价、让价的幅度有多少。

让价策略的主要原则包括以下几项。

（1）不要做无谓的让价，应体现出对己方有利的宗旨。每次让价或是以牺牲眼前利益换取长远利益，或是以己方让价换取对方更大的让价和优惠。

（2）在未完全了解对方的要求以前，不要轻易做任何让价。盲目让价会影响双方的实力对比，让对方占有某种优势，甚至对方会得寸进尺。

（3）让价要让在关键点上，能使自身以较小的代价获得对方较大的满意。

（4）在自认为重要的问题上力求使对方先让价，而在较为次要的问题上，根据情况需要，可以主动考虑先做让价。

（5）让价的目标不要表现得太清楚。每个让价都应该指向可能达成的协议条款，尽量不让对方看出让价背后的动机。

（6）不要做回报式的让价。让价并不需要双方互相谦让，以大换小、以旧换新、以小问题换大问题的做法并不可取。

（7）不要承诺同等程度的让价交换，尽量避免互换让价条件。如果对方提出这种要求，可用无法负担进行回复。

（8）作出让价要三思而行，谨慎从事，态度上不要过于随意，给对方以无所谓的印象。

（9）不要让对方轻易实现谈判目标，人们往往不珍惜轻易得到的东西。

（10）必须让对方感到己方每次作出的都是重大妥协。即使作出的妥协对自身损失不大，也要让对方觉得谈判结果来之不易，从而珍惜合作关系。

（11）如果作出的让价欠周密，要及早收回，不要犹豫。不要不好意思收回已作出的让价，最后的握手成交才是谈判的结束。

（12）在准备让价时，尽量让对方开口提出条件，表明其要求，不要着急展示自己的观点、想法。

（13）一次让价的幅度不宜过大，节奏也不宜太快，但必须有明显差异，做到步步为营。

（14）如果没有实现预计合作条款目标，不要轻易让价。更不能无条件让价，或是未经认真讨论就让价。

（15）让价的目标必须明确。让价不是目标，而是实现目标的手段。任何偏离目标的让价都是一种浪费。让价要定量化，每次让价后，都要明确让价已到何种程度、是否获得了预想的效果。

（16）不要执着于某个问题谈让价。合同整体利益比单个问题更重要。要向对方阐明各项让价许诺，要重视合同整体利益是否令人满意。

（二）让价的策略方式

在谈判的过程中，赢者总是比输者能控制自己的让价程度，特别是在谈判快形成僵局时更为显著。谈判中的输者，往往无法控制让价的程度。赢者则是不停地改变自己的让价方式，令人难以揣测。让价策略方式通常可分为以下八种。

1. 冒险型让价

这是一种较坚定的让价方式。它的特点是在谈判的前期阶段，无论对方做何表示，己方始终坚持初始报价，不愿作出丝毫的退让。到了谈判后期或迫不得已的时候，却作出大步的退让。当对方还想要求让价时，己方又拒不让价了。这种让价方式往往让对方觉得己方缺乏诚意，容易使谈判形成僵局，甚至可能因此导致谈判的失败。

2. 刺激型让价

这是一种以相等或近似相等的幅度逐轮让价的方式。这种方式的缺点在于让对方每次的要求和努力都得到满意的结果，因此很可能会刺激对方要求无休止让价的欲望，并坚持不懈地继续努力以取得进一步让价，而一旦让价停止就难说服对方，从而有可能造成谈判的中止或破裂。但是，如果双方价格谈判轮数比较多、时间比较长，这种"刺激型"的让价方式也可以显出优越性，每一轮都作出微小的但又带有刺激性的让价，把谈判时间拖得很长，往往会使谈判对手厌烦不堪、不攻自退。

3. 诱发型让价

这是一种让价幅度逐轮增大的方式。在实际的价格谈判中应尽力避免采取这种让价方式，因为这样做的结果会使对方的期望值越来越大，每次让价之后，对方不但感到不满足，并且会认为己方软弱可欺，从而助长对方的谈判气势，诱发对方要求更大让价的欲望，使己方很有可能遭受重大损失。

4. 希望型让价

这是一种让价幅度逐轮减小的方式。这种方式的优点在于：一方面让价幅度越来越小，使对方感觉己方是在竭尽全力满足其要求，也显示出己方的立场越来越强硬，同时暗示对方虽然己方仍愿妥协，但让价已经到了极限，不会再轻易作出让价。另一方面让对方看来仍留有余地，使对方始终抱着把交易继续进行下去的希望。

5. 妥协型让价

这种让价方式的特点是：开始先作出一次巨大的退让，然后让价幅度逐轮减小。这种方式的优点在于：它既向对方显示出谈判的诚意和己方强烈的妥协意愿，同时又向对方巧妙地暗示出己方已尽了最大的努力，作出了最大的牺牲，因此进一步的退让已近乎不可能，从而显示出己方的坚定立场。

6. 危险型让价

这是一种危险的让价方式。开始作出的让价幅度巨大，但在接下来的谈判中则坚持己方的立场，丝毫不作出让价，使己方的态度由柔和转为强硬，同时也会使对方由喜变忧，具有很强的迷惑性。开始的巨大让价将会大幅度地提高买方的期望，不过接下来的毫不退让和最后一轮的小小让价会很快让对方迷惑。这是一种很有技巧的方法，它向对方暗示进一步的讨价还价是徒劳的。但是，这种方式本身也存在一定的风险性。首先，它把对方的巨大期望在短时间内化为泡影，可能会使对方难以适应，影响谈判的顺利进行。其次，开始作出的巨大让价可能会丧失在高价位成交的机会。

7. 欺骗型让价

这种方式代表一种更为奇特和巧妙的让价策略，因为它更加有力地、巧妙地操纵了谈判的主动权。第一轮先作出一个很大的让价，第二轮让价已经到了极限，但在第三轮却安排小小的回升（对方一般情况下当然不会接受），然后在第四轮里再假装被迫作出让价，一升一降，实际让价总幅度未发生变化，却使对方得到一种心理上的满足。

8. 低级型让价

这是一种比较低劣的让价方式。在谈判一开始，就把己方所能作出的让价和盘托出，这不仅会大大提高对方的期望值，而且也没有给己方留出丝毫的余地。接下来完全拒绝让价显得缺乏灵活性，又容易使谈判难以取得预想的结果。

三、说服策略

（一）下台阶法

当对方自尊心很强、不愿承认自己的错误时，不妨先给对方一个台阶，肯定他正确的方面或者指出他的错误有客观原因，为对方提供一些自我安慰的条件和机会。这样，对方就不会感到颜面受损，从而更愿意接受善意的说服。

（二）等待法

对方可能一时难以被说服，不妨等待一段时间，对方虽然没有当面改变看法，但对你的态度和你所讲的话，事后会加以回忆和思考。任何事情都要给他人留有一定的思考和选择的时间。同样，在说服他人时也不可急于求成，等时机成熟时再交谈效果往往比较好。

（三）迂回法

当对方很难接受正向说服时，不要再强制进行辩论，而应该采取迂回的方法。就像作战一样，对方已经防备森严，从正面很难突破，解决办法最好的就是迂回前进，设法找到对方的弱点，一举击破。说服他人也是如此。当正面道理很难说服对方时，就要暂时避开主题，交流一些双方都感兴趣的话题，让他感受到你的观点对他来说是有用的，使他意识到你值得信任。这样再把话题转回谈判主题，晓之以利害，他就会更加冷静地考虑你的意见，并容易接受你的说服。

（四）沉默法

当对方提出反驳意见或有意刁难时，有时可以进行解释，但是对于那些不值得反驳的观点，需要讲究一些语言的艺术，不用表示强烈的反对，而是采取沉默的态度。对于一些纠缠不清的问题，或者遇上不讲道理的人，则不予理睬，对方就会觉得自己所提的问题可能无法得到满足，从而也就不再坚持己见，就达到了说服对方的目的。

（五）顺水推舟法

谈判要尽可能地抓住对方某些可以直接或间接利用的反对意见，并把这些反对意见作为业务洽谈的起点和基础。如果对方提出类似下面一些问题，不妨运用此种方法来解决有关争议。比如对方说："贵方所提供的产品固然质量很好，但价格过高，服务条件也较苛刻，所以我们很难达成协议。"对此你可以这样进行说服："正如你刚才所说，我们的产品质量很好，其他企业无法与之相比，所以价格高于同类产品是完全正常的。此外，产品质量好，也无须担心'三包''五包'之类的售后服务。这对于我们双方来说是互惠互利，何乐而不为呢？"

（六）重复法

谈判中完全消除对方的不满是非常困难的事。但对于有经验的谈判人员来说，会用比较婉转的语言和方式减少对方的反对意见。比如对方提出："产品价格太昂贵了，太不合理了。"你不妨用温和的口气和婉转的方式回答："您感觉这些产品价格不太便宜，与自己的预期价格有差距，我特别理解您的心情。"这里"不太便宜"和"太昂贵""太不合理"虽然指的是同一个问题，但语气的分量和强度显然有所改变，而这一点对于说服对方是非常有益的。这样的方法，对于说服某些自信者和顽固者也很有效。

（七）比较法

用比较的方法说服对方，比直截了当地反驳效果好。你可以列举对方比较熟悉的资料和例子进行各方面的比较。例如，在电风扇的销售谈判中，对方在产品质量、价格、维修服务等方面提出非议或不合理的要求，你不妨就这几方面的问题与对方所熟知的电风扇品牌进行具体的比较说明。这样做远比单一的直接说教效果好。

总之，随着市场竞争越来越激烈，采购谈判的作用日益突出。成功的采购谈判都是谈判双方出色运用语言艺术的结果，为了使交易顺利进行，要熟练地掌握好说服的技巧，实现采购利益的最大化。

拓展资源 7.10

采购谈判案例分析

【本章小结】

随着市场竞争越来越激烈，采购谈判的作用日益突出。采购谈判是交易双方既合作又冲突的行为和过程，这决定了采购谈判既需要实力也需要策略。本章介绍了采购谈判的概念与原则，梳理了采购谈判的各项准备工作，包括组建谈判队伍、收集谈判资料、设计谈判方案等。针对谈判过程中的不同阶段，本章分析了采购谈判的五种技巧，包括入题技巧、阐述技巧、提问技巧、答复技巧、说服技巧。为了使采购谈判利益最大化，本章总结了还价策略、让价策略、说服策略。

【即测即练】

【复习思考题】

1. 分析采购谈判的重要性。

2. 简述谈判阐述时的技巧。

3. 谈判提问需要考虑的要点有哪些？

4. 简述谈判中说服他人的技巧。

5. 总结谈判中的还价策略。

6. 总结谈判中的让价策略。

【实践训练】

实践项目：采购谈判技巧

　　任务要求：收集资料，模拟一次采购谈判活动。全面了解采购谈判的过程，分析采购谈判内容（如产品质量、交货及价格条款等）。对采购谈判进行详尽的规划，总结谈判技巧和方法。

　　具体操作：在老师的指导下，将班级学生分成多个10人一组的谈判项目小组，每个谈判项目小组确定一个采购谈判主题，设有甲、乙两个谈判小队，各小队自行进行不同角色和任务的分配，根据所学知识模拟采购谈判程序，体验谈判技巧和策略的应用。

第八章　采购合同及其管理

【学习目标】

1. 了解采购合同的基本含义、性质及其形式。

2. 熟悉采购合同的类型、选择依据与合同编制内容。

3. 掌握采购合同管理流程及采购合同的履行原则和变更、中止以及解除的条件。

【能力目标】

1. 明确采购合同的基础理论知识。

2. 掌握采购合同法律法规知识技能。

3. 培养学生创新解决合同管理实际问题的能力。

【思政目标】

1. 培养学生公平、法治、爱岗敬业等社会主义核心价值观。

2. 培育学生的法律意识、规则意识、诚实守信的契约精神。

3. 使学生牢固树立契约自由是合同订立的灵魂和生命的观念。

【思维导图】

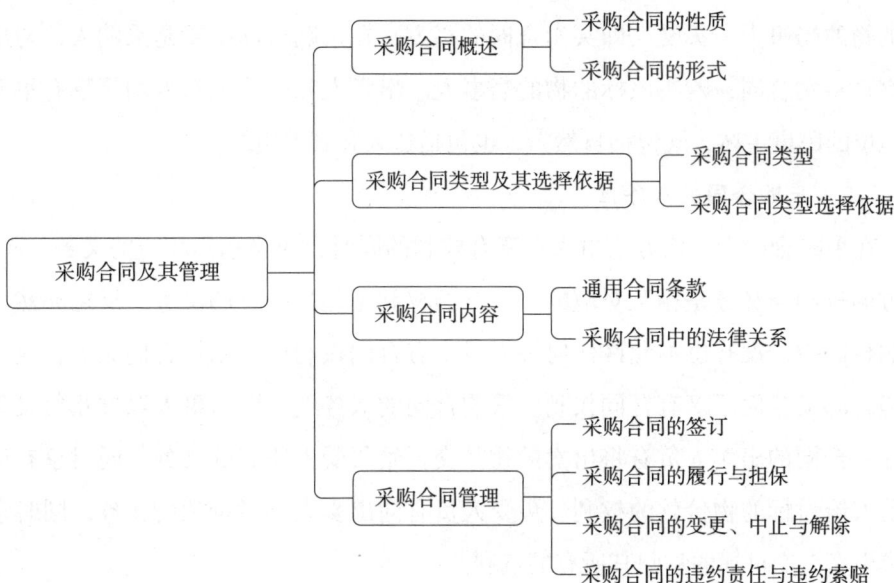

【导入案例】

采购合同纠纷

【教学微视频】

第一节　采购合同概述

一、采购合同的性质

采购合同是采购方与供应方双方谈判协商一致而签订的调整供需关系的协议。通常情况下，采购合同属于买卖合同。它是双方解决纠纷的依据，也是法律上双方权利和义务的证据，合同双方都应遵守和履行采购合同。通过合同的形式可以实现对企业采购活动的科学管理。在诸多种类的合同中，采购合同有其自己的特征，使其区别于其他类型的合同。

（一）采购合同当事人的地位平等性

采购合同的当事人，也就是买卖合同的主体，由享有平等法律地位的出卖人和买受人双方组成。出卖人即买卖合同的卖方，在采购合同中就是供应人，对买卖合同的标的物享有所有权或处分权，与买受人即采购人签订买卖合同，出卖该标的物的当事人。买受人即买卖合同的买方，在采购合同中就是采购人，与出卖人签订买卖合同，购买该标的物的当事人。出卖人和买受人双方均是享有平等法律地位的民事主体，既包括自然人，也包括法人和其他组织。

（二）采购合同的双务性

在采购合同中，双方当事人在享有权利的同时，应当承担相应的义务。同时，双方的权利与义务是相互对应的，一方的权利正是另一方的义务，反之亦然。在采购合同中，没有也不允许任何一方只享有合同权利而不承担合同义务，或者只承担合同义务而不享有合同权利。采购合同的双务性，即当事人双方互负义务体现在：合同的出卖人负有将出卖的物品交付给买受人所有的义务，同时享有请求买受人给付标的物价款的权利。买受人负有向出卖人支付价款的义务，同时享有要求出卖人交付标的物归其所有的权利。

（三）采购合同的有偿性

有偿合同是指当事人一方须给予他方相应的利益，方能取得自己利益的合同。有偿合同的特点，在于当事人双方互为给付，该给付有财产内容。买卖合同是出卖人和买受人为买卖标的物而签订的合同。其中心内容是出卖人转移标的物的所有权于买受人，买受人向出卖人支付相应的价款。在这里，买卖双方订立买卖合同的目的是非常明显的，都是为了获得自己需要的某种经济利益。在采购合同中，供应人允诺向采购人让渡财产的所有权，从而获得一定数额的货币，属于有偿取得。而采购人取得财产的所有权，需要支付一定数额的货币，也体现了有偿性。鉴于合同的这一特征，买卖双方应严格遵循平等互利、等价有偿的公平交易原则。

（四）采购合同的诺成性

诺成性合同是相对于实践性合同而言的。在民法理论上，根据合同成立是否以交付标的物为要件，可将合同分为诺成性合同和实践性合同。诺成性合同是指当事人对合同的标的、数量、质量、履行期限等主要内容协商一致即告成立的合同，又称"不要物合同"。凡除当事人意思表示一致外，还需实际交付标的物才能成立的合同，为实践性合同，又称"要物合同"。

采购合同是诺成性合同，只要出卖人和买受人经过要约、承诺，对买卖合同的标的、数量、质量、价款、履行期限、履行地点及方式、违约责任、解决争议条款等事项协商一致，合同即告成立。在采购合同中，出卖人和买受人无须也不应当将标的物的实际转移、价款的实际支付等合同的履行行为约定为合同成立的附加条件。至于当事人是否交付标的物、是否支付价款等，决定于当事人是否适当履约、是否需要承担相应的违约责任等问题，与买卖合同的合法成立是无关的。合同的这一特性，要求当事人自意思表示一致时起，就受到合同的约束，不得主张合同尚未成立而拒绝履行自己的义务。同时，合同的这一特性，还将它与赠与合同、运输合同、仓储合同、保管合同、借用合同等实践性合同区别开来。对于后一类合同，法律上不仅要求当事人意思表示一致，而且还必须实际交付标的物以后，合同才能成立。

二、采购合同的形式

纵观各国买卖法的发展历史，在合同形式的问题上有如下的发展趋势：从重形式到重内容，从重文义到重当事人的真实意思，从重书面合同到口头合同与书面合同并重。目前，我国的市场经济还不够发达，买卖交易规则正在形成和发展，诚实信用的原则还未得到很好的理解和贯彻，许多人对买卖合同的严肃性还没有足够的认识。为了引导人们用明确、严谨的文字形式确定买卖双方的权利义务关系，避免可能发生的争执，《中华人民共和国民法典》（以下简称《民法典》）第469条规定，当事人订立合同，可以采用书面形式、口头形式或者其他形式。

（一）书面形式

从传统意义上而言，书面形式是买卖双方将合同内容以文字方式表达出来的合同形式。随着科技特别是计算机网络通信技术的飞速发展，书面形式的含义已被赋予更多的全新意义的内容。《民法典》对合同的书面形式进行了界定，即书面形式是合同书、信件、电报、电传、传真等可以有形地表现所载内容的形式，同

拓展资源8.1

买卖合同的三种主要
书面形式

时强调以电子数据交换、电子邮件等方式能够有形地表现所载内容，并可以随时调取查用的数据电文，也视为书面形式。

买卖合同的书面形式具有确定性、公开性和告诫性等特点。有句俗话叫"空口无凭"，如果买卖合同的内容以书面文字的形式确定下来，则当事人履行合同时

有凭有据，发生纠纷时处理起来也容易据以判断是非。特别是在现代的经济生活实践中，交易形式的复杂化以及交易安全的需要，使得买卖合同的书面形式对于一些大型的交易而言具有重要意义。所以，当事人应尽量采取书面形式订立买卖合同，以保证在买卖活动中不出现较大标的额的口头合同，防止因口头协议产生重大误解或欺诈。

（二）口头形式

口头形式是指当事人以语言、电话等方式明示买卖合同内容和条款的合同形式。其特点在于，除符合法律对简单合同所要求的一般条件外，不需要任何特别形式就可以有效成立买卖合同。在社会生活中，人们的衣、食、住、行都与口头合同形式密切相关。货物买卖中有许多以口头方式订立的合同，主要适用于即时清结的买卖活动，典型的如零售商业企业与其顾客之间的商品买卖。因此，买卖合同的口头形式，理所当然的是《民法典》合同编肯定的合同形式之一。

口头合同的优点在于，保障交易的便捷和迅速，缔约成本也相对低廉。但从证据法的角度来看，买卖活动采取口头形式，一旦发生纠纷，则不易举证，较难分清责任，保障当事人的合法权益有一定的难度。因此，《民法典》合同编尽管规定了合同的口头形式，但是除即时清结之外，如果能够采用书面形式的，买卖合同应尽可能采取书面形式。

（三）其他形式

合同的其他形式是指除书面形式、口头形式之外的合同形式，它包括默示形式等。所谓以默示方式签订的买卖合同，就是指非依当事人明确表示而成立的合同，而是依照一些交易习惯或行为由法律推定或引申的当事人意图所构成的合同。默示合同通常又分为两类：一是法定默示合同，即按照法律规定必然推定其存在的合同，如产品买卖合同中已经附有就产品使用安全的默示担保。二是依事实推定的默示合同，也称为以实际行为表示承诺的合同，是指受要约人虽没有向要约人明示承诺，但以自己的实际行为作出承诺的形式，如出卖人以发货表示接受要约。根据这一形式，只要受要约人按照要约的要求履行自己的义务，则从其履行义务开始，买卖合同即告成立。虽然双方并没有签订明确的买卖合同，但依据发货这一事实本身即可推定买卖双方之间存在默示合同。

口头合同与行为默示合同的区别在于，口头合同的主要内容应由买卖双方明确表示。以默示行为推定的合同与以口头方式订立的合同一样，都缺少书面证据，实践中也常发生取证难、不易分清责任的问题。所以，为慎重起见，当事人应尽量少采用该类方式订立合同。

第二节 采购合同类型及其选择依据

一、采购合同类型

（一）按结构划分

采购合同可根据结构来划分，而不同结构类型的采购合同风险承担的主体有所不同，如表 8-1 所示。

表 8-1 按结构划分采购合同类型

合同类型	合同子类型	合同描述	风险主要承担者
结构性合同	长期定量合同	买卖双方约定在未来一定时间按约定价格交易一定数量的商品	采购商承担风险
	短期合同	买卖双方约定在不远的将来按约定价格交易一定数量的商品	
非结构性合同	柔性合同	买卖双方在合同中约定交易一定数量的商品，但采购商可以根据合同事先约定的比例调整具体采购数量	采购商和供应商共同承担风险
	期权合同	采购商向供应商先支付一小部分产品价格作为预订费用或期权价格，并约定双方在将来某时间采购商有权以一定执行价格向供应商采购不高于合同事先约定数量的商品	

（二）按属性划分

采购合同按属性可以划分为定价合同和订货量合同两大类，具体如表 8-2 所示。

表 8-2 按属性划分采购合同类型

合同类型	合同子类型	合同描述
定价合同	批发价格合同	供应商和销售商相互签订批发价格合同，销售商根据市场需求和批发价格作出订货决策，供应商根据销售商订货量组织生产
	数量折扣合同	供应商给予零售商一个与其订货量有关的支付方案。通常情况下，零售商支付给供应商的单位产品价格将随其订货量的增加而减少
	回购合同	在销售季末，销售商订货大于所实现的需求时，供应商以一个合理的价格将未出售的产品购回，从而激励销售商在销售初期增加订货量

续表

合同类型	合同子类型	合同描述
定价合同	期权合同	采购商先支付一小部分的产品成本作为预订费用或期权价格，并约定在将来某时间采购商有权以一定价格向供应商采购不高于合同事先约定数量的商品
	销售回扣合同	供应商向零售商收取一定的购买价格，当销售量超过某个限度时，供应商对零售商售出的产品给予一个单位售出折扣
	收益共享合同	零售商将一定比例的销售收入交付供应商，以获得较低的批发价格，提升供应链运作绩效
订货量合同	弹性数量合同	供应商为阻止零售商减少订货量，在向其收取一定购买价格后，对其未出售的产品给予一定补偿

（三）特殊采购合同

1. 分期付款采购合同

分期付款采购合同即在合同订立后，出卖人把标的物转移给买方占有、使用，买方按照合同约定，分期向出卖人（行使相关的所有权或用益物权以获得利益的人）支付价款的合同。分期付款采购合同的特殊性在于，买受人（又称买方，指买卖合同中约定支付价金的人）不是一次性付清全部货款，而是按照约定的期限分期付款，这就增加了出卖人的风险。因此这类合同往往约定：如果买受人不及时支付到期货款，出卖人享有保留标的物所有权并要求支付全部货款等权利。

2. 凭样品采购的采购合同

样品是从一批商品中取出来的或者生产、加工、设计出来的，用以反映和代表整批商品品质的少量实物。凭样品采购，即以样品表示标的物质量，并以样品作为交货依据的采购关系。凭样品采购应注意采购方应当封存样品以备日后对照，必要时应在公证处封存样品。同时，当事人可以用语言、文字对样品的质量等状况加以说明，卖方交付的标的物应与样品及其说明的质量相一致，否则即构成违约行为。

3. 试用的采购合同

试用的采购合同是卖方将标的物交给采购方，由买方在一定时期内试用，买方在试用期内有权选择购买或退回的一种采购合同。试用的采购合同是一种附加停止条件的合同。《民法典》第637~639条规定，试用买卖的当事人可以约定标的物的试用期限，对试用期限没有约定或者约定不明确，依据本法第510条的规定仍不能确定的，由出卖人确定。试用买卖的买受人在试用期内可以购买标的物，也可以拒绝购买。试用期限届满，买受人对是否购买标的物未做表示的，视为购买。试用买卖的买受人在试用期内已经支付部分价款或者对标的物实施出卖、出租、设立担保物权等行为的，视为同意购买。试用买卖的当事人对标的物使用费没有约定或者约定不明确的，出卖人无权请求买受人支付。

4.招标投标的采购合同

招标是订立合同的一方当事人采取招标通知或招标广告的形式，向不特定主体发出的邀约申请。投标是投标人按照招标人提出的要求，在规定时间内向招标人发出的以订立合同为目的的意思表示。招标投标的采购合同，是目前我国采购市场大力提倡并广泛使用的一种合同形式，它具有公开、公平、公正的特点，能够提高采购合同的透明度。

二、采购合同类型选择依据

采购合同类型可以根据以下几点进行选择。

（1）采购货物的规模和采购时间的长短。如果采购货物的数量较小、采购时间较短，则采购合同的选择余地较大。如果采购项目规模较大，时间也长，则该采购项目的风险很大，合同履行中的不可预测因素也较多。

（2）采购项目的复杂程度。项目的复杂程度较高，合同选用的可能性较小。项目的复杂程度越低，则采购人对合同类型的选择越握有较大的主动权。

（3）采购项目的明确程度。一般看采购数量是否已经明确。数量确定的项目采购合同的选择类型较多，而数量未确定的采购合同（如设计分阶段进行的采购）的选择类型较单一。

（4）采购项目准备时间的长短。根据准备时间来确定选择何种采购合同。

（5）采购项目的外部环境因素。针对不确定性因素较多的采购项目选择不同的采购类型。

第三节　采购合同内容

一、通用合同条款

在整个采购流程中，最重要的采购文件之一就是采购合同。一份完整的采购合同通常由首部、正文和尾部三部分组成。

（一）首部

采购合同的首部主要包括合同名称、合同编号、签约日期、签订地点、买卖双方的名称和合同序言等。

（二）正文

1. 主要内容

合同正文是购销双方议定的主要内容，是采购合同的必备条款，是购销双方履行合同的基本依据。所以零售企业采购合同的条款，应当在力求具体明确、便于执行、避免不必要纠纷的前提下，包括以下主要内容。

（1）商品名称。商品名称是指所要采购物品的名称。

（2）品质规格。品质是指商品所具有的内在质量与外观形态的结合，包括各种性能指标和外观造型。该条款的主要内容有技术规范、质量标准、规格和品牌等。

对合同品质控制的方法有两种：使用实物和样品；使用设计图样或说明书。在使用样品确定品质时，供应商提供的物品的品质要同样品的品质完全一致。使用设计图样或说明书确定品质时，供应商提供的物品的品质要符合设计图样或说明书的要求。

（3）单价和总价。价格是指交易物品每一计量单位的货币数值。如一个杯子CIF（成本、保险费加运费）芝加哥 5 美元，该条款的主要内容包括计量单位的价格金额、货币类型、交货地点、国际贸易术语和物品定价方式（固定价格、滑动价格、后定价格等）。

（4）数量。数量是指采用一定的度量制度来确定买卖商品的重量、个数、长度、面积和容积等。它包括的主要内容有交货数量、单位和计量方式等。必要时还应清楚地说明误差范围，如苹果 10 000 千克，误差范围 3%。

（5）包装。包装是为了有效地保护商品在运输存放过程中的质量和数量要求，它有利于分拣和环保。该条款的主要内容有包装标识、包装方法、包装材料要求、包装容量、质量要求、环保要求、规格、成本和分拣运输成本等。

（6）装运。装运是指把货物装上运输工具并运送到交货地点。该条款的主要内容有运输方式、装运时间、装运地与目的地、装运方式和装运通知等。

（7）到货期限。到货期限是指约定的最晚到货时间，以不延误企业生产经营为标准。

（8）到货地点。到货地点是指货物到达的目的地。到货地点的确定并不一定总是以企业的生产经营所在地为标准，有时为了节约运输费用，在不影响企业生产的前提下，也可以选择交通便利的港口等。

（9）检验。在一般的买卖交易过程中，物品的检验是指按照事先约定的质量条款进行检查和验收，涉及质量、数量和包装等条款。

在国际贸易中，商品检验指由商品检验机构对进出口商品的品质、数量、重量、包装、标记、产地、残损和环保要求等进行检验分析与公正鉴定，并出具检验证明。其包括的主要内容有检验机构、检验权与复验权、检验与复验的时间及地点、检验标准、检验方法和检验证书等。

（10）付款方式。国际贸易中的支付是指采用一定的手段，在指定的时间、地点，使用正确的方式支付货款。它主要包括：①支付方式，包括现金或汇票，一般是汇票。②付款方式，包括银行提供信用方式（如信用证）、银行不提供信用但可作为代理方式（如直接付款和托收）。③支付时间，包括预付款、即期付款、延期付款。④支付地点，包括付款人指定银行所在地。

（11）保险。保险是企业向保险公司投保，并交纳保险费，货物在运输过程受到损失时，保险公司向企业提供经济上的补偿。该条款的主要内容包括确定保险类别及其保险金额，指明投保人并支付保险费。根据国际惯例，凡是按 CIF 和 CIP（运费及保险费）条件成交的出口货物一般由供应商投保，按 FOB（船上交货）、CFR（成本加运费）、FCA（货交承运人指定地）、CPT（至目的地的运费）条件成交的进口物资由采购方办理保险。

（12）仲裁条款。仲裁条款是指买卖双方自愿将其争议事项提交第三方进行裁决。仲裁协议是仲裁条款的具体体现，它包括的主要内容有仲裁机构、适用的仲裁程序、仲裁地点和解决效力等。

（13）不可抗力。不可抗力是指在合同执行过程中发生的、不能预见的、人为难以控制的意外事故，如战争、洪水、台风、地震等，这些意外事故会致使合同执行过程被迫中断。遭遇不可抗力的一方可因此免除合同责任。该条款包括的主要内容有不可抗力的含义、适用范围、法律后果和双方的权利义务等。

2. 选择内容

合同正文可以选择的部分包括：①保值条款。②价格调整条款。③误差范围条款。④法律适用条款。

（三）尾部

合同的尾部主要包括：合同的份数；附件与合同的关系；合同的生效日期和终止日期；双方的签字盖章；合同的签订时间。

买卖双方在合同中明确说明合同适用何国、何地法律的条款。对大批量、大金额、重要设备及项目的采购合同，要求全面、详细地描述每一条款。对于金额不大、批量较多的小五金、土特产等，且买卖双方已签订供货、分销和代理等长期协议，则每次采购交易使用简单订单合同，索赔、仲裁和不可抗力的条款已经被包含在长期认证合同中。

对企业的频繁采购，与供应商签订合同分为两个部分：认证合同、订单合同。认证合同解决买卖双方之间长期需要遵守的协议条款，由认证人员在认证环节完成，是对企业采购环境的一个需求。订单合同就每次物料采购的需求数量、交货日期和其他特殊要求等条款进行表述。

二、采购合同中的法律关系

（一）采购商的权利和义务

1. 采购商的权利

（1）申请依法保护采购合法权益。

（2）自行选择供应商，任何单位和个人不得以任何方式要求采购人向其指定的供应商进行采购。

（3）规定采购项目的特定条件，根据采购项目的特殊要求，规定供应商应当具备一般条件之外的特定条件。

（4）审查供应商的资格，可以要求供应商提供有关资质证明文件和业绩情况，并根据供应商的必备法定条件和采购项目的特定要求，对供应商的资格进行审查。

（5）认可供应商采取分包方式履行采购合同，中标、成交供应商依法采取分包方式履行合同，应经采购人同意，并就采购项目和分包项目向采购人负责。

（6）控告、检举采购违法行为，针对采购活动中的违法行为向有关部门和机关进行控告与检举。

2. 采购商的义务

（1）维护国家利益和社会公共利益及促进经济社会发展，自觉规范采购行为，提高采购资金的使用效益，维护国家利益和社会公共利益。

（2）依法遵循采购原则。

（3）维护采购市场秩序和确保供应商公平竞争。不得对供应商实行差别待遇或歧视待遇，不得排斥其他供应商参与竞争，不得与采购当事人相互串通损害国家、社会和其他当事人的合法权益，不得接受采购相关当事人的贿赂和其他利益。

（4）按照法定程序进行采购，无论采取何种采购方式，都应遵循法定程序。

（5）支付价款。价款是采购商获取货物所有权的对价。依采购合同的约定向供应商支付价款，必须按采购合同约定的数额、时间、地点支付价款。

（6）采购合同无约定或约定不明的，应依法律规定、参照交易惯例确定。

（7）对于供应商交付货物及其有关权利和凭证，采购人及时受领。

（8）对货物检查通知。采购人受领货物后，应当在当事人约定或法定期限内，依通常程序尽快检查货物。若发现应由供应商负担保责任的瑕疵，应妥善保管货物并将其瑕疵立即通知供应商。

3. 采购商的法律责任

（1）一般违法行为。一般违法行为包括：①应当采用公开招标却擅自采用其他采购方式。②擅自提高采购标准，以不合理的条件对供应商实行差别、歧视待遇。③在招标过程中与投标人协商谈判，中标、成交通知书发出后不与中标、成交供应商签订采购合同。④拒绝有关部门依法实施监督检查。采购商出现上述违法行为，由有关监督管理部门责令采购人限期改正，给予警告并可处罚款。对直接主管和其他直接责任人，由其上级主管部门或有关机关给予处分并予通报。

（2）严重违法行为。严重违法行为包括：①采购商与供应商或采购代理机构恶意串通。②在采购过程中接受贿赂或获取其他不正当利益。③在有关部门依法实施的监督检查中提供虚假情况。如果上述行为构成犯罪，依法追究刑事责任。尚不构成犯罪的处以罚款，有违法所得的予以没收，属于国家机关工作人员的给予行政处分。

采购商的某一违法行为如果影响或可能影响中标、成交结果，并因采购合同履行对供应商造成损失，采购商应承担相应的赔偿责任。如果对他人造成损失，应按照有关民事法律规定承担民事责任。

不按规定集中采购和未依法公布采购标准与结果的违法行为，分别承担改正、被停拨预算资金及负责人处分相关责任。

集中采购的项目不委托集中采购的，由政府采购监督管理部门责令改正。拒不改正的，停止按采购预算支付资金，由其上级部门或有关机关依法给予其直接主管和其他直接责任人员处分。采购商未依法公布采购项目的标准和结果的，责令改正，对直接主管人员依法给予处分。

对隐匿、销毁、伪造、变造采购文件的违法行为，承担经济处罚和责任人处分直至刑事责任。

采购商违法隐匿、销毁或伪造、变造采购文件的，由政府采购管理部门处以2万元以上、10万元以下的罚款，对其主管和其他责任人员依法给予处分。构成犯罪的，依法追究刑事责任。

对阻挠和限制供应商进入采购市场的违法行为，采购商承担改正和责任人处分责任。

采购单位或个人阻挠和限制供应商进入本地区或本行业政府采购市场的，责令限期改正。拒不改正的，由其上级主管部门或有关机关给予责任人处分。

（二）供应商的权利和义务

1. 供应商的权利

（1）平等取得采购供应商资格。就我国目前的情况来看，任何具有合法经营资格的商家，只要符合采购供应商资格要求，就可以成为采购的供应商。

（2）平等地获得采购信息。

（3）自主、平等地参加采购的竞争。

（4）自主、平等地签订政府采购合同。

（5）经采购人同意，可以依法采取分包方式履行采购合同。

（6）要求采购商保守自身的商业机密。在采购谈判中，采购人和不同的供应商进行谈判，供应商需要接受采购商的资格审查、需要对一些内容做特殊说明，可能有一些内容涉及供应商的秘密，如果是采购商必须了解的内容，供应商有义务按照规定提供，但作为采购方，应该尊重供应商的正当要求，保守供应商的商业机密，采购商对与供应商的谈判内容、谈判条件等，同样负有保密的义务和责任。

（7）如果采购商因故要变更或中止、终止采购合同，必须与供应商进行协商，供应商有权要求保护自身正当利益，要求采购商给予合理的赔偿。

2. 供应商的义务

采购供应商在参与采购活动中，必须承担法律规定的义务和责任。供应商的义务主要体现在以下各个方面。

（1）必须遵守政府采购的各项法律法规。

（2）按规定接受采购供应商资格审查，在资格审查中客观、真实地反映自身情况。

（3）在采购活动中，按照采购商的要求提供内容真实的信息。

（4）按规定的程序与采购商签订合同。

（5）向采购商交付货物并转移货物的所有权。这是供应商最基本的义务。在司法实践中，交付与所有权转移的关系，因具体情况而异，并不完全一致。供应商履行交付义务，必须在双方约定的地点、期限，按照采购合同约定的数量和品质标准交付。其中任一项不符合要求，采购商就要承担违约责任。

（6）对货物的瑕疵担保。所谓供应商的瑕疵担保，包括货物的瑕疵担保和权利瑕疵担保两方面的内容。供应商对货物的瑕疵担保义务，就是说供应商应该保证他所交付的货物不存在可能使其价值或者使用价值降低的缺陷或其他不符合采购合同约定的品质问题。而对权利的瑕疵担保义务，是指供应商应该保证他所出卖的货物不侵犯任何第三方的合法权益。

3. 供应商的法律责任

（1）提供虚假资格材料。其包括：在供应商资格审查中，虚报自身的技术、经济实力，提供虚假财务报告，误导资格审查人员。

（2）为达到不正当目的相互恶意串通。其包括：供应商与采购商串通，供应商之间相互串通，以不正当的手段排挤其他供应商。

（3）向采购人员行贿，以获取不正当利益。这种行为，最容易导致采购的低质量与低效率等严重问题。采取不正当手段妨碍、排挤其他供应商投标、中标。有些供应商为了达到不正当目的，或者利用"领导权威"，或者利用"地缘优势"，干扰其他供应商投标。

（4）中标后无故放弃采购合同。有些供应商虽然参加投标，并且最后中标，但中标以后，可能会因一些特殊原因，如担心此种条件签订采购合同会亏损，或者担心履行采购合同有困难，以及中标后与中标前自身情况发生了变化，从而拒绝签订采购合同。

（5）擅自中止、终止合同。供应商在签订合同以后，由于主观或客观上的原因不认真履行合同，或者中途中止，或者彻底终止。

（6）擅自降低标的功能指标或改变功能结构。供应商在提供工程、货物、服务时，擅自降低原来规定的功能标准，改变功能结构，使采购原有的功能要求得不到保证。此种情况更多地发生在工程和较为复杂的货物采购方面。

（7）运用法定标准以下的材料。运用法定标准以下的材料，是采购领域最经常发生的问题之一。一种是运用合同规定标准以下的材料；而另一种更坏的情况是，运用假冒伪劣材料，导致采购质量严重下降，甚至可能导致国家和人民财产的重大损失。

（8）故意供给不足。故意供给不足，就是通常所说的"短斤少两"。供应商为了获得更多的利润，很容易在供给分量上做手脚，运用不同的方法减少供应。

（9）擅自进行合同间转让、转包、分包。供应商将获得的合同项目进行转让、转包、分包，是普遍存在的现象，特别是有些供应商，其参与投标竞标的目的，并不是自己去完成，而是通过转让合同或者分包、转包作为获利的手段。但是，在现实的经济活动中，转让合同、转包、分包很容易导致中间环节过多、采购质量下降等严重问题。

（10）拒绝有关部门监督检查。对于采购活动中供应商方面可能出现的违纪违规的问题，应该按照处罚要求和标准进行处罚，并重点加强管理和防范。目前我国对于供应商的违规现象的处罚措施主要包括取消投标资格、扣除保证金、罚款、没收非法所得、经济赔偿、纳入供应商"黑名单"、禁止参加政府采购活动、吊销营业执照。构成犯罪的，依法追究刑事责任等。

第四节　采购合同管理

一、采购合同的签订

商品采购合同，是需求方向供货厂商采购物资，按双方达成的协议签订的具有法律效力的书面文件。它可以确认供需双方之间的购销关系和权利、义务。合同依法订立后，双方必须严格执行。因此，采购人员在签订采购合同前，必须审查供应商的合同资格、资信及履约能力，按照《民法典》合同编的要求，逐条订立购货合同的各项必备条款。

（一）采购合同的资格审查

1.审查供应商的合同资格

为了避免和减少采购合同执行过程中的纠纷，在正式签订合同之前，采购人员首先应审查供应商作为合同主体的资格。合同资格，是指订立合同的当事人及其经办人，必须具有法定的订立合同的权利。审查供应商的合同资格，目的在于确知对方具有合法的签约能力，它直接关系到所签订的合同是否具有法律效力。

（1）法人资格审查。法人资格审查主要是审查供应商是否属于经国家规定的审批程序成立的法人组织。法人是指拥有独立的必要财产、有一定的经营场所、依法成立并能独立承担民事责任的组织机构。判断一个组织是否具有法人资格，主要看其是否持有市场监督管理部门颁发的营业执照。经过市场监督管理部门登记的国有企业、集体企业、私营企业、各种经济联合体、实行独立核算的国家机关、事业单位和社会团体，都可以具有法人资格，成为合法的签约对象。

（2）法人能力审查。法人能力审查主要是审查供应商的经营活动是否超出营业执照批准的范围。超越其业务范围以外的经济合同属无效合同。法人能力审查还包括对签约的具体经办人的审查。购货合同必须由法人的法定代表人或法定代表人授权的承办人签订。法人的法定代表人就是法人的主要负责人，如厂长、总经理等，他们对外代表法人签订合同。法定代表人也可以授权业务人员，如推销员、采购员等承办人，以法人的名义订立购货合同。承办人必须有正式授权证明书，方可对外签订购货合同。法人的法定代表人在签订购货合同时，应出示本人的身份证明、法人的委托书、营业执照或副本。

2. 审查供应商的资信和履约能力

资信，即资金和信用。审查卖方当事人的资信情况，了解供应商对购货合同的履约能力，对于在购货合同中确定权利和义务条款，具有非常重要的作用。

（1）资信审查。具有固定的生产经营场所、生产设备和与生产经营规模相适应的资金，特别是又有一定比例的自由资金，是一个法人对外签订购货合同起码的物质基础。在准备签订购货合同时，采购人员在向卖方当事人提供自己的资信情况说明的同时，要认真审查卖方的资信情况，从而建立互相信赖的关系。

（2）履约能力审查。履约能力是指当事人除资信以外的技术和生产能力、原材料与能源供应、工艺流程、加工能力、产品质量、信誉高低等方面的综合情况。总之，就是要了解对方是否有履行购货合同所必需的人力、物力、财力和信誉保证。如果经审查发现卖方资金短缺、技术落后、加工能力不足、无履约供货能力，或信誉不佳，都不能与其签订购货合同。只有在对卖方履约能力充分了解的基础上签订购货合同，才能有可靠的供货保障。

审查卖方的资信和履约能力的主要方法有：通过卖方的开户银行，了解其债权、债务情况和资金情况。通过卖方的主管部门，了解其生产经营情况、资产情况、技术装备情况和产品质量情况。通过卖方的其他用户，了解其产品质量、供货情况和维修情况。通过卖方所在地的市场监督管理部门，了解其是否具有法人资格和注册资本、经营范围和核算形式。通过有关的消费者协会和法院、仲裁机构，了解卖方的产品是否经常遭到消费者投诉、是否曾经牵涉到诉讼。对于大批量的性能复杂、质量要求高的产品或巨额的机器设备的采购，在上述审查的基础上，还可以由采购人员、技术人员和财务人员组成考察小组，到卖方的经营加工场所实地考察，以确切了解卖方的资信和履约能力。

采购人员在日常工作中，应当注意收集有关企业的履约情况和有关的商情，作为以后签订合同的参考依据。

（二）采购合同的谈判流程

采购谈判流程会因采购的来源、采购的方法及采购的对象不同，在作业细节上有所差异，但基本流程大同小异，如图 8-1 所示。

图 8-1　谈判的基本流程

1. 询盘

询盘是指采购方为购买某项商品而向供应商询问该商品交易的各种条件。采购方询盘的目的是寻找卖主（供应商），而不是和卖主正式洽谈交易条件。采购方询盘是对市场的初步试探，看看市场对自己的需求有何反应。

为了尽快地寻找卖主，询盘者（采购方）有时会将自己的交易条件稍加评述。询盘是正式进入谈判过程的先导。询盘可以是口头表达，也可以是书面表达，没有固定的格式。

2. 发盘

发盘是指供应商因想出售某项商品而向采购方提出买卖该商品交易的各种条件，并表示愿意按照这些交易条件订立合同。

发盘在大多数情况下由供应商（卖方）发出，表示愿意按一定的条件将商品卖给买方。也可以由采购方（买方）发出，表示愿意按一定的条件购买供应商的商品。

3. 还盘

还盘是指受盘人（采购方）在收到供应商发盘后，对发盘内容不同意，或不完全同意，反过来向发盘人提出需要变更内容或建议的表示。这时原发盘人就成了受盘人，同时原发盘也相应地随之失效。而原受盘人就变成了新的发盘人。在原受盘人作出还盘时，实际上就是要求原发盘人答复是否同意买方提出的交易条件。

再还盘是指发盘人对受盘人发出的还盘提出新的意见，并再发给受盘人。在国际贸易中，一笔交易的达成，往往要经过多次的还盘和再还盘的过程（"拉锯"）。

4. 接受

接受是指交易的一方在接到另一方的发盘后，表示同意。一方的发盘或还盘一旦被对方接受，合同即告成立，交易双方随即履行合同，在发盘的有效期内，由合法的受盘人以声明等形式表示，并发送给发盘人。

5. 签约

签约即签订合同。买卖双方通过交易谈判，一方的还盘被另一方有效地接收后，交易即可达成。但是，在商品交易中，一般都要通过签订书面合同来正式确认。

合同经双方签字后，就成为约束双方的法律性文件，双方都必须严格地遵守和执行合同规定的各项条款，任何一方未经对方同意，违背合同规定，都要承担法律责任。因此，合同的签订工作是采购谈判非常重要的环节。

如果这一环节的工作发生失误或差错，就会给以后的合同履行留下引起各种纠纷的把柄，甚至给交易带来重大的损失。只有对签约这一环节的工作采取认真、严肃的态度，才能使整个采购谈判达到预期的理想目的。

所以，合同的内容必须与双方谈妥的事项及其要求完全一致，特别是主要的交易条件必须规定得十分明确和肯定。合同所涉及的概念不应存有歧义，前后的叙述不能自相矛盾或出现任何差错。

（三）采购合同的签订方式

采购合同的签订应当按照平等原则、自愿原则、公平原则、诚实信用原则、遵守法律及行政法规和尊重社会公德的原则进行。按照《民法典》的规定，签订采购合同采用要约和承诺两种方式。

1. 要约

要约是希望和他人订立采购合同的意思表示，要约应当符合下列两点规定：①内容具体确定。②遵守承诺。

以上两点规定表示受要约人一旦承诺，要约人即受该意思表示的约束。

2. 承诺

承诺是受要约人同意要约的意思表示。《民法典》第480条规定：承诺应当以通知的方式作出；但是，根据交易习惯或者要约表明可以通过行为作出承诺的除外。同时规定：承诺的内容应当与要约的内容一致。受要约人对要约的内容作出实质性变更的，为新要约。对要约的内容作出实质性变更，是指对有关采购合同的标的、数量、质量、价款、履行期限、地点、方式、违约责任和解决争议的方法等条款作出的变更。

因此，在订立采购合同的过程中，受要约人可以向要约人承诺，也可以向要约人作出新要约。当受要约人向要约人作出新要约时，原要约人就成为被要约人，面临是否对新要约人作出承诺的选择。

二、采购合同的履行与担保

采购合同的履行，是指采购合同的当事人按照合同完成约定义务，如交付货物、提供服务、支付报酬或价款、保守秘密等。采购合同的履行目的是促进合同的正常执行、满足企业的物料需求、保证合理的库存水平。履行合同是实现采购合同目的最重要和最关键的环节，直接关系到采购合同当事人的利益。在采购合同履行的管理方面，企业应当设置专门机构或专职人员，建立合同登记、汇报检查制度，以统一保管合同、统一监督和检查合同的执行情况，及时发现问题采取措施，处理违约、提出索赔、解决纠纷，保证合同的履行。同时，可以加强与合同对方的联系，密切关注双方的协作，以利于采购合同的实现。

（一）采购合同履行的原则

1. 全面履行原则

《民法典》第509条规定："当事人应当按照约定全面履行自己的义务。"这一规定，确立了全面履行原则。全面履行原则，又称适当履行原则或正确履行原则。

它要求采购合同当事人按合同约定的标的及其质量、数量，合同约定的履行期限、履行地点，以及适当的履行方式，全面完成合同义务的履行原则。

2. 诚实信用原则

《民法典》第 509 条第 2 款规定："当事人应当遵循诚信原则，根据合同的性质、目的和交易习惯履行通知、协助、保密等义务。"此规定可以理解为在采购合同履行问题上将诚实信用作为基本原则的确认。

3. 绿色发展原则

《民法典》第 509 条第 3 款规定："当事人在履行合同过程中，应当避免浪费资源、污染环境和破坏生态。"

4. 情势变更原则

情势变更原则，是指采购合同成立起至履行完毕前，合同存在的基础和环境因不可归属于当事人的原因发生变更，若继续履行合同将显示不公平，故允许变更采购合同或者解除采购合同。

（二）采购合同履行的监控

1. 合同履行前的监控

签订一份合同之后，还应考虑供应商是否乐于接受、是否及时执行等。在物料采购中，同一物料往往有几家供应商可供选择。每个供应商都有分配比例，由于时间变化，供应商可能要提出改变"认证合同条款"，包括价格、质量、货期等。碰到这种情况，采购人员应充分与供应商进行沟通、确认本次物料可供应的供应商，如果供应商按时履行合约，则说明供应商的选择正确。如果供应商确实难以接受采购订单，则不可强迫，可以另外选择其他供应商，必要时要求质量管理人员协助办理。

2. 合约履行过程的监控

与供应商签订的合同具有法律效力，采购人员应全力监控，确实需要变更时，应征得供应商的同意。合约履行过程的监控主要把握如下事项。

（1）监控供应商准备物料的详细过程，保证合约的正常执行。发现问题及时反馈，需要中途变更的要立即解决、不可贻误时间。

（2）紧密响应生产需求形势。若因市场畅销、生产需求紧急、要本批物料立即到货，应马上与供应商协商，必要时可帮助供应商解决困难，保证需求物料的准时供应。当市场需求出现滞销、企业经研究决定延缓或者取消合同供应时，采购人员也应尽快与供应商进行沟通，确认可承受的延缓时间。或者中止合同的执行，给供应商赔款。

（3）控制好物料验收环节。物料到达合同规定的交货地点，对境内供应商一般是企业仓库，对境外交货是企业国际物流中转中心。境外交货的情况下，供应商在交货前会将到货情况表单传真给采购人员，采购人员必须按照采购合同对到货的物料、批量、单价及总金额等进行确认，并进行录入归档，开始办理付款手续。

3. 合同履行后的跟踪

（1）付款跟踪。采购人员应协助财务人员按合约规定的支付条款对供应商进行付款，并进行跟踪。合约执行完毕的条件之一便是供应商收到采购合同所约定的货款，如果供应商未收到货款，采购人员有责任督促付款人员按照流程规定加快操作，否则会影响企业的信誉。

（2）物料问题跟踪。物料在使用过程中，可能会出现问题，偶发性的小问题可由采购人员或现场检查者联系供应商解决。重要的问题可由质检人员、认证人员解决。

（三）采购合同的担保条款

担保方应承诺本合同项下的所有产品及售后服务均为担保方生产或提供，且担保方已经知悉本合同所有条款的内容并愿意一并遵守。担保方应承诺若供方因不遵守、不履行合同约定给需方造成损失而未能及时进行赔偿时，担保方在此不可撤销地同意对供方所承担的所有赔偿责任向需方提供连带责任保证。

三、采购合同的变更、中止与解除

（一）采购合同的变更

采购合同的变更有广义、狭义之分。广义的采购合同变更是指采购合同主体和内容的变更，是采购合同债权或债务的转让，即由新的债权人或债务人替代原债权人或债务人，而合同内容并无变化。狭义的采购合同变更是指采购合同当事人权利义务的变化，是采购合同内容的变更。从《民法典》的有关规定看，采购合同的变更仅指采购合同内容的变更，采购合同主体的变更称为合同的转让。

1. 采购合同变更的条件

（1）原已存在有效的采购合同关系。采购合同的变更，是改变原采购合同关系，无原采购合同关系便无变更的对象，所以，采购合同变更以原已存在采购合同关系为前提。同时，原采购合同关系若非合法有效，如采购合同无效、采购合同被撤销、追认权人拒绝追认效力未定的采购合同，也无采购合同变更的余地。

（2）采购合同内容发生变化。采购合同内容的变化包括：标的物数量的增减；标的物品质的改变；价款或者酬金的增减；履行期限的变更；履行地点的改变；履行方式的改变；结算方式的改变；所附条件的增添或去除。单纯债权变为选择债权；担保的设定或取消；违约金的变更；利息的变化。

（3）经当事人协商一致或依法律规定。《民法典》第 543 条规定，"当事人协商一致，可以变更合同"。采购合同变更通常是当事人合议的结果。此外，采购合同也可以基于法律规定或法院裁决而变更，如一方当事人可以请求人民法院或者仲裁机关对重大误解或显失公平的合同予以变更。

（4）法律、行政法规规定变更采购合同应当办理批准、登记等手续的，应遵守其规定。

2. 采购合同变更的效力

采购合同变更的实质在于使变更后的采购合同代替原采购合同。因此，采购合同变更后，当事人应按变更后的合同内容履行合同。

采购合同变更原则上对将来发生效力，未变更的权利义务继续有效，已经履行的债务不因采购合同的变更而失去合法性。采购合同的变更，影响当事人要求赔偿的权利。原则上，提出变更的一方当事人对双方当事人因合同变更所受的损失应负赔偿责任。

（二）采购合同的中止

采购合同中止履行是指债务人依法行使抗辩权拒绝债权人的履行请求，使合同权利、义务关系暂处于停止状态。在合同中止履行期间，权利、义务关系依然存在，在抗辩权消灭后，合同的权利、义务关系恢复原来的效力。

法律规定，在特殊情形下，应当先履行的一方，可以中止履行。随意终止合同的，应当承担违约责任。

必须有法律规定的情形才可以中止履行合同，随意中止履行的，应当承担违约责任。

《民法典》第 527 条规定，应当先履行债务的当事人，有确切证据证明对方有下列情形之一的，可以中止履行：①经营状况严重恶化。②转移财产、抽逃资金，以逃避债务。③丧失商业信誉。④有丧失或者可能丧失履行债务能力的其他情形。

当事人没有确切证据中止履行的，应当承担违约责任。中止履行的一方必须尽到及时通知的义务，提供担保的，应当恢复履行。

《民法典》第528条规定，当事人依照前条规定中止履行的，应当及时通知对方。对方提供适当担保的，应当恢复履行。中止履行后，对方在合理期限内未恢复履行能力并且未提供适当担保的，中止履行的一方可以解除合同。

（三）采购合同的解除

1. 采购合同解除的概念

采购合同解除，是指采购合同生效后，在一定条件下通过当事人的单方行为或者双方合意终止合同效力或者解除合同关系的行为。采购合同解除有以下法律特征。

（1）合同解除是对有效合同的解除。合同解除以有效成立的合同为标的，其目的在于解决有效成立的合同提前解除的问题。这是合同解除与合同无效、合同撤销及要约或承诺的撤回等制度的不同之处。

（2）采购合同的解除必须具有解除事由。采购合同一经有效成立，即具有法律约束力，双方当事人必须信守约定，不得擅自变更或解除，这是《民法典》关于合同的重要原则。只是在主客观情况发生变化，采购合同履行成为不必要或不可能的情况下，才允许解除采购合同。这不仅是合同解除制度的存在依据，也表明采购合同解除必须具备一定的条件，否则便构成违约。

（3）采购合同解除必须通过解除行为实现。具备采购合同解除的条件，采购合同并不必然解除。要使采购合同解除，一般还需要解除行为。解除行为有两种类型：①当事人双方协商同意。②享有解除权一方的单方意思表示。

（4）采购合同解除的效果是使采购合同关系消失。

2. 采购合同解除的分类

（1）单方解除与协议解除。单方解除是指依法享有解除权的一方当事人依单方意思表示解除合同关系。协议解除是指当事人双方通过协商同意将合同解除的行为。

（2）法定解除与约定解除。采购合同解除的条件由法律直接加以规定的，称为法定解除。约定解除，是当事人以合同形式约定为一方或双方设定解除权的解除，解除权可以赋予当事人一方，也可以赋予当事人双方。设定解除权，可以在订立采购合同时约定，也可以在合同成立后另订立设定解除权的合同。

3. 采购合同解除的法定条件

（1）因不可抗力致使不能实现合同目标。不可抗力致使采购合同目标不能实现，该采购合同失去意义，应归于解除。

（2）在履行期限届满之前，当事人一方明确表示或者以自己的行为表明不履行主要债务。此即债务人拒绝履行，也称毁约，包括明示毁约和默示毁约。

（3）当事人一方迟延履行主要债务，经催告后在合理期限内仍未履行。也即供应方迟延履行。根据合同的性质和当事人的意思表示，履行期限在采购合同的内容中非属特别重要时，即使债务人在履行期届满后履行，也不致使采购合同目标落空。在此情况下，原则上不允许采购方立即解除合同，而应由采购方向供应方发出履行催告，给予一定的履行宽限期。供应方在该履行宽限期届满时仍未履行的，采购方有权解除采购合同。

（4）当事人一方迟延履行债务或者有其他违约行为致使不能实现采购合同目标。对某些采购合同而言，履行期限至关重要，如买卖双方不按期履行，采购合同目标即不能实现，于此情形下有权解除采购合同。当其他违约行为致使合同目标不能实现时，也应如此。

（5）法律规定的其他情形。《民法典》第580条第2款规定，有前款规定的除外情形之一，致使不能实现合同目的的，人民法院或者仲裁机构可以根据当事人的请求终止合同权利义务关系，但是不影响违约责任的承担。

四、采购合同的违约责任与违约索赔

（一）采购合同的违约责任

违约责任是违反合同的民事责任的简称，是指采购合同当事人一方不履行采购合同义务或履行采购合同义务不符合采购合同约定所应承担的民事责任。《民法典》合同编第八章规定，当事人一方不履行合同义务或者履行合同义务不符合约定的，应当承担继续履行、采取补救措施或者赔偿损失等违约责任。

（1）继续履行也称强制履行，是指违约方根据对方当事人的请求继续履行采购合同规定的义务的违约责任形式。

（2）采取补救措施作为一种独立的违约责任形式，是指矫正采购合同不适当履行（质量不合格）、使履行缺陷得以消除的具体措施。这种责任形式，与继续履

行（解决不履行问题）和赔偿损失具有互补性。采取补救措施的具体方式是修理、更换、重作、退货、减少价款或报酬等。

（3）赔偿损失，在法律上也称违约损害赔偿，是指违约方以支付金钱的方式弥补受害方因违约行为所减少的财产或者所丧失的利益的责任形式。赔偿损失的确定方式有两种：法定损害赔偿和约定损害赔偿。

（4）违约金是指当事人一方违反合同时应当向对方支付的一定数量的金钱或财物。依不同标准，违约金可分为：法定违约金和约定违约金，惩罚性违约金和补偿性（赔偿性）违约金。

（5）定金是指采购合同当事人为了确保采购合同的履行，根据双方约定，由一方按合同标的额的一定比例预先付给对方的金钱或其他替代物。《民法典》第586条也规定："当事人可以约定一方向对方给付定金作为债权的担保。定金合同自实际交付定金时成立。定金的数额由当事人约定；但是，不得超过主合同标的额的百分之二十，超过部分不产生定金的效力。实际交付的定金数额多于或者少于约定数额的，视为变更约定的定金数额。"债务人履行债务后，定金应当抵作价款或者收回。给付定金的一方不履行约定债务的，无权要求返还定金。收受定金的一方不履行约定债务的，应当双倍返还定金。据此，在当事人约定定金担保的情况下，如一方违约，定金则即成为一种违约责任形式。

（二）采购合同的违约索赔

发生合同争议后，首先分清责任属供方、需方，还是运输方。如需方在采购活动中因供方或运输方责任蒙受了经济损失，就可以通过与其协商交涉，进行索赔。索赔既是一项维护当事人权益和信誉的重要工作，又是一项涉及面广、业务技术性强的细致工作。因此，在提出索赔时，必须注意下列问题。

1. 索赔的期限

索赔的期限是指争取索赔的当事人向违约一方提出索赔要求的违约期限。关于索赔期限，《民法典》有规定的必须依法执行。没有规定的，应根据不同商品的具体情况作出不同的规定。如果逾期提出索赔，对方可以不予理赔。一般地说，农产品、食品等索赔期限短一些，一般商品索赔期限长一些，机器设备的索赔期限则更长一些。

2. 索赔的依据

提出索赔时，必须出具因对方违约而造成需方损失的证据（保险索赔另外规定），当争议条款为商品的质量条款或数量条款时，该证明要与合同中检验条款相一致，同时出示检验的出证机构。如果索赔时证据不全、不足或不清，以及出证机构不符合规定，都可能遭到对方的拒赔。

3.索赔额及赔偿办法

关于处理索赔的办法和索赔的金额，除了个别情况外，通常在合同中只做一般笼统的规定，而不做具体规定。因为违约的情况较为复杂，当事人在订立合同时往往难以预计。有关当事人双方应根据合同规定和违约事实，本着平等互利和实事求是的精神，合理确定损害赔偿的金额或其他处理的办法，如退货、换货、补货、整修、延期付款、延期交货等。

当商品因质量出现与合同规定不符造成采购方经济损失时，如果违约金能够补偿损失，则不再另行支付赔偿金。如违约金不足以抵补损失，还应根据采购方所蒙受经济损失的情况，支付赔偿金以补偿其差额部分。

国际贸易中发生索赔时，根据联合国国际货物销售合同规定：一方当事人违反合同应付的损害赔偿额，应与另一方当事人因其违反合同而遭受的包括利润在内的损失额相等。如果合同被宣告无效，而在宣告无效后一段合理时间内，买方已以合理方式购买替代货物，或者卖方已以合理方式把货物转卖，则要求损害赔偿的一方可以取得合同价格和替代货物交易价格之间的差额。

【本章小结】

本章主要包括采购合同和采购合同管理两个大的内容。采购合同主要讲述采购合同的性质、采购合同的形式、采购合同的类型以及采购合同选择的依据、采购合同的内容等。采购合同管理主要讲述采购合同签订，采购合同履行与担保，采购合同变更、中止与解除，采购合同违约责任与索赔等方面。

【即测即练】

【复习思考题】

1.从哪些方面对采购合同的类型进行选择？

2. 采购合同的履行要遵循哪些原则？

3. 采购合同的谈判可以从哪些方面进行准备？

4. 采购合同变更的条件有哪些？

5. 采购合同解除必须遵循哪些条件？

【实践训练】

实践项目：采购合同的编制

任务要求：班级同学分小组完成，每组选取一家自己感兴趣的公司，进行公司采购实践调研活动，结合公司一次具体的采购活动内容，按照规范的采购合同内容及条款帮这家公司起草一份采购合同书，并且将小组草拟的合同书与公司签订的实际合同书进行对照，分析其差距，并撰写心得体会。

第九章 采购价格与成本控制

【学习目标】

1. 了解影响采购价格的因素及采购价格确定方法。

2. 熟悉采购成本的影响因素及采购成本构成。

3. 掌握采购成本控制方法和供应链采购成本控制措施。

【能力目标】

1. 培养学生自主查找资料分析采购价格变化能力。

2. 培养学生责任意识和采购成本分析能力。

3. 培养学生供应链管理思维和团结合作降本增效能力。

【思政目标】

1. 使学生牢固树立厉行节约、降本增效的高度工作责任心和社会责任感。

2. 培养学生采购成本控制的能力、公正廉洁的精神。

3. 提升学生艰苦奋斗、合作共赢精神和开拓创新能力。

【思维导图】

【导入案例】

TW 光伏新能源公司采购成本控制优化

【教学微视频】

第一节　采购价格确定

一、采购价格影响因素

影响采购价格的因素有许多，具体说明如表 9–1 所示。

表 9–1　影响采购价格的因素

因素	具体说明
供应商成本的高低	供应商成本的高低是影响采购价格的最根本、最直接的因素，供应商进行生产，其目的是获得一定利润，否则生产无法继续，因此，采购价格一般在供应商成本之上，两者之差即为供应商的利润，供应商的成本是采购价格的底线
规格与品质	价格的高低与采购物料的品质也有很大的关系，如果采购物料的品质一般或质量低下，供应商会主动降低价格，以求赶快脱手，有时甚至会贿赂采购人员

续表

因素	具体说明
采购物料的供需关系	当企业需采购的物料紧俏时，则供应商处于主动地位，会趁机抬高价格。当企业所采购的物料供过于求时，则采购企业处于主动地位，可以获得最优的价格
生产季节与采购时机	当企业处于生产的旺季时，对原材料需求紧急，因此不得不承受更高的价格，避免这种情况的最好办法是提前做好生产计划工作，并根据生产计划制订出相应的采购计划，为生产旺季的到来提前做好准备
采购数量多少	采购数量多少是指如果采购数量大，就会享受供应商的数量折扣，从而降低采购的价格，因此，大批量、集中采购是降低采购价格的有效途径
交货条件	交货条件也是影响采购价格的非常重要的因素，交货条件主要包括运输方式、交货期的缓急等，如果货物由采购方来承运，则供应商就会降低价格，反之就会提高价格
付款条件	付款条件一般都规定有现金折扣、期限折扣等方式，以刺激采购方提前用现金付款

二、采购价格确定过程

采购价格是采购过程中的关键因素，确定采购价格通常要注意以下要点。

（一）收集采购价格信息

要确定采购价格，企业首先要收集足够的采购信息，信息收集可分为三种方式。

1. 上游法

上游法即了解拟采购的产品是由哪些零部件或材料组成的。换言之，查询制造成本及产量资料。

2. 下游法

下游法即了解拟采购的产品用在哪些地方。换言之，查询需求量及售价资料。

3. 水平法

水平法即了解拟采购的产品有哪些类似的产品。换言之，查询替代品或新供应商的资料。

至于信息的收集，主要有以下五种渠道：①杂志、报纸、网络等媒体。②信息网络或产业调查服务业。③供应商、顾客及同业。④参观展览会或参加研讨会。⑤加入协会或工会。

由于商情范围广阔、来源复杂，加之市场环境变化迅速，采购人员必须筛选正确、有用的信息以供公司高层决策。

最后，对收集回来的信息，企业需要进行相关处理工作，具体措施如表9-2所示。

表 9-2　处理收集信息的具体措施

措施	具体内容
措施一	企业可将采购市场调查所得资料,加以整理、分析与检讨,在此基础上提出报告及建议
措施二	根据调查结果,编制材料调查报告及商业环境分析,对企业提出有关改进建议(例如提供采购方针的参考,以求降低成本、增加利润)
措施三	根据科学的调查结果,研究更好的采购方法

（二）制定采购底价

所谓底价,就是打算支付的最高采购价格。底价的制定使采购人员对价格的确定与取舍有据可依,但是往往需要企业内部数位懂行的人士甚至聘请企业外部的专家来完成,许多小企业无法做到。底价制定得太高或太低对企业都不利,若制定得太低,本来可以入围的优秀供应商被拒之门外,这样企业就会丧失很多机会成本;若制定得太高,就失去了制定底价的意义。一个合理的底价不仅需要制定人有丰富的与物料相关的知识,还要制定人尽可能地收集相关材料。

（三）询价

在询价的过程中,为使供应商不发生报价上的错误,通常采购人员应附上辅助性的文件,如工程发包的规范书、物料分期运送的数量明细表等,询价的基本要求具体如表 9-3 所示。

表 9-3　询价的基本要求

要求	具体内容
要求一	弄清品名与料号
要求二	询价项目的数量
要求三	产品规格书
要求四	对产品品质的需求
要求五	说明报价基础要求
要求六	提出和了解付款条件
要求七	明确运送地点与交货方式
要求八	提出售后服务要求
要求九	签署保密协议
要求十	告知供应商有关人员姓名及联系电话

（四）采购产品成本分析

采购产品成本分析是对采购的商品在市场上缺乏有效竞争时所采用的一种方法，这种分析方法使价格更切合实际。它强调的是在采购工作完成之前，对需采购的商品进行分析，判断应该产生什么样的成本及成本是多少，这样有利于与供应商的谈判。

1. 成本分析的适用情形

（1）底价制定困难。

（2）无法确定供应商的报价是否合理。

（3）采购金额巨大，成本分析有助于将来的议价工作。

（4）运用标准化的成本分析表，可以提高议价的效率。

2. 增强成本分析能力的途径

（1）利用采购人员自己的工作经验。

（2）向厂商学习（了解他们的成本构成）。

（3）建立简单的成本分析制度，明确成本计算公式等。

（4）培养分析成本、比价和议价的能力。

3. 成本分析工作点

成本分析就是查证前述各项资料的虚实，这包含两项工作。

（1）查核工作：必要时，可查核供应商的账簿和记录，以验证所提供的成本资料的真实性。

（2）技术分析：指对供应商提供的成本资料，就技术观点所做的评估，包括制造技术、品质保证、工厂布置、生产效率及材料损耗等，此时采购部门需要技术人员的协助。

4. 成本分析工作内容

成本分析是指就供应商所提供的成本估计，逐项进行审查和评估，以求证成本的合理性与适当性。成本分析中应包括下列项目：①工程或制造的方法。②所需的特殊工具、设备。③直接及间接材料成本。④直接及间接人工成本。⑤制造费用或外包费用。⑥营销费及税金、利润。

总之，成本分析应包括所有成本支出项目，并且审查各项目数字是否合理，以及制造费用的分摊是否适当。最好的成本分析方式是编制一份详细的成本估计，将其与供应商所提供的成本资料逐项查对，不要完全以供应商所提供的资料为依据，以致议价效果不明显。

5. 成本分析具体分析方法

（1）进行成本分析需要进行成本项目分析和大量的成本计算，这时，采购部门就要有相应的评估人员或成本分析师来从事这项工作。就像供应商评估自己的销售价格一样，这些人员能够对产品的所有成本进行分析，能够判断成本的合理性。

（2）在供应商按照成本清单进行报价后，可以逐个检查供应商成本细目和采购商成本分析之间的差异来达到相互印证。

（五）供应商报价分析

就采购人员而言，底价只提供了将来议价的参考价值，也就是获得一个合理的价格依据，它解决"量"的问题，至于"质"的问题，也就是各供应商报价单的内容，采购人员必须先对同一类型供应商报价信息加以分析、审查、比较，才能达到公平竞争的基础，即所谓"拿香蕉与香蕉比"。

1. 价格分析的方法

在考虑报价单的时候，经常要对价格进行分析。价格分析可以采用以下几种方法判断价格的合理性。

（1）与其他供应商的价格相比。

（2）与以前支付的价格相比。

（3）与目前采用的价格相比。

（4）与替代品的价格相比。

2. 价格分析的好处

（1）事先发现报价内容有无错误，避免造成将来交货的纷争。确保供应商所附带的任何条件均为买方可以接受。

（2）将不同的报价基础加以统一，以利将来的议价及比价工作，而不会出现"拿香蕉与梨子比较"的谬误。

（3）培养采购人员的成本分析能力，避免按照"总价"来谈判价格的缺失。

3. 审查、比较报价的方式

（1）把各项直接材料耗用数量、直接人工时数标准化。

（2）计算所有报价厂商各项材料的单价、工资率。

（3）求出各厂商的制造成本（变动费用部分）。

（4）计算各厂商的固定费用，包括管理费、税金、利润。

（5）求出报价最低的供应厂商。

（六）采购议价

采购中可以运用的议价方法非常多，不同情形使用的议价方法也会不同，可以分为针对价格因素的议价方法、针对非价格因素的议价方法及其他议价方法。

1.针对价格因素的议价方法

（1）直接议价方法。即使面临通货膨胀、物价上涨，直接议价仍能达到降低价格的目的。可以采用四种方法来进行协商，具体做法如表9–4所示。

表9–4　常见的采购议价方法

议价方法	具体内容
差额均摊	为了促成双方的交易，最好的方式就是采取"中庸"之道，即将双方议价的差额各承担一半，结果双方都是赢家
直捣"黄龙"	有些单一来源的总代理商，对采购人员的议价要求置之不理。此时，若能摆脱总代理商，寻求原制造商的报价将是良策
"哀兵"姿态	在企业处于劣势情况下，采购人员应以"哀兵"姿态争取供应商的同情与支持
压迫降价	在买方占优势的情况下，以胁迫的方式要求供应商降低价格，并不征询供应商的意见

（2）间接议价方法。在议价的过程中，好的开端是成功的一半。除直接议价方法，有时也可以采用迂回战术，即以间接方法进行议价。采购人员可用下列三种方法来进行协商。

方法一：议价时不要急于进入主题。在开始商谈时，最好先谈一些不相关的话题，借此熟悉对方周围事物，并使双方放松心情，慢慢再引入主题。

方法二：运用"低姿态"。在议价协商时，对供应商所提的价格尽量表示困难，多说"唉!""没办法"等字眼，以低姿态博取对方同情。

方法三：尽量避免书信或电话议价，而要求面对面接触。面对面的商谈、沟通效果较佳，往往可借肢体语言、表情来说服对方，进而要求对方妥协，予以降价。

2.针对非价格因素的议价方法

除了上述针对价格所提出的议价方法外，采购人员也可利用其他非价格的因素来进行议价。

（1）在协商议价中要求供应商分担售后服务及其他费用。当供应商决定提高售价而不愿有所变动时，采购人员不应放弃谈判，而可改变议价方针，针对其他非价格部分要求获得补偿。

（2）善用"妥协"方法。在供应商提出的价格居高不下时，采购人员若坚持继续协商，往往不能达到效果，此时可采取妥协方法，在少部分不重要的细节可做让步，再从妥协中要求对方回馈。

（3）利用专注的倾听和温和的态度博得对方好感。采购人员在协商过程中，应仔细地倾听对方说明，在争取企业权益时，可利用所获对方资料或法规章程，合理地进行谈判。

3. 其他议价方法

通常询价之后可能有多家供应商报价，如企业可以借其他供应商对谈判对象施加压力，具体内容如表 9-5 所示。

表 9-5　借其他供应商施加压力的内容

内容	具体操作
内容一	这种方法并非从报价最低者开始，而是先找比价结果排行第二低者来议价，探知其降价幅度后，再找第二者来议价，经过这两次议价，"底价"就可浮现出来
内容二	如果这一"底价"比原来报价最低者还低，表示第三、第二低者成交意愿相当高，则可再找原来报价最低者来议价，以前述第三、第二者降价后的"底价"，要求最低者降至"底价"以下来成交
内容三	如果原来报价最低者不愿降价则可交予第二或第三者按议价后的最低价格成交
内容四	如果原来最低价者刚好降至第二或第三低者的最低价格，则以交给原来报价最低者为原则

（七）采购价格计算

1. 科学的计算方式

科学的计算方式是指对构成价格的各种因素进行科学的分析，必要时采取改进措施。这种方式，以合理的材料成本、人工成本及作业方法为基础，计算出采购价格，此方式主要适用于外包加工品。

（1）计算公式。采购价格的计算公式如下：

$$P=M \times a+t\,(b+c)\,d+F$$

式中，P 为采购价格；M 为材料的需要量（表示标准材料的尺寸、形状、标准规格）；a 为材料单价；t 为标准时间（主要标准时间 + 准备时间）；b 为单位时间的工资率；c 为单位时间的费用率；d 为修正系数（如为了特急品而加班、连夜赶工及

试生产等 ）；F 为采购对象的预期利润。

（2）注意事项。依据科学的计算方法计算，其依据十分明晰，故与卖方交涉之际，具有充分的说服力。但是，若卖方无法接受，则应根据各项目的资料，逐一检查双方的差距，并相互修正错误，以达成协议。这种方法需要设定各项作业的标准时间，同时也需算出工资率及费用率，因此采购人员应收集有关标准时间的数据资料及有关工资率及费用率调查资料，按各业别、规格予以分类，并加以统计。此外，对于修正系数及预期利润，也应预先决定。

2. 比较前例的计算方式

这一方式是利用曾被认为适当的同类产品的价格，加以比较，并采取必要的修正措施，以决定价格的方式。此种方式，可依据以往累积的数据资料，使价格更加精准，但也可能深受以前价格的影响。该方式适用于购买类似产品。

3. 经验和估计的计算方式

有经验的采购人员，可凭自己的判断算出合理的价格。所谓经验的计算方式，就是一种直觉的计算方式。或者依据图样设计书等，估计者可凭经验及现有信息，估计材料费及加工时间，并乘以单位时间的工资率，再加上费用率，就可确定价格。这一种方式，完全依赖估计者的技巧，并在进行评价时，应不断地修正其差距，以获得适当的价格。

4. 成本加利润的计算公式

$$采购价格 = 成本 + 合理利润$$

各项合理利润率须视其资金来源的不同而各异，由成本分析人员参考国内外相关行业的投资报酬率、风险率、市场利率及财政部核定的相关行业的利润率，并考虑预付款及成本内已含的财务成本等因素分别审慎研订。该方式适用于供应商的产品设计不同或独家供应。

（八）采购价格磋商

1. 尽可能与对方负责人进行价格磋商

价格的磋商尽管有级别的要求，但为了有效地完成价格的磋商，应缩短价格谈判的过程。除非供应商有级别对等的要求，否则采购人员应尽可能与对方负责人直接进行价格磋商。

2. 完善谈判技巧

在减价磋商中，难免会遇到一些诡辩与抱怨的人，他们在磋商时，常提出似是而非的言论，如产品的利润空间已经很小、工人要求加薪、减少工作时间及物价上涨等，目的是强调价格不能再降低了。因此，采购人员要根据实际计算的成本来加以一一协商，使对方无计可施，而达到降价的目的。因此，采购人员要尽可能掌握该项物品在市场上的最低采购价格和双方提出的价格出入较大时的真实原因。

3. 了解产品的成本构成及影响因素

采购人员在进行采购物品减价磋商前，要清楚将要采购的物料的销售价格是如何决定的、其成本结构如何，只有了解其成本结构的详细内容后，才有可能达到减价的目的。

4. 了解供应商的情况

就买卖双方的合作关系，还要考虑下列因素：①企业规模大小的比较。②供应商对采购商的依赖程度，即采购商在供应商营业额中所占比例。③供应商在行业内及市场上的信誉度评价。④供应商的技术水准及市场份额。⑤供应商销售情况。⑥供应商经办人的经验及实力。

知晓以上因素，才可能知己知彼，知道自己与对方所占的位置，而采取相应的对策，才能百战百胜。

5. 合适的人与合适的对象

进行价格磋商的人要有生产技术、成本、法律等方面的知识，才能胜任减价的磋商，否则，即使采购人员具有强烈的责任感，但能力有限，也是无济于事的，所以有时需要有专门知识的人员随同前往交涉，如专业工程师、会计师等。有了前往进行价格磋商的合适人选后，还需要找对磋商的对象。一般来说，销售商的销售人员不一定了解决定价格的因素，不具备技术及管理方面的知识，但我们要尊重对方人员，和他们交朋友，从与他们交谈中获取对方有价格决定权的人员的重要信息，然后有针对性地与这个人去打交道，如此才能圆满完成任务。

6. 有利的时间与地点

进行价格磋商的地点可以是买卖双方的办公室、会客室或双方以外的地点，如饭店、咖啡店等。采购人员在选择地点时，应注意降价物品的种类、对方企业的能力、信誉度、待人接物规范性等。通常在小房间或安静的地方进行价格交涉的效果比大房间要佳，因为在大房间商谈容易受外界干扰，感觉比较疏远，气氛较差，不易缩短交涉双方距离。也有因为需要建立彼此间长期的感情，而采用一同进行活动的，如打高尔夫球、乒乓球或健身运动等。至于时间的选定，要因人而异。由于人容易被环境、时间的改变影响情绪，所以聪明的交涉者要能察言观色，事先加以留意而见机行事。

第二节　采购成本分析

一、采购成本影响因素

（一）内部因素

1. 采购批量和批次

物料采购的单价与采购的数目成反比，即采购的数目越大，采购的价格越低。企业间联合采购，可合并同类物料的采购数目，通过同一采购使采购单价大幅度降低，使各企业的采购用度相应降低。因此，采购批量和采购批次是影响采购成本的主要因素。

2. 部门间的沟通与协作

采购业务的实行不仅是采购部门的职责，它还涉及计划、设计、生产、销售和质检等部门。因此，这就需要企业各部门之间的良好沟通、协作，才能完美地完成这项业务。假如计划部门物料需求计划预测不准，生产计划则会随之变化，一旦变化频繁，就会造成紧急采购的增加，采购成本也就高。

3. 价格成本分析与谈判能力

对供应商产品成本、价格构成的分析是确定采购价格和取得与供应商谈判主动权的基础。采购部门在实施采购谈判之前，必须详细调查、分析所处市场的现行形势。这样才能针对不同的供应商选取不同的、有效的谈判议价方法，以最终达到降低采购价格的目的。

（二）外部因素

1. 市场供需状况

市场供需状况直接影响采购成本。市场资源短缺、商品供不应求时，供应商就会因此涨价；相反，若是供过于求，则会选择降价。

2. 供应商的生产能力、技术水平

若供应商的生产能力强大、生产技术先进、产品质量良好，产品销售价格一般就会比较高。因此，采购部门应该根据自身企业对产品技术功能、质量及交货期的要求，科学、合理地选择适合的供应商，争取达到良好的性价比。

3. 供应商成本

在企业处于新产品研发和投入阶段，采购数量会比较少，供应商成本一般就会较高；之后进入成长期，随着采购量的增加、技术的成熟，供应商成本便会相应降低，产品供应价格就会有所下降。

4. 企业与供应商的合作关系

在经济全球化的大背景下，供需双方若能建立长期合作的伙伴关系，通过共同努力，就能够实现采购成本的降低，以达到共赢的目的。

二、采购成本构成分析

采购成本是指将企业生产或经营所需要的原材料从供应者仓库运回企业仓库，实现一次采购而进行的各项活动的全部费用，如采购物的成本、采购人员的工资、差旅费、办公费、邮资、电报电话费、运输损耗、入库前的挑选整理等支出。采购成本的实际构成包括取得成本、所有权成本、所有权后成本，其中所有权成本和所有权后成本合称为整体采购成本。采购成本的构成如图 9-1 所示。

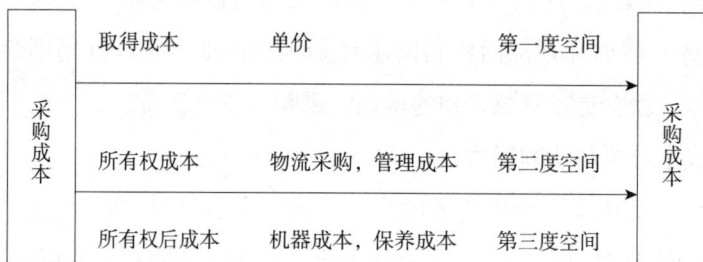

图 9-1　采购成本的构成

（一）取得成本

取得成本即商品价格，是采购成本的重要组成部分，但不是全部。它是供应商对自己产品提出的销售价格。商品价格由以下三个因素决定。

1. 产品成本

产品成本是影响商品价格的内在因素，受生产要素成本如原材料、劳动力价格、产品技术要求、产品质量要求、生产技术水平等因素的影响。

2. 市场因素

市场因素是影响商品价格的外在因素，包括经济、社会、政治及技术发展水平，具体有宏观经济条件、供应市场的竞争情况、技术发展水平及法规制约等。

3. 消费者认同价值

决定供应商市场定价除了产品本身以外，还包括客户对商品的适用性、可靠性、耐用性、售后服务、运货等方面相对价值的认同程度。

（二）整体采购成本

整体采购成本又称战略采购成本，是除取得成本之外考虑到原材料或零部件在本企业产品的全部寿命周期过程中所发生的成本，它是所有权成本、所有权后成本的总体概括。整体采购成本包括采购物品在市场调研、自制或采购决策、产品开发中供应商的参与、供应商交货、库存、生产、出货测试、售后服务等整体供应链中各环节所产生的费用。作为采购人员，其最终目的是降低整体采购成本。按功能划分，整体采购成本发生在以下的过程中：开发、采购、企划、质量和售后服务。

1. 开发过程中因供应商介入或选择可能发生的成本

这类成本具体包括：原材料或零部件影响产品的规格与技术水平而增加的成本，对供应商技术水平的审核产生的费用，原材料或零部件的认可过程产生的费用，原材料或零部件的开发周期影响本公司产品的开发周期而带来的损失或费用，原材料或零部件及其工装（如模具）等不合格影响本公司产品开发而带来的损失和费用等。

2. 采购过程中可能发生的成本

这类成本具体包括：原材料或零部件采购费用或单价，市场调研与供应商考察、审核费用，下单、跟单等行政费用，文件处理费用，付款条件所导致的汇率、利息等费用，原材料运输、保险费用等。

3. 企划（包括生产）过程可能因采购而发生的成本

这类成本具体包括：收货、发货（至生产使用点）费用，安全库存仓储费、库存信息，不合格来料滞仓、退货、包装、运输带来的费用，交货不及时对仓库管理等工作的影响造成的损失，生产过程中的原材料或零部件库存费用，企业与生产过程中的原材料或零部件的行政费用等。

4. 质量过程中可能发生的采购成本

这类成本具体包括：供应商质量体系审核及质量水平确认产生的费用，检验成本，因原材料或零部件不合格使得本公司产品不合格而导致的损失，不合格产品本身的返工或退货成本，处理不合格来料的行政费用等。

5.售后服务过程中因原材料或零部件而发生的成本

这类成本具体包括：零部件失效产生的维修成本，零部件服务维修不及时造成的损失，因零部件问题严重而影响本公司的产品销售造成的损失，因零部件问题而导致本公司产品的产品理赔等产生的费用。

第三节 采购成本控制

一、采购成本控制原则

作为采购人员，其最终目的是以最低的成本及时采购到质量合格的原材料或商品，满足企业生产经营所需，因此成本控制成为其在采购过程中所必须思考的主要问题，遵循什么样的原则，将对降低成本具有十分重要的作用。

（一）原材料质量最优

成本最优往往被许多企业误解为价格最低，所以很多企业为降低成本购进低质量的原材料，不仅影响后续生产和经营活动，还耽误了企业及时对客户的供给，损害企业的商誉。

（二）总体成本最低

采购决策影响着后续的原料运输、调配、维护、调换乃至长期产品的更新换代，因此，必须有总体成本考虑的远见，必须对整个采购流程中所涉及的关键成本环节和其他相关的长期潜在成本进行评估。

（三）合作共赢关系

采购目的不是一味地追求压价和低价，而是基于外部资源的充分利用和建立稳定、可靠的供应源，此时采购成本控制相对放弃局部利益和短期利益，而是追求整体利益和长远利益，注重与供应商建立长期、稳定的合作共赢关系，从而达到供应链总成本最低的战略目标。许多成功企业甚至不计成本地为供应商提供技术、资金方面的支持援助或者帮助供应商提高产能、改善信息化水平、优化采购物流体系等。

（四）保持企业核心竞争优势

采购成本管理的目的不仅仅在于降低成本，更重要的是建立和保护企业的核心竞争优势。也就是说，如果某项成本的降低削弱了企业的战略地位，则可以弃之不用，但是，如果某项成本的增加有助于增强企业的竞争力，则这种成本是值得增加的。

二、采购成本控制思路

（一）从采购计划中控制成本

采购计划环节是采购工作的第一步，所以至关重要。一般来讲，企业的经营从购入原料、材料，到生产加工成产成品，再通过销售过程获得利润，其中如何获得足够数量而又不浪费资金的原料、物料是采购计划的重点所在。因此，采购计划也可以是关于采购数量的计划，是维持正常的产销活动，是在某一特定时期内确定在何时购入多少数量的何种材料的估计。

（二）建立科学的采购管理系统

为控制企业的采购成本，企业应针对采购管理现状及未来发展，参照国内外先进管理模式，建立先进的物料采购系统，以理顺现有采购过程中各个要素的关系，在保证物流、资金流和信息流畅通的前提下，有效控制采购过程，使物资采购系统更有效率和效益，从而更好地控制采购成本，企业可建立如图9-2所示的采购管理系统来控制采购成本。

图9-2 采购管理系统成本控制

企业既可以通过采购管理系统来控制部门内的工作，又可以通过各种相关的信息记载来管理和考评业务人员的工作绩效，它可以给物料采购工作带来明显的改善和收益，使得产品成本、业务处理成本较少及业务周期缩短。使采购管理更加科学，减少管理层次，使机构更加扁平化，有利于高层管理者对业务人员的工作质量、工作能力及工作效率的了解，使人力资源也得到最大限度的开发，增强工作过程的透明度，有利于跨部门工作的连续性、一致性，大大提高工作效率和采购效率。同时，合并在一起的较大采购量也能使供应商最大限度地提高效率和实现规模经济效益，从而让采、供双方实现"双赢"。

（三）优化采购供应体系

采购成本控制着眼于供应商和供应市场，优化企业采购供应体系。

1. 优化整体供应商结构和供应配套体系

这包括通过供应商市场调研等寻找更好的新供应商、通过市场竞争招标采购、与其他单位合作实行集中采购、减少现有原材料和零部件的规格品种进行大量采购、与供应商建立伙伴型合作关系等取得成本控制。

2. 通过对现有供应商的改进来控制采购成本

促使供应商实施即时供应，改进供应商的产品质量降低质量成本，组织供应商参与本企业产品开发及工艺开发降低产品与工艺成本，与供应商实行专向共同改进项目以节省费用（如采用周转包装材料降低包装费用、采用专用运输器具缩短装卸运输时间和成本、采用电子邮件传递文件减少行政费用）并提高工作效率、降低采购成本等。

三、采购成本控制方法

（一）采购要素分析

1. 分析采购物料的功能

正确设计产品组成，合理使用原材料，是企业采购材料、降低产品成本的先决条件。进行价值分析，目的在于简化产品设计便于制造、使用替代性材料，以最低的费用获得所需要的必要物资。采购物资不仅仅是购买一种实物，更重要的是购买这种实物所包含的必要功能，只有功能大于成本，价值才能大，这是价值分析理论的核心。

2. 分析采购物料的价格

任何功能都要以付出费用为代价，不切实际地追求多功能、高质量，势必造成浪费。以满足需要的功能，采购到合理价格的物资，以性能价格比作为衡量物资采购成功与否的标志，是采购过程进行价值分析的又一目的。如在产品非磨损部位将铁制材料改为塑料制品、更新改造固定资产、采购二手的辅助机器而非全新设备等方法。

3. 分析采购杂费

在达到采购目的不影响其他的情况下，运用价值分析方法消除不必要的杂费可以降低采购成本。例如，有的物资购置费用低，但使用中修理费用高，燃油、耗电多等，导致寿命周期使用费用较高，这是价值分析的另一个目的。

4. 分析物流费用

一般情况下购置费用容易引起人们的重视，而物流过程发生的费用往往被忽视。如采用较佳付款条件或费用较低的货运承揽者，或考虑改变运输模式（如将空运改为海运），同样达到降低成本的目的。

（二）供应商成本分析

1. 供应商定价方法分析

供应商的价格底线是采购人员谈判的价格底线，只有了解供应商的定价方法、供应企业的成本构成等因素，采购人员才能做到知己知彼，把采购价格压到最低。供应商的定价方法可细分为成本加成定价法、目标利润定价法、采购商理解价值定价法、竞争定价法及投标定价法。

拓展资源 9.1
供应商常用的定价方法

2. 供应商成本组成分析

在大型企业，其所需的原材料，有的多达万种以上，要对每种材料做好供应商成本组成分析是不可能的，根据存货的 ABC 分析方法，一般对数量上仅占 10% 而其价值却占总采购成本 70% 的 A 类存货进行分析。采购人员要想知道供应商的实际成本结构，并不容易，通常可从供应商的供应价格影响因素及定价方法着手，对供应商的成本组成进行分析。

拓展资源 9.2
供应商成本组成分析方法

（三）标准化

在产品设计阶段，使用行业标准流程与技术、工业标准零件，既可以加大原料取得的便利性，又可以减少自制所需的技术投入，同时也可降低生产所需的成本。原料、产品、服务的标准化在产品、服务设计阶段就充分考虑未来采购、制造、储运等环节的运作成本，提高其标准化程度，减少差异性带来的后续成本。

（四）管理会计方法

1. 目标成本法

目标成本是预计目标售价减去目标利润得出的。产品的目标成本确定后，与公司目前的相关产品成本或本行业先进水平相比较，确定成本差距。设计小组通常运用质量功能分析、价值工程、流程再造等方法来寻求满足要求的产品与工序设计方案，把这一差距缩小。质量功能分解旨在识别顾客需求，并比较分析其与设计小组计划满足的需求差距，以支持价值工程的设计过程，以此达到降低成本的目的。

2. 定额管理法

与采购过程有关的定额，包括生产消耗定额、物资储存定额、采购费用定额等。工作中常常通过制定先进合理的物资消耗定额，采用标准化、通用化和系列化确定最经济合理的物资消耗标准，在保证质量的前提下，尽量采用以廉代贵，综合利用原材料，提高材料利用的经济性、效益性。在充分采用准时制的情况下，制定与经济订购批量相适应的储存定额。采购过程中，采用多种采购方式、就近组织物资供应、选用恰当的运输方式等方法制定采购费固定额。降低企业采购成本，定额管理是行之有效的一种方法。

（五）供应链管理法

供应链管理的核心是企业间组织的融合，最终达到以企业战略为核心，实现所有企业组织、战略和业务流程的全面结合。采购过程是供应链上的重要结合点，是连接供应商与用户企业的桥梁，用供应链思想来管理采购成本可大幅度降低采购成本。常常通过优化采购体系或对现有供应商的改进优化企业供应链，达到降低采购成本的目的。

（六）采购谈判技巧和战术

灵活运用采购谈判技巧降低价格，是采购最常用的一种方法。通常要掌握采购谈判作业要领，做好采购谈判规划，主要从预测、学习、分析与策略等方面入手，注意谈判中的发问和倾听技巧，巧妙利用谈判的时机，充分利用成本结构分析，以便在谈判过程中取得合理的价格。

（七）库存

对于经常性、需求量大的原材料，零配件，需要在采购和库存之间做平衡分析，这种分析常采用经济批量和经济订货点来确定，经济订货批量模型有助于企业在采购时树立成本效益观念，重视资金的时间价值，合理安排采购计划，减少不必要的资金占用。

任何可以节省费用的手段都应该是采购过程中值得考虑的对象，但必须是合情、合理，更要合法的，有利于与供应商的伙伴互动关系。至于上述几种方法应该优先使用哪种、哪种方法较好，则有赖于采购人员依照不同状况进行专业判断后确定。

四、采购成本控制意义

（一）通过控制采购成本提高利润

在制造业中，企业的采购资金通常占最终产品销售额的40%~60%，因此，在获得采购成本方面所做的点滴成本对利润所产生的效果，要大于企业其他成本（如销售领域内成本）相同数量的节约给利润带来的影响，具有明显的杠杆效应。因此，对采购成本的控制是企业提高利润的重要途径。

拓展资源 9.3

采购成本控制的杠杆效应案例

（二）通过控制采购成本，加快资金周转速度，提高资产回报率

资产回报率应同样也能说明采购的重要性。除了提高利润外，采购价格的降低还会降低企业资产的基数，同样会使资产回报率增长的幅度大于成本下降的幅度。

拓展资源 9.4

采购成本控制提高资产回报率案例

第四节　供应链采购成本控制

一、传统采购成本控制局限

（一）传统采购成本控制方法

传统的采购成本控制主要针对物料采购价格、采购物料运费、仓储费用和物料质量，采用的方法主要如下。

（1）对于物料采购价格：在采购过程中通过与供应商的谈判、协商，利用自己在买方市场的主动性，迫使供应商妥协、退让，以达到降低采购价格的目的。

（2）对于采购物料运费：选择运输方式、运输路线及超负荷运输来降低成本。

（3）对于仓储费用：用控制批量的方法降低资金占用和仓储成本，即经济订货批量模型等控制来实现。

（4）对于物料质量：通过入库质量检验来降低采购或运输过程中的废品、次品出现概率。

（二）传统采购成本控制方法的局限性

（1）传统方法主要对一些成本显性、易于识别的采购项目而言，制定相应控制对策也比较容易。

（2）传统方法对采购成本的控制是不完备的，很少从计划、组织和供应链整体方面进行系统的管理。

（3）对采购物料的质量成本控制，考虑具体物料质量的较多，考虑产品系列质量和工作质量较少。

（4）对于采购行为直接对接的企业内部物流成本仅局限于考虑仓储、运输方面，对于内部物流与供应链上的销售物流的对接考虑较少。

（三）向供应链采购成本控制的转变

传统采购成本控制方法向供应链采购成本控制转变表现在以下几方面。

（1）注重对采购方式与管理机制的创新，增强系统运行的有效性，在供需总体效益最优的前提下，有效地降低供应链成本。

（2）跳出采购成本内部控制的思维局限性。

（3）对采购物料的质量成本控制从质量系统要求出发，控制物料质量和采购工作质量。

（4）注重与重要供应商的战略合作伙伴关系。

二、供应链采购成本控制策略

（一）建立与完善采购制度，做好采购成本控制的基础工作

采购活动涉及面广，并且主要是和外界打交道，因此，如果企业不制定严格的采购制度和程序，不仅采购活动无章可依，还会给采购人员提供暗箱操作的温床。建立严格、完善的采购制度，不仅能规范企业的采购活动、提高效率、杜绝部门之间的扯皮，还能预防采购人员的不良行为。采购制度应规定物料采购的申请、授权人的批准权限、物料采购的流程、相关部门（特别是财务部门）的责任和关系、各种材料采购的规定和方式、报价和价格审批等。例如，可在采购制度中规定采购的物品要向供应商询价、列表比较、议价，然后选择供应商，并把所选的供应商及其报价填在请购单上。还可规定超过一定金额的采购须附上三个以

上的书面报价等，以供财务部门或内部审计部门稽核。

（二）建立供应链信息传递框架，加强与供应商的沟通

供应链的协调运行建立在各个节点企业高质量的信息传递与共享的基础之上，有效的供应链管理离不开信息技术系统提供可靠的支持。改变原有的企业信息系统结构，建立面向供应链管理的新型企业信息系统，这是实施供应链管理的基础设施。同时，完善的信息管理系统是企业有效控制供应链管理环境下采购成本的前提，它有助于企业获得最新的市场信息，建立供应链信息传递框架，加强与供应商的沟通，与上下游客户建立良好的合作关系，运用信息技术改善采购流程，节约采购成本。

（三）实施物料分类采购和供应商分级管理体系

目前，对采购物料按其对产品质量的影响程度和使用资金额度的比重，分为重要物料和一般物料。对大宗、价值较高的重要物料实行集中采购，通过招标、集体决策，获得规模效益，降低采购和物流成本，同时易于稳定与供应商的关系。对小批量、价值低、市场资源有保证的一般物料实行分散采购，作为集中采购的有效补充，能够减少库存占用和资金占用。

对重要物料的供应商进行重点管理和控制，包括建立供应商档案，每年进行供应商业绩评价。通过招标、竞标，寻找到有实力的供应商，进一步开发物料供应市场。同时，要对重要物料供应商建立并管理供应商关系。将供应商分成不同的种类如战略型、优先型及商业型等进行管理。对价值比例高、产品质量要求高，同时又只能依靠个别供应商的战略物资采购，与供应商建立战略型关系。通过签订长远合作合同，不仅能保证供货的质量、及时的交货期，还可得到其付款及价格方面的优惠政策。在战略性合作伙伴的合作过程中，企业应与合作伙伴在产品开发、生产、质量控制、经营管理各方面进行有效的合作，尤其对供应商伙伴进行技术、管理等方面的有益扶持，非常有助于伙伴关系的持续发展，进而保证双方的长期利益。对价值比例较高但容易从不同的供应商处购得的物资，根据以往的产品质量、送货及时程度、技术规模、信誉等的业绩考核情况，选择优秀供应商，建立优先型关系。

（四）协助供应商降低成本、提高质量，进一步提高采购成本效益

企业依靠自身信息、技术优势，通过供应链内部的协调，帮助供应商降低采购、制造成本，提升产品质量，充分挖掘第一利润源，提升供应链核心竞争力，

实现共同发展，而不是以牺牲供应商利益来实现短期自身利益的最大化。

（五）通过联合采购，获取规模效益，降低采购成本

联合采购是通过与多个企业共同联手，增加单次采购的商品总量，从而可获得大额的折扣优惠。联合采购可以将中小商家联合起来，集小订单成大订单，增强集体的谈判实力，而且可以直接越过中间商，获取更多的价格优势。

拓展资源 9.5

联合采购降低成本

【本章小结】

本章主要讲述：采购价格的影响因素、采购价格的确定过程；采购成本影响因素、采购成本构成分析；采购成本控制的原则、思路、方法和意义；传统采购成本控制的局限性，以及供应链采购成本控制的策略。

【即测即练】

【复习思考题】

1. 影响采购价格的因素有哪些？

2. 常见的采购议价方法有哪些？

3. 采购成本由哪几部分构成？

4. 控制采购成本的意义是什么？

5. 影响采购成本的因素是什么？

6. 降低采购成本的有效方法有哪些？

【实践训练】

实践项目：公司采购成本诊断

任务要求：找一家自己感兴趣的公司，进行企业内部调研，了解公司某年度采购成本支出情况和采购成本控制方法，结合所学知识，诊断公司采购成本控制中存在问题，并能够帮助公司制定采购成本控制策略。

第十章 采购质量管理

【学习目标】

1. 了解采购质量管理的概念、原则和采购质量管理保证体系。

2. 熟悉供应链采购质量管理及供应链采购质量管理方法。

3. 掌握供应商采购质量控制及质量控制方案建立。

【能力目标】

1. 掌握采购质量管理基本技能。

2. 培养学生开拓创新精神和应用供应链采购质量管理方法的能力。

3. 培养学生供应商质量控制与质量管理决策能力。

【思政目标】

1. 培养学生贯彻新发展理念，树立全面质量管理意识。

2. 培养学生践行社会主义核心价值观，树立高质量发展意识。

3. 培养学生胸怀大局，树立公平公正、合作共赢的意识。

【思维导图】

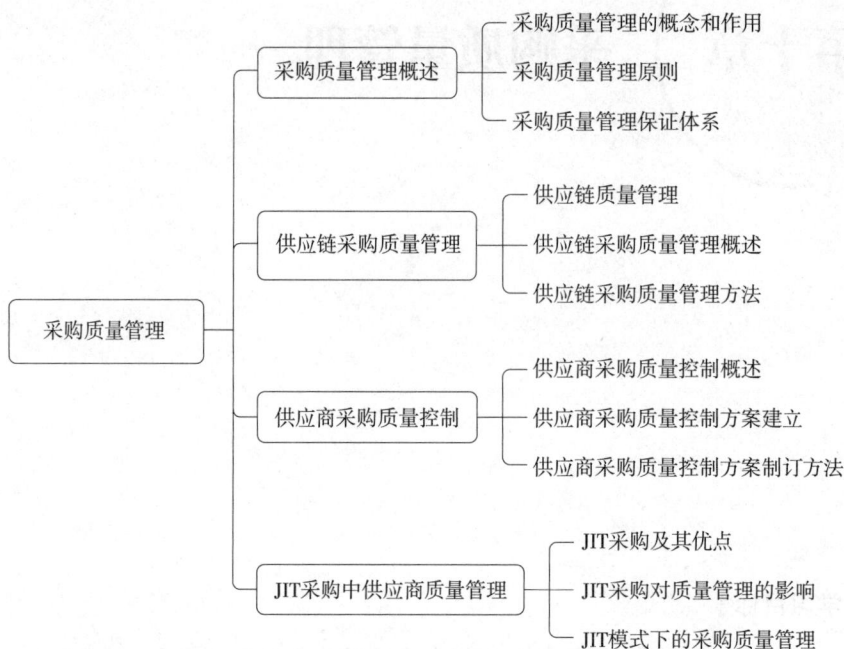

【导入案例】

比亚迪案例分析

【教学微视频】

第一节　采购质量管理概述

一、采购质量管理的概念和作用

（一）采购质量管理的概念

采购质量管理是指对采购质量的计划、组织、协调和控制，通过对供应商质量评估和认证，从而建立采购管理质量保证体系，保证企业的物资供应活动。

（二）采购质量管理的作用

（1）有利于提高企业产品和服务质量。通过制定和执行质量标准，设置质量指标及与供应商合作解决质量问题，采购部门可以提高供应商和产品的质量水平。这有助于企业提供高质量的产品和服务，满足客户的需求和期望，提高竞争力。

（2）保证企业实现再生产的重要条件。企业要实现再生产，必须使产品迅速地销售出去，实现产品到货币的转化，再以货币采购所需的物资来完成再生产任务。市场采购正是为企业尽快实现产品转化为货币，又为货币购进所需物资提供了条件，使企业再生产得以继续进行。因此，采购质量的好坏直接关系到社会再生产进行得顺利与否。

（3）是企业取得经济效益的重要一环。采购质量管理对企业能否取得良好的经济效益也有直接影响。如果企业能根据社会需要，及时、足量地购进各种价廉物美的物资，就能打开销路，扩大销售，加速资金周转，降低流通费用，增加利润，取得良好的经济效果，为企业和国家增加资金积累。

二、采购质量管理原则

（一）适当的地点

天时不如地利，企业往往容易在与距离较近的供应商的合作中取得主动权，企业在选择试点供应商时最好选择近距离供应商。近距离供货不仅使得买卖双方沟通更为方便、处理事务更快捷，亦可降低采购物流成本。

（二）适当的质量

一个不重视品质的企业在今天激烈的市场竞争环境中根本无法立足，一个优秀的采购人员不仅要做一个精明的商人，同时也要在一定程度上扮演管理人员的角色。对于物品与服务的品质，适合使用的物品和服务的品质才是最好的。采购方应该抱着符合所需的品质水准的态度，减少不必要的品质要求，以取得品质与价格间的良好平衡。另外，品质除了符合要求外，还必须维持一致性，也就是说，供应商每一次的交货品质不能有明显的差异，这样才能在排除外在因素后，确保内部生产线上的品质易于控制。

（三）适当的时间

企业已安排好生产计划，若原材料未能如期达到，往往会引起企业内部混乱，即产生停工待料，当产品不能按计划出货时，会引起客户强烈不满。若原材料提前太长时间买回来放在仓库里等着生产，又会造成库存过多，大量积压采购资金。所以对于采购方来说，计算出最佳的订购点就显得非常重要了。

（四）适当的价格

价格永远是采购活动中的敏感焦点，企业在采购中最关心的要点之一就是采购能节省多少资金，因此采购人员不得不把相当多的时间与精力放在和供应商的"砍价"上。采购方必须在"符合品质要求"的情况下，以"最合理的价格"购买到所需的物品与服务才是正确的。符合品质要求是一个很重要的前提，如果不能满足这个前提，无论供应商提出多么低的价格，都应不予考虑。也只有合理的价格，才可能保持长期的合作关系。

（五）适当的数量

批量采购虽有可能获得数量折扣，但会积压采购资金，太少又不能满足生产需要，故合理确定采购数量相当关键。因此，采购方对内应顾及有效的库存管理，达到较高的存货周转率，减少不必要的储存成本；对外则需协调供应商的经济生产批量，改进采购作业，以达到订购或制造产品数量的"损益平衡点"，让供应商有合理的利润空间。

三、采购质量管理保证体系

采购质量管理保证体系是指企业为了保证和提高采购质量，运用系统的原理和方法，设置统一协调的组织机构，把采购部门、采购环节的质量管理活动严密地组织起来，形成一个有明确任务、职责、权限、互助协作的质量管理有机体系。

建立一个完善的、高效的质量保证体系，必须做到以下几点。

（一）有明确的质量目标

质量目标是采购部门遵守和依从的行动指南。质量目标确定后，要层层下达，以保证实施。明确的质量目标要求采购人员对自己的责任有清晰的认识。他们应该意识到自己在质量管理中的重要性和责任，积极承担起相应的责任，并与其他部门紧密合作，确保质量目标的实施和达成。

（二）建立健全采购质量管理机构和责任制度

这就从组织和制度上为加强采购质量管理创造良好条件。设立质量检验机构，建立严格的质量责任制度，使采购质量管理工作事事有人管、人人有专职、办事有依据、考核有标准，使全体采购人员为保证和提高采购质量而认真工作。建立健全的采购质量管理机构和责任制度需要组织纪律的精神。各级机构和岗位要明确责任、协同配合，确保采购质量管理工作的顺利进行。采购人员应遵守组织的规章制度，按照制度要求履行职责，确保工作有序进行。

（三）建立健全采购质量标准化体系

标准（即岗位标准、操作标准、流转程度等），是衡量采购工作质量的尺度，又是采购质量管理工作的依据，只有做好标准化工作，建立健全质量标准化体系，才能保证和提高采购工作质量。建立健全采购质量标准化体系需要规范性的精神。采购人员应遵循标准化要求，按照标准执行采购工作，确保采购过程和结果符合规定的质量标准。他们应具备规范操作的能力，秉持严格执行标准的态度进行工作。

（四）加强质量教育，强化质量意识

要做好采购质量管理，没有文化和科学知识是不行的。没有文化的采购队伍，是不可能做好采购质量管理的。因此，要把质量教育作为采购质量管理的"第一道工序"来抓。质量教育要求采购人员具备学习的精神，不断提升自身的专业知识和技能。他们应主动学习相关的质量管理理论和方法，了解最新的行业标准和要求，以不断增强对质量管理的理解和应用能力。

第二节　供应链采购质量管理

一、供应链质量管理

供应链采购是一种供应链机制下的采购模式。需方和供方是合作伙伴，供应商是经过资格认证的，质量和信用是可信任的。只要需方用户把自己的需求信息向供应商及时传递，就由供应商根据用户的需求信息，预测用户未来的需求量，并根据这个预测需求量制订自己的生产计划和送货计划。

在供应链管理模式下，采购工作必须做到准时制，即供应商要按照买方所需物料的时间与数量进行供货，从而在适当的时间、地点，以适当的数量和质量提供买方所需的物料。其中，对供应商的选择和质量控制是关键。采购方式是订单驱动，用户需求订单驱动制造订单，制造订单驱动采购订单，采购订单再驱动供应商。这就使供产销过程一体化，采购管理由被动（库存驱动）变为主动（订单驱动），真正做到了对用户需求的准时响应，从而使采购、库存成本得到大幅度的降低，加快了流动资金周转的速度。其依据《中华人民共和国产品质量法》，该法规定了产品质量的要求和监督机制，包括对供应商提供的物料进行质量检验和控制，确保买方所需物料的质量符合标准。供应链采购特点如下。

（一）从采购性质看

（1）供应链采购是一种基于需求的采购。

（2）供应链采购是一种供应商主动型采购。

（3）供应链采购是一种合作型采购。

（二）从采购环境看

供应链采购环境是一种友好合作的环境，而传统采购环境是一种利益互斥、对抗的环境。

（三）从信息传递看

供应链采购实现了供应链企业之间信息连通、信息共享。

（四）从库存情况看

供应链采购是由供应商管理库存。

（五）从送货情况看

供应链采购是由供应商负责送货，而且是连续小批量、多频次地送货。

（六）从双方关系看

供应链采购活动中，买方企业和卖方企业是一种友好、合作的战略伙伴关系。

（七）从货检情况看

传统采购由于是一种对抗关系，所以常常以次充好、低进高卖甚至伪劣假冒、短斤少两，买方进行货检的力度大、工作量大、成本高。而供应链采购建立在双方协同运作基础上，往往供应方主动把控质量，采购方无须大量货检。

二、供应链采购质量管理概述

供应链采购质量管理是在供应链供需双方企业内部质量管理的基础上，从宏观上考虑实现供需双方成员企业之间质量职能和质量活动的协同、整合与优化，对分布在整个供应链范围内的产品质量的产生与形成过程进行有效和全面的管理，提高市场和最终用户的满意度，增强供应链整体竞争力，最终实现供应链成员企业经营目标的管理过程。其对分布在整个供应链范围内的产品质量的产生、形成和实现过程进行管理，从而实现供应链环境下产品质量控制与质量保证，包括供应链所提供有形产品的物理特性，还包括为顾客提供无形产品的服务质量。

其依据《中华人民共和国消费者权益保护法》，该法规定了消费者的权益保护原则和规则，适用于供应链中的最终用户和市场满意度的提升，保护消费者的合法权益。

供应链采购质量管理具有如下特点。

（1）供应链采购质量是由供应链上供需双方成员企业共同保证的，其取决于构成供应链的各成员企业的质量管理与控制水平。供应链采购质量管理需要各供应链成员企业之间建立合作关系，共同努力，互相支持和协作。合作精神促进了信息共享、资源整合和共同解决问题，提高整体供应链的质量水平。

（2）供应链采购质量管理的重点是"供应链活动中质量信息的集成"。供应链质量管理通过互联网、ERP、高级计划系统（advanced planning system，APS）、电子商务（e-business，EB）等信息技术的协同与共享，对存在于整个供应链所有活动和过程中的质量信息进行分析，发现其薄弱环节并进行有效的控制与管理。因此，供应链各节点企业信息技术的协同与共享，是保证供应链成员企业实现质量信息协同的基础，是供应链质量管理有别于企业质量管理的特点之一。供应链采购质量管理需要各供应链成员企业之间建立协同合作的精神，通过信息技术的协同与共享，实现质量信息的集成，促进供应链各节点企业间的有效沟通、协调和合作。

（3）一旦供应链出现质量问题，整个供应链将产生波动，调整过程非常复杂，调整难度较大，协调周期较长，协调成本较高。因此，供应链环境下产品质量和服务质量保证都比单一企业内的产品质量保证和服务质量保证困难得多。供应链采购质量管理需要各供应链成员企业之间建立紧密的协作关系，要通过信息共享、沟通和合作，共同解决质量问题，减少供应链中的波动和不稳定因素。

（4）供应链采购质量管理具有明显的动态性。由于分散式供应链自身就是一个松散的动态联盟，需要随目标及服务方式等的变化而变化，它随时处在一个动态调整过程中，其质量管理也具有明显的动态性。供应链采购质量管理需要鼓励创新思维。采购人员应积极探索新的方法和工具，提出创新的解决方案，推动质量管理的创新和改进，以应对不断变化的需求和挑战。

三、供应链采购质量管理方法

（一）制订联合质量计划

采购现代商品，不仅购买商品本身，而且还要购买供应商在产品设计、制造工艺、质量控制、技术帮助等方面的服务。要有效地购买供应商的这种服务，需要把供需双方的能力对等协调起来，协调的办法就是制订联合质量计划。联合质量计划一般要包括经济、技术和管理三个方面，确立共同的质量目标，明确供需双方在产品设计、制造工艺、质量控制等方面的期望和要求。双方共同努力，为实现共同目标而协同工作。

（二）向供应商派常驻代表

为直接掌握供应商商品质量状况，可由采购方向供应商派出常驻代表，其主要职责是向供应商提出具体的商品质量要求，了解该供应商质量管理的有关情况，如质量管理机构的设置，质量体系文件的编制，质量体系的建立与实施，产品设计、生产、包装、检验等情况，特别是对出厂前的最终检验和试验要进行监督，对供应商出具的质量证明材料要核实并确认，起到在供应商内进行质量把关的作用。常驻代表要与采购方紧密合作，明确采购方的商品质量要求和目标。在与供应商的合作中，其应积极推动实现这些目标，并通过不断的评估和监督，确保供应商的质量符合采购方的要求和期望。

（三）定期或不定期监督检查

采购方可根据实际情况派技术人员或专家对供应商进行定期或不定期的监督检查。通过监督检查，有利于全面把握供应商的综合能力，及时发现其薄弱环节并要求其改善，从而从体系上保证供货质量。主要监督检查双方买卖合同的执行情况，重点监督检查拟购商品的质量情况。如在生产前主要是监督检查原材料和外购件的质量状况；在生产中主要是监督检查各工序半成品的质量状况；在生产后主要是监督检查产成品的检验、试验及包装情况。需要注意的是，对关键工序或特殊工序必须作为重点进行监督检查。派遣的技术人员或专家应深入了解供应商的生产流程和工艺，对关键工序和特殊工序进行重点关注。通过深入了解供应商的质量状况，能够及时发现潜在问题和质量风险，并提出改进建议，确保产品的质量符合要求。

（四）及时掌握供应商生产状况的变化

由于企业内外部环境的变化，供应商的生产状况必然也会随之变化。采购方应及时掌握其变化的情况，对生产发生的一些重大变化，应要求供应商及时向采购方报告。如产品设计或结构上的重大变化、制造工艺上的重大变化、检验和试验设备及规程方面的重大变化等，供应商都应向采购方主动报告说明情况。采购方接到报告后，要认真分析情况，必要时应到供应商那里直接了解，主要应弄清对产品质量的影响。在多数情况下，供应商变更产品设计，采取新材料、新设备、新工艺是为了提高商品的质量和生产效率，对保证商品质量是有益的。但是也必须注意到，任何改变都有一个适应的过程，在变更的初始阶段容易造成商品质量的不稳定。这就需要通过加强最终检验和试验来把关，通过加强质量控制的最后一道防线，有效把关产品质量。

（五）定期排序

对供应商定期排序的主要目的是评估供应商的质量及综合能力，以及为是否保留、更换供应商提供决策依据。定期排序可以帮助采购方识别和管理潜在的供应风险。通过评估供应商的质量和综合能力，采购方可以及早发现潜在问题，并采取相应的风险管理措施，确保供应链的稳定性和可靠性。

（六）帮助供应商导入新的质量体系和管理方法

为有效地控制采购商品的质量，采购方应向供应商导入自己多年总结出的先进质量管理手段和技术方法，主动地帮助、指导供应商在短时间内极大地提高质量管理水平和技术水平，增强质量保证能力。采购方对供应商给予一定的帮助对供应商是有利的，对采购方自己也是有利的。对供应商的帮助是多方面的，主要目的不是扩大生产能力而是提高商品质量。以提高质量为中心，可帮助供应商组织有关人员的技术培训，进行设备的技术改造，实现检验和试验的标准化、规范化。对供应商的帮助重点是加强商品质量的薄弱环节，解决影响商品质量的关键问题。采购方与供应商共同追求质量的持续改进。通过帮助供应商组织技术培训、设备改造，推动检验和试验的标准化、规范化，不断提升商品质量和质量保证能力。

第三节　供应商采购质量控制

一、供应商采购质量控制概述

供应链管理下的供应商采购质量控制是为了通过监视供应链上供应商产品和服务质量的形成过程，消除供应商产品和各环节、各节点采购质量环上所有阶段引起不合格或不满意效果的因素，以达到相关质量要求，获取经济效益，而对供应商采用的各种采购质量作业技术策略与活动协调。供应商采购质量控制的目的是使供应商采购质量水平在一定意义下保持一定的稳定性，以有利于过程管理及分析和把握整体绩效。

供应商采购质量控制的核心是单一供应商采购质量控制策略和活动的协调，主要对单一供应商采购质量控制点及过程的质量（故障）进行控制与协调。①供应商采购质量控制点是指采购质量活动过程中需要进行重点控制的供应商对象或实体，即在采购现场的一定时间及条件下，对需要重点控制的供应商采购质量特性、关键部位、薄弱环节，以及主导因素等采取特殊的管理措施和方法，实行强化管理，使工序处于良好控制状态，保证达到规定的采购质量要求。供应商采购质量控制点具有动态特性，供应商采购质量控制活动关注的核心是各供应商采购质量策略选择的动态互动。国家标准化法律法规对产品质量的标准化进行了规定，包括产品的技术要求、检测方法等方面。供应商采购过程中可以参考相关的国家标准，确保产品质量符合规定。②供应商采购过程质量控制就是将供应商采购过程中由于人（man）、机器（machine）、材料（material）、方法（method）、测量（measure）及环境（environment）等多种因素作用，而造成的采购产品实际达到的质量特性值与规定的质量特性值之间发生的偏离，控制在限定的范围内。这种偏离被称为质量变异或质量波动。质量变异是客观存在的，存在于任何过程中，应尽量减少过程中的变异，使其控制在限定的范围内。科学精神鼓励不断优化和改进过程。通过控制质量变异，供应商可以识别和分析导致质量问题的根本原因，进而采取针对性的改进措施，优化采购过程，提高产品质量稳定性和一致性。

拓展资源 10.1

质量变异的两大类型

二、供应商采购质量控制方案建立

（一）产品设计和开发阶段对采购质量控制方案的制订

产品开发设计阶段，根据不同产品的不同要求，在产品开发设计建议书中提出先行试验项目和课题，有针对性地采用新原理、新结构、新材料、新工艺，进行先行试验，为了确保试验的效果和以后批量生产的需要，这一阶段的一项重要工作就是对供应商进行初步控制，确保在新产品设计的各个阶段及批量生产时，都能够有适合新产品或新服务需要的供应商。

1. 设计和开发策划采购质量控制

目前，越来越多的企业让供应商及早参与到产品设计和开发中来，以充分利用供应商的技术优势和专门经验，一般的做法有两种。

（1）邀请供应商参与产品的早期设计与开发，鼓励供应商提出降低成本、改善性能、提高产品质量和可靠性以及改善可加工性的意见。让供应商参与设计和开发过程，能够充分发挥其在原材料、工艺技术等方面的专业优势和经验，提前规避生产制造环节的潜在问题。这种深度协作模式不仅可以缩短产品研发周期，还能在源头上优化产品方案，使最终产品更贴合市场需求，也有助于增强供应商的责任感和归属感，促进其持续投入资源能力进行技术创新，最终形成双方相互促进、共同发展的良性循环，提升产品的综合竞争力和供应链的整体效能。

（2）对供应商进行培训，明确设计和开发产品的目标质量。与供应商共同探讨并达成一致的质量控制过程、标准和质量检验方法，采购企业表现出与供应商合作的决心和愿望。通过开放的讨论和交流，双方可以制定一致的产品质量控制标准，以确保产品达到预期的质量水平。

当然，邀请供应商参与新产品的早期开发的做法会涉及企业的技术秘密问题，因为在产品的设计和开发阶段，新产品信息和技术的秘密外泄有可能会使竞争对手抢得先机，特别是在供应商同时为企业的竞争对手供货的情况下，一定要十分注意保护企业的技术和商业秘密，防止泄密事件的发生，以免造成对供应商和企业自身的伤害。

2. 试制阶段对采购质量控制

在设计和开发阶段主要是对供应商资源的策划、优选和沟通，而在试制阶段则要求供应商提供样件，这就产生了对外购件质量检验、不合格品控制等过程。根据试制阶段的特点，这个阶段对供应商的控制可从以下几个方面入手。

（1）与供应商共享技术和资源。首先与选定的供应商签订试制合同，目的是使初选供应商在规定的时间内提供符合要求的样件。合同中应包括技术标准、产品接收准则、保密要求等内容。签订试制合同后，供应链企业应该向供应商提供更加详细的技术文件，供应商对一些技术要求可能需要一个学习、理解和掌握的过程。接着对一些特殊的资源，如检验设备、加工设备、技术人员等，供应链企业可以帮助供应商尽快获得这些资源，形成生产能力，满足试制的要求。通过与供应商签订试制合同，采购企业与供应商建立了合作关系，共同追求试制样件的成功交付。合同中明确了技术标准、产品接收准则和保密要求等内容，为双方提供了共同的目标和框架。这种合作与共赢的价值观念促使双方共同努力，实现试制目标，并在成功交付样件后建立更深入的合作关系。

（2）对供应商提供的样件的质量检验。在试制阶段，由于供应商提供的产品或服务数量有限，仅仅是为了保证产品试制的需要，这个阶段的供应商一定会自然成为供应链企业大批量生产阶段的供应商，因而没有必要对供应商进行全面的控制。对供应商提供的样件一般采用全数检验，但是有时候也可能需要进行抽样检验，如供应商提供的是流程性材料、破坏性检验、服务或数量比较大的产品。其体现灵活性、效率和信任的价值观，采购企业在试制阶段与供应商之间建立了良好的合作关系。这种价值观的体现有助于提高合作效率，加强双方之间的沟通与协调，并为未来的合作打下坚实的基础。同时，它也体现了对供应商能力的肯定和尊重，为建立长期稳定的供应关系打下了良好的基础。

（3）对供应商质量保证能力的初步评价。经过试制阶段对供应商提供产品进行综合分析，可以得出对供应商评价的初步结论。供应链企业对供应商的评价内容一般包括质量、价格、供货的及时性、信誉等，参加评价的人员包括生产人员、设计人员、工艺人员、质量管理人员、检验人员和计划人员等。其体现客观性、合作性和持续改进的价值观，供应链企业能够建立公正、合作的供应商评价体系。这种价值观的体现有助于促进供应商与采购企业之间的合作和信任关系，激发双方的改进动力，并推动供应链的持续发展和改进。同时，它也体现了企业对质量、效率和创新的追求，为形成良好的企业文化和品牌形象奠定了基础。

（4）产品质量问题的解决。这个阶段还不存在批量检验的问题，返工、返修和让步接收的数量都不会很大，主要还是解决改进方面的问题，包括产品质量的改进、供应商选择的改进。由于产品处于样品试制阶段，可能有些样件的质量达不到设计要求，这时供应链企业可以帮助供应商分析过程，选择改进的切入点，改进样件的质量。

在不影响最终产品质量的前提下，供应链企业与供应商之间的技术妥协有时也许是不可避免的。有些技术问题短期内无法解决，回避这些问题对供应链企业的最终产品没有影响或者影响不大。这时，双方的技术人员可以进行重新设计或设计更改，形成折中方案，在双方都能接受的条件下对设计输出进行必要的修改。其体现灵活性、合作性和创新性的价值观，供应链企业与供应商之间能够建立积极的合作关系，共同解决问题和改进产品质量。这种价值观的体现有助于促进双方之间的相互理解和支持，提高工作效率和质量水平，同时也可以提高企业的持续发展和创新能力。

（二）批量生产阶段对采购质量的控制方案

供应链企业在批量生产过程中，对采购质量控制主要包括监控采购质量保证能力、监控供应商的产品质量测量系统、审核采购质量管理体系、进行进货质量检验、推动采购质量改进，以及处置来自供应商的不合格品和解决质量问题等活动。

1. 对供应商质量保证能力的监控

批量生产阶段，供应商提供的产品或服务的质量直接决定了供应链企业向顾客提供的产品或服务的质量特性，供应链企业在与供应商合作的过程中，应监控采购质量保证能力的变化，为了使监控有效，供应链企业应就此与供应商达成一致，并遵循协商一致的标准和程序。监控的目的一般有两个：一是防止采购质量保证能力出现下降的情况，确保最终产品或服务的质量。二是与供应商共同发现改进的机会，寻找改进的切入点，在更高层次上创造价值。这个阶段的供应商质量保证能力监控常用的方法有过程能力分析、产品质量测量系统分析和质量管理体系分析等。通过这些方法评估供应商采购质量，并与供应商共同制订改进计划和目标。

（1）供应商过程能力分析。过程能力是指过程加工质量方面的能力，它是衡量过程加工内在一致性的，是稳态下的波动范围。过程能力是决定供应商是否有能力稳定地连续提供符合质量要求的产品的一个决定性因素。当供应商的过程能力不足时，供应商提供合格产品只是一个良好的愿望，即便是加大检验力度，也只能是在短期内有效，很难持续。所以，对过程能力不足、短期改进无望的供应商，应该停止合作。

（2）供应商产品质量测量系统分析。企业对供应商产品质量控制，离不开产品质量数据分析，缺少足够的数据，仅仅靠经验和直觉对供应商产品质量进行选择和评价，其风险是不言而喻的。对供应商产品质量评价和控制所使用的数据大多是由测量提供的，如果测量数据失真或误差很大，都会导致采购行为的缺陷或失败。因此，在批量生产阶段，为了确保采购质量，应该建立良好的供应商产品质量测量系统进行质量监控。

拓展资源10.2

建立产品质量测量系统的基本要求

（3）供应商质量管理体系分析。供应链企业要对采购质量管理体系的实施进行日常的监视和测量，及时跟踪其质量的波动，防止供应商产生的质量问题波及供应链企业。对于供应商质量管理体系的监视和测量，一般可以采取以下的方法。

①关注供应商的内部质量管理体系审核。采购质量管理体系是保证产品持续符合要求的基础，因此，采购企业应该关注供应商质量管理体系的有效性。除了对供应商质量管理体系进行第二次审核外，协助供应商保持质量管理体系的有效性也是企业确保采购产品持续合格的重要手段。

供应商的内部质量管理体系审核是对其质量管理体系的符合性、适宜性和有效性进行的例行检查，作为采购企业，应密切关注供应商质量管理体系内部审核的策划、实施及审核后纠正和预防措施的落实。首先采购企业应该获得供应商质量管理体系文件的有效版本，认真分析文件，对采购质量职能分工、供应商企业结构、质量方针、质量目标等有个清楚的了解。然后根据平时供货情况，采购企业应对供应商质量管理体系的运行状况、存在的问题和改进的方向有一个比较清楚的认识，在供应商进行内审策划时，对于审核的重点、审核员的素质、时间的安排等，采购企业都可以提出自己的建议。最后对审核中出现的不合格品要按照纠正措施的要求认真分析原因，消除不合格品及其产生的原因，防止不合格品的再次发生。

②关注供应商数据分析和质量持续改进。数据分析是质量管理体系持续改进的前提，只有正确的质量数据分析，才能及时发现质量管理体系的波动，及时、有效地采取纠正和预防措施，保证质量管理体系和产品符合规定的要求。采购企业在与供应商的接触过程中要了解其数据分析的应用情况，必要时还可以指导其正确地使用统计方法。

2. 质量检验的管理

对于采购质量控制来讲，质量检验的管理主要是进货检验和库存质量控制。

（1）进货检验。为了保障采购产品的质量，企业需要对采购产品实施质量检验或其他必要的活动，以确保采购的产品满足规定的采购要求。进货检验控制主要涉及以下三个方面。

①进货检验站的设置。进货检验通常有两种形式：一种是在采购企业处进行检验。这是较普遍的形式。采购产品进厂后由进货检验站根据规定检验，合格品接收入库或直接送达生产线，不合格品退回供应商或另做处理。另一种是在供应商处进行检验，对某些重型产品或运输条件比较高的产品是合适的，一旦检查发

现不合格，供应商可以就地进行处置，采购企业也可以就地与供应商协商处理。

②检验和控制。批量生产时供应商提供的产品一般属于连续批量的产品，在经过对供应商的评价、小批试制阶段的改进等措施后，供应商的产品质量应该是比较稳定的。但是，有时也会有异常因素的入侵，导致突发性的变异，所以采购企业要防止这种突发性变异的产品投入使用，就要对供应商交付的产品进行检验和控制。

采购企业要编制进货检验和验证的指导文件，内容包括：明确进货检验人员的职责；规定送检手续，确定检验或试验的方法；规定产品接收准则和有权放行的人员；对于不合格品的处置办法和特殊情况的处理办法；规定记录要求。

当货物到达时，检查部门根据实际情况对样品或整体进行规定的技术检查，并准备一份检查报告，说明结果。如果产品不符合要求，通常还需要完成一份更为详细的报告来叙述拒绝的原因。通常来说，拒收的产品对于采购企业是没有价值的，所以企业应该立即和供应商协商处理这些产品。

③采购产品的标识和管理。采购产品的检验和试验状态应以适当的方式加以标识，以确保通过采购产品验证的合格产品能够入库或投入使用。通常企业应根据产品的具体情况规定合适的标识方法，以便能够识别产品是否经过检验和试验、检验后的结果是否合格。特别是对于不合格的产品，应有醒目又容易识别的标识，并且最好进行隔离存放，以免误用。同时对标识要进行管理，防止标识损坏、丢失、混用等现象的发生。如产品的一部分投入生产使用，并且因此而破坏了原来的标识，应该及时重新进行标识。

（2）库存质量控制。库存质量控制是指进入企业仓库的采购产品的质量控制，仓库管理人员的业务素质和责任是有效实现采购产品质量控制的一个组成部分，库存质量控制主要靠仓库管理人员来进行。

①到货控制。采购产品到货，要按照采购人员提供的采购文件进行验收，验收的内容有运单、数量、包装等，检查产品是否有损坏情况，验证随货提供的合格证明或其他质量证明文件等。保管人员要检查产品的标识，必要时，要根据企业的规定对采购产品重新进行标识。

仓库管理人员要对到货产品进行登记，登记的内容有产品的名称、供应商、运单号、随货证件、数量、到货日期、规格型号及在数量上、质量上不合格的情况。采购人员、保管人员和仓库管理人员都承担着各自的责任，负责验证和记录采购产品的信息，确保质量和数量的准确性。这培养了他们对自己工作的责任感和重要性的认识。

②入库前的检查。仓库管理人员应及时对进厂产品进行检查，内容有：查看随货合格证明和其他质量文件；按运单检查数量；检查包装和产品的外观质量；查看产品的规格型号是否与要求一致；查看质量检验部门提供的检验记录或检验报告。

进货检验完成后，质量检验人员应按照公司文件的要求向仓库管理人员提供检验记录或检验报告，仓库管理人员凭检验记录或检验报告办理入库手续，检验不合格的产品不得入库，并按照规定及时通知供应商进行处置。仓库管理人员需要对产品的质量要求有清晰的认识，并通过检查合格证明、质量文件及检验记录或报告，确保产品符合质量要求。

（3）入库手续。仓库管理人员接到检查人员提供的合格率和合格报告后，应及时办理入库手续。采购产品可能并不实现真正意义上的"入库"，而直接进入生产线，按照传统的定义，这种情况仍然称为产品"入库"。"入库"手续也由于技术和管理的进步而不断变化，特别是计算机的广泛使用，更是加速了这种变化。

通常的入库步骤为：①通知采购人员产品入库的情况，并通知财务人员。②产品从待检区移入仓库或直接送生产线，必要时对产品重新进行标识，并按规格型号分类存放。有的产品需要进行拆包、清洗、涂油、重新包装等。完成这些过程之后，产品进入保管状态。③在记录上登记进货日期和检查报告的编号等其他仓库记录。

3. 不合格品的处置

不合格品的处置对于企业来说很重要，所以企业首先应制定专门程序，并形成文件，一旦采购产品在进货检验中发现不合格，工作人员能够按照程序文件规定的职责、过程和方法有条不紊地实施控制。

（1）不合格品的确定。不合格品的确定就是根据文件的要求，检查产品是否符合要求，对不符合要求的产品判定为不合格的过程。一般来说，对于较明显的不合格，采购企业和供应商之间的分歧不会很大，但对"擦边球"或供应商故意做了手脚的产品，有时判别起来就需要检验人员特别注意。采购企业的检验人员在履行检验职能的过程中，对于可疑的产品，必须认真加以鉴别。

（2）标识、沟通与记录。在进货检验时，一旦发现不合格品，应及时进行标识，必要时进行隔离处理，并做好记录。对于非正常的不合格现象，应按照文件规定的程序及时通知供应商，协商解决的办法。在进行标识和隔离处理过程中，仓库管理人员需要细致观察产品，并确保不合格品被正确地隔离和标记。

（3）处置。对于采购产品的不合格品，一般由供应商进行处置，通常的办法有返工、返修、报废和让步接收等。

三、供应商采购质量控制方案制订方法

供应商采购质量控制方案制订方法主要分为两大类：第一类为定性方法，如直观判断法；第二类为定量方法，如线性权重模型。

（1）直观判断法。直观判断法是主要根据征询和调查所得的资料并结合个人的分析判断，对采购质量控制方案进行分析、评价的一种方法。其主要是倾听和采纳有经验的采购人员意见，或者直接由采购人员凭经验作出判断。

（2）线性权重模型。首先确定采购质量控制方案所依据的标准，给每个标准确定一个合适的权重，然后将采购质量控制方案在各标准上的得分乘以该标准的权重，进行综合处理得到一个总分，最后根据每个采购质量控制方案的得分进行比较和选择。线性权重模型通过确定合适的权重，将不同标准的得分进行综合处理，以获得一个总分来比较和选择采购质量控制方案。

第四节　JIT 采购中供应商质量管理

一、JIT 采购及其优点

准时采购的基本思想是：在恰当的时间、恰当的地点，以恰当的数量、恰当的质量提供恰当的物品。准时采购对供应链管理的意义在于增强了供应链的柔性和敏捷性，体现了供应链管理的协调性、同步性和集成性，供应链管理需要准时采购来保证供应链的整体同步化运作。

JIT 采购与传统采购具有很大的区别：①对供应商数量的选择不同。传统的采购模式一般是多头采购，供应商的数目相对较多。准时采购采用较少的供应商，甚至单源供应。②对供应商的选择标准不同。在传统的采购模式中，供应商是通过价格竞争而选择的。但在准时采购模式中，选择供应商需要进行综合评估，在评价供应商时，价格不是最主要的因素，质量才是最重要的标准。③对交货准时性的要求不同。准时采购的一个重要特点是要求交货准时，交货准时取决于供应

商的生产与运输条件。④对信息交流的需求不同。准时采购要求供应与需求双方信息高度共享，保证供应与需求信息的准确性和实时性。⑤制定采购批量的策略不同。小批量采购是准时采购的一个基本特征。

准时采购的优点：大幅度减少原材料和外购件的库存；提高采购物资的质量，准时采购把质量责任返还给供应商，从根源上保障采购质量；降低原材料和外购件的采购价格，由于供应商和制造商的密切合作及长期订货，再加上消除了采购过程中的一些浪费（如订货手续、装卸环节、检验手续等），就使购买的原材料和外购件的价格得以降低。

二、JIT 采购对质量管理的影响

传统制造业正在向 JIT 模式转变，质量管理也受到巨大的影响。传统的大批量生产的经营模式下，企业和顾客主要关注的是产品的可靠性，以及质量水平与成本的权衡。产品的成本越低、质量越高，顾客也就越满意。但是在 JIT 环境下，可靠性已经成为产品不可或缺的基本条件，不同企业产品的质量水平差距不是很大，仅凭可靠性已经很难令顾客满意了。作为一种新型的经营战略，JIT 非常重视为应对新的竞争环境所应当具有的质量管理能力，其中一些基本的 JIT 质量管理要素如表 10-1 所示。

表 10-1   JIT 质量管理要素

管理要素	内容
快速反应	采取相应的质量措施，保证企业能够对市场需求的变化作出迅速、准确的反应
供应商与顾客支持	与供应商建立长期的协作伙伴关系，共同提供令顾客满意的产品和服务，深入顾客经营过程，增强顾客的增值能力
工作环境的改善与强化	领导的责任在于创造适合团队、体现员工价值、激发员工创造力的环境，在企业范围内创造开放的、并行的、相互协作的工作环境
质量改进与创新	坚持持续改进的原则，勇于创新，不断使企业的质量管理水平得到飞跃
企业的全面集成	全面集成成员企业的核心能力和质量管理能力，增强企业产品和服务的竞争优势

在 JIT 模式下，企业应充分利用各种管理理论，将质量管理与 JIT 模式相结合，建立面向 JIT 模式的质量管理体系。JIT 模式下的质量管理体系与传统的质量管理系统在管理理念、体系结构、运作机制、作用范围、实现目标等方面具有很大的不同。它必须突破传统模式下的流程式的管理方式，针对虚拟企业的合作特点，

将传统的企业质量管理变为质量合作，要求跨地区的合作成员间产生的质量活动符合公认的标准，以便在合作的过程中始终贯彻统一的质量管理标准。要实现上述的质量管理要求，首先要在企业内部进行一系列的基础性准备工作，包括质量观念的转变、质量管理组织重构等。

（一）JIT 模式下质量文化

质量文化是供应链企业在长期的经营活动中形成并共同遵循的核心质量价值观，是供应链企业与内部员工、企业与供应商、企业与顾客之间涉及质量问题的行为规范总和，也是实现最高质量目标的质量观念。质量文化是企业文化的核心组成部分，可以逐步地从无形的文化外化为企业的质量方针、质量目标和管理制度等。建立优秀的供应链企业质量文化可以使企业和员工树立科学的质量价值观，把质量放在优先地位，保证供应链企业质量方针和目标的实现。JIT 环境下，因为顾客需求日益个性化和多变化，质量管理从以前的以产品为中心向以顾客为中心转变。企业间的协同合作关系也导致了质量管理观念和具体措施的变化。传统的质量管理控制以变异的流程式控制为主，知识经济时代则注重服务、个性化生产，强调多元经济，以及不同供应链企业的协同集成化生产。质量管理面对的将是单件、小批量和分散网络化的研发生产过程，供应链企业要认识到这种变化，及时转变质量观念，培养适应新竞争模式的质量文化。

（二）JIT 模式下质量形成过程

为了提高供应链企业应对市场机会的即时性和有效性，必须对传统的质量实现过程进行结构优化和再设计。首先，应当分析产品质量形成过程，研究确定全过程的每个阶段的质量职能。然后，根据目前竞争环境的需要，识别质量形成过程中有待改进的环节进行改进。在传统的流程式生产过程中，质量的形成过程往往受各种因素的干扰，以及包含由于认识角度的不同形成的各种认识差异，最终产品的质量很难真正满足顾客需求。优化供应链企业的质量实现过程，消除质量形成过程中的干扰和认识差异，有助于提高产品的质量水平和市场认可度。优化供应链企业的质量实现过程还应关注社会责任和可持续发展，确保产品质量和环境保护的一致性，遵守法律法规和道德规范，树立良好的企业社会形象，推动社会的和谐发展。

（三）JIT 模式下质量与速度的统一

一种常见的传统质量观念是"欲速则不达"，即认为缩短每个工序的执行时间，加快工作进度，往往会导致过程出错的概率增大，进而造成质量下降或是返工成本的增加。但是在 JIT 模式中，速度往往会成为决定供应链企业成败的关键因素，快速响应顾客需求并进入市场往往意味着能够获取丰厚的利润，行动迟缓则意味着利润降低甚至失去盈利的机会。如果速度和质量是对立的关系，那么这种没有质量保证的"JIT"是没有任何意义的，JIT 实现的前提是必须保证产品的质量，因此，JIT 必须将速度与质量统一起来。JIT 模式强调快速响应顾客需求和快速进入市场，这有助于提升本国产品的竞争力。通过快速交付高质量的产品，供应链企业可以赢得国内外市场份额，推动本国产业的发展。JIT 模式的实施需要高效的供应链和生产流程，这需要各环节协同合作，并提供高质量的产品。

（四）JIT 模式下的质量管理组织变革

适应 JIT 模式的质量管理组织应该是高度柔性和高度学习能力的单元化组织，如以项目质量小组为基本单元单位。这类质量小组不是固定的组织建构，而是根据不同的项目要求精心组建，随着项目的更替进行调整和重组。质量小组的任务是围绕项目特点和要求，负责项目生命周期内的质量控制。小组内的人员可以来自不同的职能部门，进而增强企业的内部协作性，优化企业的供应链质量管理体制。不同的项目质量小组可以组成扁平化网络组织结构，共同构建供应链企业高效的 JIT 质量管理体系。这样的组织形式减少了管理层级，可以及时地与虚拟供应链企业内的其他质量部门进行沟通，共享质量信息。供应链企业的质量管理组织不仅要具有自适应性，还应具有多个供应链企业间的动态协调性，与其他供应链企业的质量管理组织建立互补、高效的联结，构建更大范围的质量管理体系。通过分享质量信息、优化资源利用和提高质量管理效能，供应链企业可以更好地协同合作，提高整体供应链的质量水平。此外，适应 JIT 模式的质量管理组织需要高度柔性和高度学习能力的团队，这促使供应链企业培养具备专业知识和技术能力的人才，通过不断学习和使用新的质量管理方法与工具，提升自身的技术水平和创新能力。

三、JIT 模式下的采购质量管理

JIT 模式下的采购质量要求采购企业认真制定所购产品的设计和制造规格，包括：定义产品应符合的指标，明确检测要求，确定产品的可靠性和可维护性，满足交付和包装的要求，解决相关责任和环保方面的问题等。

JIT 模式下的采购质量管理一般需具备以下条件。

（一）采购人员需要建立有效的 JIT 信息源

信息获得的方法有很多，如期刊上采购指南、工业刊物、采购目录、广告等。这些信息可以告诉采购人员市场上有什么样的产品，或者供应商现在最急于出售的产品是什么。此外，通过与推销员的面谈也可以额外获得一些有效的 JIT 信息，如竞争对手的信息、其他相关供应商的信息及一些独立机构对市场所做的分析研究等。通过获取 JIT 信息，采购人员可以了解市场上不同供应商的情况和竞争态势。这有助于采购人员与本国供应链内的其他企业建立合作关系，共同推动供应链的发展和优化。通过加强供应链内部的协作，优化资源利用和提高整体供应链的效率，采购人员可以促进本国供应链的发展和增强国内产业的竞争力。

（二）进行 JIT 现场检验

JIT 现场检验能够使采购人员确定供应商提供产品的能力，同时表明企业正在认真地考虑与供应商合作的可能性。通过 JIT 现场检验，供应商会感到采购企业希望自己提供满足企业需求的产品。通过进行 JIT 现场检验，采购人员向供应商传递了企业对产品质量的重视和对供应商能力的认可。这有助于提升企业的形象和声誉，树立企业在市场上的信誉和竞争力。

（三）建立客观的 JIT 供应商评估程序

采购人员应及时客观地评估供应商，任何评估系统的目的都是按照对采购企业来说重要的标准，考查所有的供应商。采购人员将从中及时、准确地选择最好的三四个供应商进行更深入的评估，这样做的目的是及时、准确地确定每个候选者的强项和弱点，使企业确定哪个供应商最有希望提供需要的产品。通过评估供应商的强项和弱点，采购人员可以准确选择最有希望提供所需产品的供应商。

（四）及时选择最好的候选者提供产品

在选择过程中，价格并不是唯一考虑的因素，其他因素如技术能力、交付表现、信誉、财务前景及生产能力等也是非常重要的，并且只要是能收集到的信息都必须重新检查，必须得到所有证明人的相关意见。这样做的目的就是得到一个能够在指定时间，以合理的价格提供规定质量的产品的供应商。通过充分考虑技术能力、交付表现、信誉、财务前景和生产能力等因素，采购人员可以选择最符合国家利益的供应商。这有助于支持本国企业和产业的发展，提高国家的经济竞争力。选择具备合理价格和规定质量的供应商，有助于确保国家在市场上获得最佳的产品和服务。

【本章小结】

本章主要讲述了：采购质量管理的概念和作用；采购质量管理的原则，是适当的地点、适当的质量、适当的时间、适当的价格和适当的数量；采购质量管理保证体系；供应链采购质量管理的概念、特点和方法。供应商采购质量控制对于采购质量管理至关重要，本章主要概述了：供应商采购质量控制的概念；供应商采购质量控制方案的建立及控制方案的制订方法。本章还考虑了 JIT 采购对采购质量管理的影响及 JIT 模式中的采购质量管理具备的条件。

【即测即练】

【复习思考题】

1. 什么是供应链质量？供应链质量具有哪些特点？

2. 供应链质量管理具有哪些特点？

3. 准时采购与传统采购有哪些区别？

4. 准时采购的优点是什么？

5. 建立一个完善的采购质量管理保证体系需要做到几点？

6. 供应链采购质量管理方法有哪些？

【实践训练】

实践项目：案例分析

任务要求：扫描二维码阅读"丰田汽车召回事件"案例素材，通过网络查阅资料了解丰田公司严格的质量管理体系，分析造成丰田公司产品质量问题的深层次原因及其启示，撰写案例分析报告，并进行小组内部讨论和意见交流。

拓展资源 10.3

丰田汽车召回事件

第十一章 采购库存控制

【学习目标】

1. 了解库存控制的概念、作用等。

2. 熟悉采购库存控制方法技术。

3. 掌握供应链采购库存控制基本方法。

【能力目标】

1. 掌握采购库存控制基本技能。

2. 培养学生对采购库存控制定性分析与定量分析方法与技能的掌握能力。

3. 掌握供应链库存控制新方法与新技能。

【思政目标】

1. 培养学生辩证的库存思维和艰苦奋斗、厉行节约精神。

2. 引导学生树立良好的职业素养和责任意识，培养艰苦奋斗、开拓创新精神。

3. 培养学生时代精神、科学思维和合作共赢意识。

【思维导图】

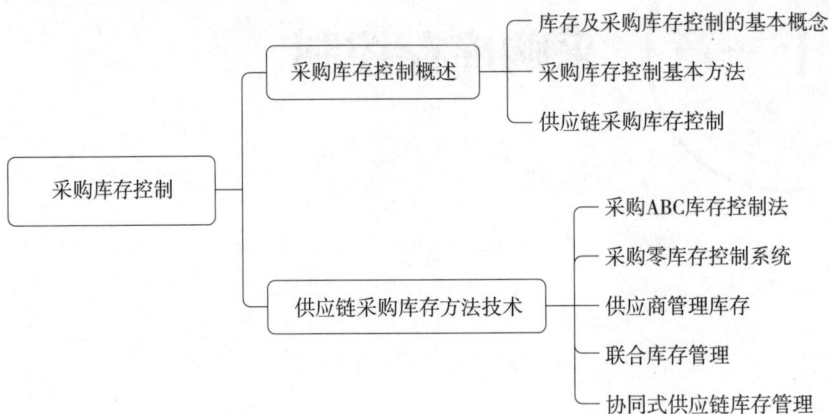

【导入案例】

中石化国勘公司供应链采购库存控制的数字化之路

【教学微视频】

第一节 采购库存控制概述

一、库存及采购库存控制的基本概念

（一）库存基本概念

库存是指企业在生产经营过程中为销售或耗用而暂时储备在仓库中的材料物资和商品。企业生产经营活动不断地进行，而物资的生产和消耗在空间与时间上往往是分离的，正是这种分离，决定了物资要经过运输和储存阶段，这样就形成了一定数量的库存。在企业生产经营中，尽管库存是出于种种经济考虑而存在，但是库存也是一种无奈的结果，它是由于人们无法精确预知未来的需求，不得已而采用的应对外界变化的手段。在流动资产中，存货的流动性最差，库存过高会造成企业的投资成本增加，影响企业的经济效益指标；库存过低或短缺则影响销售收入或使生产脱节，两者都影响企业的正常运转。

（二）采购库存控制基本概念

采购库存控制是对制造业或服务业生产、经营全过程的各种物品、产成品及其他资源进行管理和控制，使其储备保持在经济合理的水平。库存控制是使用控制库存的方法得到更高盈利的商业手段。库存控制是仓储管理的一个重要组成部分。它是在满足顾客服务要求的前提下通过对企业的库存水平进行控制，尽可能降低库存水平、提高物流系统的效率，以提高企业的市场竞争力。

在需要确定的前提下，增大每次的采购批量有利于减少采购成本和缺货成本，但是会使库存量增加，引起库存持有成本上升。合理的库存控制，使库存的总成本最低，是库存控制管理的主要目标。

库存从某种角度上来说是企业物料管理的核心。库存控制具有调节和缓冲供需之间矛盾，使生产均衡进行的正面作用。归纳起来，库存及其控制具有以下几个方面的作用。

1. 缩短供货周期，提高服务水平

当企业维持一定水平的成品库存时，顾客的订货可以立即提取，从而使企业的供货周期大幅度缩短，服务水平显著提高。

2. 缓解供需矛盾，维持生产均衡

在当代激烈竞争的社会中，企业面临的外部市场需求越来越不稳定。在这种情况下，外部市场需求的波动与企业内部按均衡性组织生产的客观要求之间的矛盾加剧。此时，满足顾客需求和维持生产均衡的双重目标，客观上要求企业维持一定的成品库存。

3. 防止运营中断，确保运营过程的连续性

企业运营过程一般会涉及多个环节，如果不维持一定的在制品库存，一旦某个环节因故障而停工，则其下游环节的运营也会因缺少相应的物料输入而停止。可见，维持一定的在制品库存是确保企业运营过程连续性的前提。

4. 防止短缺，确保正常供应

维持一定量的库存可以防止短缺和脱销，也可以应对各种需求或供应的变化，起到应急和缓冲的作用。

5. 降低成本，获取规模效益

通常通过设立库存，可以实现采购、运输和制造方面的规模经济。

总之，库存控制具有以下作用：①在保证企业生产经营需求的前提下，使库

存量经常保持在合理水平上。②掌握库存量的动态变化，适时适量地提出订货策略，避免出现冗余或缺货现象。③减少仓储空间的占用，降低仓储总成本费用。④控制库存物资的资金占用，加速资金周转等。

（三）采购管理与库存控制的关系

降低库存控制成本是采购管理中的关键一环，而整体库存成本的控制又离不开采购管理的配合。可以说，采购管理与库存控制有着密不可分的关系。

（1）采购管理是库存控制的重要手段。库存控制的手段很多，如控制进货批量、控制进货时间、减小安全库存量等。但是控制库存的根本有效的途径绝不仅限于这些"治标"的方法，而是应该从供应链管理的大局着眼，抓准库存的成因，从流程上进行控制，这种全面的库存控制概念离不开采购管理的配合。采购库存控制策略的制定，必须考虑与采购策略的配合及采购管理水平，不论是安全库存水平的设定、订货批量的设定，还是物料需求的计算和发出、厂商出货量和批量的控制，都必须考虑现有采购管理水平和采购策略的配合度。采购管理的配合可以培养采购人员的责任意识。他们需要对库存控制负责，确保库存水平符合需求，并避免过高或过低的库存水平。通过有效的采购管理，他们能够更好地履行自己的职责，推动自身责任意识的发展。在这个意义上，库存控制目标的实现，离不开合理的采购策略的配合，采购库存控制策略的展开执行，需要有效的采购管理建立的合理的采购管控流程的支持和良好的供应商合作伙伴关系的配合。采购管理需要与供应链上下游各环节紧密合作。采购人员需要具备良好的协作能力，能够与供应商、仓储部门、销售团队等各方有效沟通和协调，共同实现库存控制的目标。通过与各方的合作，采购人员的协作能力得到锻炼和提升。

（2）采购管理应该以库存控制目标为导向。采购的最基本职能是满足需求，而在企业实际运营中，物料需求必定是以客户订单需求展开，在考虑采购库存控制指标的基础上确定的。因此采购管理，从根本上是以库存控制目标为导向的。另外，在先进的企业管理中，采购管理除担负最基本的满足需求的职能外，更要以降低成本为重要目的，而库存成本则是企业运营成本中的重中之重。从这个意义上讲，采购管理也必须要以采购库存控制目标为导向。

（3）采购管理与库存控制虽然有所区别，但都是以供应链管理的整体目标为最终目的的。它们的共同目标都是提高企业管理运作效率，降低企业运营成本。它们都是供应链管理中的关键环节，两者相互依存、不可分割。

二、采购库存控制基本方法

采购库存控制始于工业革命，先后经历了：泰勒和吉尔布雷斯夫妇所领导的科学管理及工作研究；1915 年哈里斯发展库存管理的数学模型所带来的决策模型时期；20 世纪 70 年代由计算机带来的 MRP 系统；20 世纪 80 年代、90 年代的 MRP Ⅱ；丰田汽车公司大野耐一创立的 JIT 系统；20 世纪 90 年代以来信息系统的应用以企业资源为主轴的 ERP 系统；21 世纪倡导的供应链管理。

采购库存控制的理论推陈出新以适应社会的发展，具体到操作层面上，可以将采购库存控制划分为两个时代：基本库存控制方法和供应链库存控制方法。在具体操作上，基本库存控制方法有定量采购法、定期采购法等。供应链库存控制方法有 ABC 库存分类法、零库存控制法、供应商管理库存、及时系统、联合库存管理（jointly managed inventory，JMI）和协同规划、预测与补货（CPFR）等。本节主要介绍基本库存控制方法。

（一）定量采购法

定量采购法是指根据固定的再订货点和经济订货批量组织存货采购与进行日常控制的存货管理方法，指当库存量下降到预定的最低库存数量（订货点）时，按规定数量 [一般以经济批量（EOQ）为标准] 进行采购补充的一种采购成本控制方式。

经济订货批量是指使存货总成本 TC 达到最低点的订购批量。经济订货批量的确定模型有多种形式，本节主要介绍三种模型。

1. 经济订货批量基本模型

需要设立的假设条件是：企业能够及时补充存货，即需要订货时便可立即取得存货，能集中到货，而不是陆续入库，不允许缺货，无缺货成本，即为零，这是因为良好的存货管理本来就不应该出现缺货成本，需求量稳定并且能预测，即 D 为已知常量，存货单价不变，不考虑现金折扣，即 U 为已知常量，企业现金充足，不会因为现金短缺而影响进货。所需存货市场供应充足，不会因买不到需要的存货而影响其他。

设立上述假设后，储备存货总成本的公式可以简化为

$$TC = F_1 + \frac{D}{Q} \times K + D \times U + F_2 + \frac{Q}{2} \times K_c \qquad (11-1)$$

式中，TC 为年存货总成本，元；D 为年需求量，个或件；Q 为每次订货量，

个或件；K 为每次订货变动成本，元；U 为单位物品的购入成本，元 / 个或件；K_c 为每单位物品每年的储存成本，元（K_c 中的 C 为变量的下标，用来区别两个不同变量 K_c 与 K。）；F_1 为年总订货固定成本，元；F_2 为年固定储存成本，元。

当 F_1、K、D、U、F_2、K_c 为常数量时，TC 的大小取决于 Q。为了求出极小值，对 TC 进行求导演算，可得出下列公式：

$$Q^* = \sqrt{\frac{2KD}{K_c}} \qquad (11\text{-}2)$$

这一公式称为经济订货批量基本模型，可使得求出的每次经济订货批量达到最小值。这个基本模型可以演变为其他形式。

每年的最佳订货次数计算公式为

$$N^* = \frac{D}{Q} = \frac{D}{\sqrt{\dfrac{2KD}{K_c}}} = \sqrt{\frac{DK_c}{2K}} \qquad (11\text{-}3)$$

与批量有关的存货总成本计算公式为

$$TC(Q^*) = \frac{KD}{\sqrt{\dfrac{2KD}{K_c}}} + \frac{\sqrt{\dfrac{2KD}{K_c}}}{2} \times K_c = \sqrt{2KDK_c} \qquad (11\text{-}4)$$

最佳订货周期计算公式为

$$t^* = \frac{360}{N^*} = \frac{360}{\sqrt{\dfrac{DK_c}{2K}}} \qquad (11\text{-}5)$$

经济订货量占用资金计算公式为

$$I^* = \frac{Q^*}{2} \times U = \frac{\sqrt{\dfrac{2KD}{K_c}}}{2} \times U = \sqrt{\frac{KD}{2K_c}} \times U \qquad (11\text{-}6)$$

经济订货批量基本模型是在前述各假设条件下建立的，但现实生活中能够满足这些假设条件的情况十分少见。为使模型更接近于实际情况，具有较高的可用性，需逐一放宽假设，同时改进模型。

2. 持续到货的经济订货数量模型

一般情况下，企业的存货不能做到随用随补充，因此不能等库存用光再去订货，而需要在没有用完前提前订货。在提前订货的情况下，企业再次发出订货单时的库存量称为再订货点，用 R 来表示，其数量等于交货时间 L 和每日平均需要量 d 的乘积，即

$$R = L \times d \tag{11-7}$$

在建立基本模型时，假设存货一次性全部入库，故存货增加则存量变化表现为一条垂直的直线。事实上，各批存货可能陆续入库，使存量陆续增加。尤其是产成品入库和在制产品的转移，几乎总是陆续供应和陆续耗用的。在这种情况下，需要对基本模型做一些修改。

设每批订货量为 Q，由于每日送货量为 P，故该批货全部送达所需日数为 Q/P，称之为送货期，因零件每日耗用量为 d，故送货期内的全部耗用量为（Q/P）$\times d$，由于零件边送边用，所以每批货送完时的最高库存量为

$$E = Q - \left(\frac{Q}{P}\right) \times d \tag{11-8}$$

平均库存存量则为

$$\bar{E} = \left[Q - \left(\frac{Q}{P}\right) \times d\right] \div 2 \tag{11-9}$$

与存货批量有关的总成本为

$$\text{TC} = \frac{D}{Q} \times K + \frac{1}{2} \times \left(Q - \frac{Q}{P} \times d\right) \times K_c = \frac{D}{Q} \times K + \frac{Q}{2} \times \left(1 - \frac{d}{P}\right) \times K_c \tag{11-10}$$

在储存变动成本与订货变动成本相等时，TC 有最小值，故存货陆续供应和使用的经济订货量公式为

$$\frac{D}{Q} \times K = \frac{Q}{2} \times \left(1 - \frac{d}{P}\right) \times K_c \tag{11-11}$$

$$Q^* = \sqrt{\left(\frac{P}{P-d}\right)\frac{2KD}{K_c}} \tag{11-12}$$

将式（11-12）代入上述 TC 计算公式，可得出存货陆续供应和使用的经济订货量总成本公式为

$$\text{TC}(Q^*) = \sqrt{2KDK_c\left(1 - \frac{d}{p}\right)} \tag{11-13}$$

3. 有保险储备的订货数量模型

前述讨论是在假定存货的供需稳定且确知的情况下进行的，即每日需求量不变，交货时间也固定不变。但实际上，每日需求可能变化，交货时间也可能变化。按照某一订货批量（如经济订货量）和再订货点发出订单后，如果需求增大或者送货时间延迟，就会发生缺货或供货中断，为防止由此造成的损失，就需要多储存一些存货，以备应急之用，称为保险储备（安全存量）。这些存货在正常情况下不动用，只有当存货过量使用或送货延迟时才动用，有保险储备下的再订货点的计算公式为

再订货点 = 交货时间 × 平均日需求 + 保险储备

即

$$R = L \times d + B \tag{11-14}$$

式中，R 为再订货点；L 为交货时间；d 为平均日需求；B 为保险储备。

建立保险储备固然可以使企业避免缺货或供应中断造成的损失，但存货平均储备量加大却会使储备成本升高。研究保险储备的目的，就是要找出合理的保险储备量，使缺货或供应中断损失和储备成本之和实现最小化。其方法是先计算出各不同保险储备量的总成本。然后再对总成本进行比较，选出其中总成本最低的方案作为最令人满意的方案。

假设与保险储备相关的总成本为 $TC(S, B)$，缺货成本为 C_S，保险储备成本为 C_B，则

$$TC(S, B) = C_S + C_B \tag{11-15}$$

设单位缺货成本为 K_u，一次订货缺货量为 S，年订货次数为 N，保险储备量为 B，单位存货成本为 K_c，则

$$C_S = K_u \times S \times N \tag{11-16}$$

$$C_B = B \times K_c \tag{11-17}$$

$$TC(S, B) = K_u \times S \times N + B \times K_c \tag{11-18}$$

现实中，一次订货缺货量 S 具有不确定性，其概率可根据历史经验估计得出，保险储备量 B 可选择而定。

（二）定期采购法

定期采购是指按预先确定的订货间隔期间进行采购补充库存的一种方式。企

业根据过去的经验或经营目标预先确定一个订货间隔期间。每经过一个订货间隔期间就进行订货，每次订货数量都不同。在定期采购时，库存只在特定的时间进行盘点，如每周一次或每月一次。定期采购法示意图如图 11-1 所示。

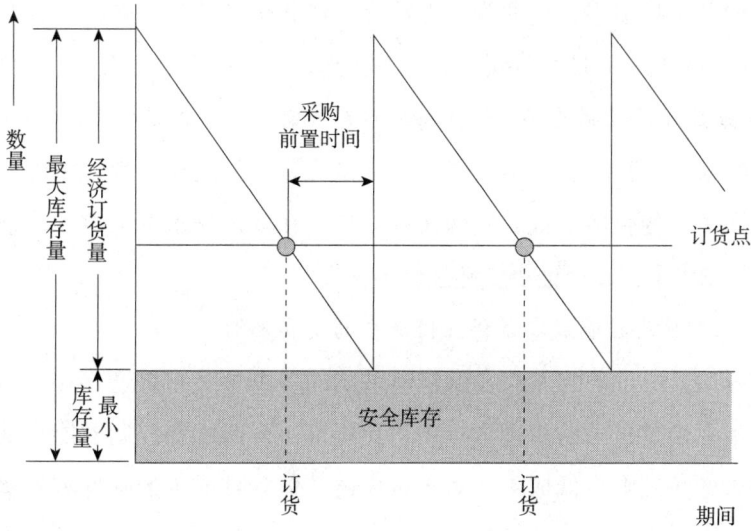

图 11-1 定期采购法示意图

采购量 = 平均每日需要量 ×（订购时间 + 采购间隔期）+ 保险储备 – 实际库存量

订购周期是指从提出订购、进货、检验直到入库的整个周期所需要的时间。

三、供应链采购库存控制

供应链管理通过和供应商的紧密合作与信息共享，有效削弱了原来供应链上的"牛鞭效应"，大大降低了库存，甚至消除了以往建立的缓冲库存，从而达到双赢的效果。但是我们可以发现在此过程中，通过 VMI、JIT、JMI 等现代采购库存控制方法，供应商管理的库存大大增加了。也有人认为核心企业通过供应链管理将库存的风险转嫁给了供应商。

供应链管理中的采购库存控制，不同于传统意义上狭隘的仓储管理，供应链中的采购库存控制是指以整个供应链管理的目标为导向，以降低库存成本和提高整个供应链应对市场变化的弹性为目的，通过对整个供应链上的库存进行管控，使各个环节的库存在满足需求的前提下最小，从而减少供应链中的总体资源闲置和资金积压，最终达到最大限度地减少供应链库存成本的目的。采购库存控制作为供应链管理的重要内容，其在供应链管理中的重要作用如下。

（一）采购库存控制是供应链顺畅运行的基本保证

采购库存控制包括对原材料、半成品、成品的采购库存管控，它们存在于供应链采购的各个环节中，企业为了保证供应链各个环节的顺畅衔接，必须在采购各个库存环节保持一定的库存量，以应对实际运营中的不确定因素。

（二）采购库存控制是供应链保持应对客户需求变化弹性的保障

有效的采购库存控制，不仅仅会保证供应链运作的连贯性，更可以保持供应链应对客户需求变化的弹性，它像海绵一样，在客户需求突然增加或减少时，放出存量或吸纳多余，以保证供应链运营的弹性。

（三）采购库存控制成本是供应链成本的主要来源

如前所述，由于采购库存在供应链采购的各个环节中普遍存在，因此采购库存控制成本在供应链采购管理成本中占比很高。采购库存控制若能在满足供应链各方面需求的基础上降低成本，对于供应链整体管理成本的降低和效率的提高将是一个巨大的贡献。

总之，基于供应链的采购库存控制，要求企业从传统的只注重自身的采购库存控制转向注重整个供应链的采购库存控制，尽量减少需求放大现象，建立供应链上企业的战略联盟关系，实现信息共享和协同作业，通过整个供应链服务水平的提升和采购库存成本的降低，实现供应链上企业的共赢，进而实现供应链上各节点企业的客户响应水平的提升和运营成本的降低，在供应链环境下，库存不再是资源的闲置或暂时性的储备，而是企业之间或部门之间没有实现无缝连接的结果。因此，采购库存控制和管理的真正本质不是针对物料的物流管理，而是针对企业采购业务过程的工作流管理。

拓展资源11.1

传统采购库存控制
弊端

第二节　供应链采购库存方法技术

一、采购 ABC 库存控制法

（一）基本概念

ABC 分析法由意大利经济学家维尔弗雷多·帕累托（Vilfredo Pareto）首创。

1879 年，帕累托提出了著名的"二八"定律：社会财富的 80% 掌握在 20% 的人手中，而余下的 80% 的人只占有 20% 的财富。这种"关键的少数和次要的多数"的理论，被广为应用到社会学和经济学中，并被称为帕累托方法。该分析方法的核心思想是在决定一个事物的众多因素中分清主次，识别出少数的但对事物起决定作用的关键因素和多数的但对事物影响较小的次要因素。后来帕累托方法被不断应用于管理的各个方面。

1951 年，管理学家 H.F. 戴克（H. F. Dickie）将其应用于采购库存控制，命名为 ABC 法。1951 年，美国通用电气公司（GE）的戴克在对公司的库存产品进行分类时发现，数量仅占 10% 的物料，其价值约占全体的 70%；相反地，价值仅占 10% 的物料，其数量约占全体的 70%。于是他根据销量、现金流量、前置时间或缺货成本，依其重要程度将采购库存分成 A、B、C 三大类：① A 类为重要产品。② B 类为次重要产品。③ C 类为不重要的产品，从而提出了依据价值大小而做不同程度管理的基本原则。

也就是说，ABC 库存分类管理法是指将库存物品按品种和占用资金的多少，分为特别重要的库存（A 类）、一般重要的库存（B 类）和不重要的库存（C 类）三个等级，然后针对不同等级分别进行管理与控制，这样的分类管理法可以实现的作用有压缩库存总量、释放占压资金、库存合理化与节约管理投入等。

ABC 库存分类管理法的优点是明显的，这种方法把"重要的少数"与"不重要的多数"区别开来，使企业将工作重点放在管理重要的少数库存品上，既加强了管理，又节约了成本。但是，这种管理方法忽视了 C 类和 B 类库存品对企业的影响，某些 C 类和 B 类库存品的缺乏，会对企业生产造成严重影响，甚至会导致整个装配线的停工待料。企业应树立整体观念，将库存管理与供应链管理相结合，以优化整个供应链的效率和流畅性。在库存管理决策中考虑到整个供应链的各个环节，并与供应商和其他相关方保持良好的沟通与合作，共同提升整体价值观。

（二）采购库存 ABC 管理措施

采购库存 ABC 管理，针对 A、B、C 三类不同的材料，一般采取下面的不同管理措施。

A 类材料品种少但占用库存资金比例高，是日常管理的重点。控制 A 类材料的主要措施有：①精确计算每次采购量和再次采购量，严格按照预定的数量、时间组织采购。适当减少每次采购量和安全库存量，尽量增加采购次数，尽量使实际库存处于较低水平，以节约存储成本。②对库存材料实行定期检查和实地盘点，及时掌握实际库存量、未来需求量和采购点等情况，以保证日常控制工作的正常进行。③密切注意市场变动，认真进行市场预测和经济分析，尽可能使采购量符合实际需求，以避免积压或缺货。通过对 A 类材料的严格控制和精确计算采购量，企业能够节约存储成本，有效管理资金和物资资源。

B 类材料的数量和资金占用比例均处于中间状态，对其库存的控制不必像对 A 类材料那样严格，但也不宜过于宽松，一般可以按大类确定采购数量和储备金额，并注意生产经营中的重要程度和采购难易度。按大类确定采购数量和储备金额，既能保持库存的合理水平，又能保持供应的稳定。

C 类材料的品种数量多但占用资金比例小，故对其库存控制可以粗略一些，可采用定量订货控制，集中采购，并适当扩大储备金额、安全库存量和每次采购量，相应减少订货次数。这种统筹规划的做法能够提升采购效率和供应链的整体运作效果。

（三）ABC 库存分类管理法的操作步骤

ABC 库存分类管理法的实施，需要企业各部门的协调与配合，并且建立在库存物资各种数据完整、准确的基础之上。其主要操作步骤如下。

1. 收集数据

在对库存品进行分类之前，要收集有关库存品的年需求量、单价及重要程度信息。这些信息可以从企业的车间、采购部、财务部、仓库管理部门获得。

2. 处理数据

利用收集到的年需求量、单价，计算出各种库存品的年耗用金额。

3. 编制 ABC 分析表

把各种库存品按照年耗用金额从大到小的顺序排列，并计算累计百分比。

4. 确定分类

按照 ABC 分类法的基本原理，对库存品进行分类。一般说来，各种库存品所占实际比例，由企业根据需要确定，并没有统一的数值。

5. 绘制 ABC 分析图

把库存品的分类情况在曲线图上表示出来（图 11-2）。

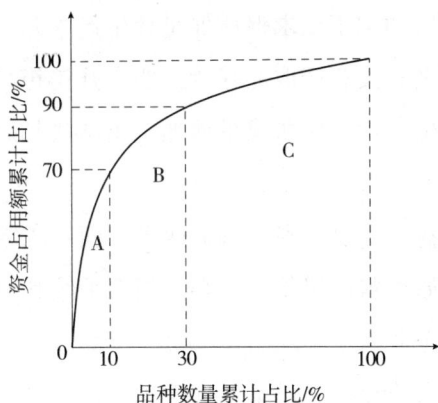

图 11-2　ABC 曲线分析图

二、采购零库存控制系统

（一）零库存的概念

"零库存"是一种特殊的库存概念，其对工业企业和商业企业来讲是个重要分类概念。零库存是以仓库储存形式的某种或某些种物品的储存数量很低的一个概念，甚至可以为"零"，即不保持库存。对于某些可将库存转移给其他企业的企业而言，零库存可以相对做到，但基于整个供应链而言，零库存不可能存在。

零库存可追溯到 20 世纪的六七十年代，当时的日本丰田汽车实行 JIT 生产，在管理手段上采用了看板管理，以单元化生产等技术实行拉式生产，以实现在生产过程中基本没有积压的原材料和半成品。这种前者按后者需求生产的制造流程，不但大大地降低了生产过程中库存和资金的积压，而且在实现 JIT 的这个过程中，也相应提高了相关生产活动的管理效率。而生产零库存在操作层面上的意义，则是指物料（包括原材料、半成品和产成品）在采购、生产、销售等一个或几个经营环节中，不以仓库储存的形式存在，而均处于周转的状态。也就是说，零库存的关键不在于适当不适当，这和是否拥有库存没有关系，问题的关键在于是产品的存储还是周转的状态。

（二）零库存管理目的

为了消除产品制造周期中可能存在的"停工待料"或"有料待工"等浪费现象。JIT 要求做到在供、产、销三个环节上都没有库存储备量，即达到零存货。要达到零存货，就要求企业必须选择好稳定、可靠的供应商将所需的原材料、外购件等适时送达生产现场交企业使用。各生产程序之间也不保存半成品，前道生产程序应根据下道生产程序的加工要求保质保量地生产，并适时送达后一道生产程序。在销售环节上也要做到没有产成品存货，要广开销售渠道，建立完备的销售体系，做到在最后一个生产程序保质保量地加工出产成品后，就能够及时将产品销售出去。

　　企业实现零存货的益处主要表现在以下两个方面：①零存货消除了原材料的库存现象，大大节省了原材料的保管、储存、领发手续和对原材料存货的确认和计价等方面的开支。②企业由于实现了零存货，产品成本不受期初存货成本结转的影响，这不仅可以大大简化产品成本的计算工作，而且当期产品成本中没有掺杂上期成本高低的因素，从而有助于正确评价企业当期生产经营工作的质量和经营业绩。实现零库存可以简化产品成本的计算工作，避免了期初存货成本对产品成本的影响，确保了当期产品成本的准确性和透明度。这为企业提供了正确评价当期生产经营工作质量和经营业绩的依据。

拓展资源 11.2

零库存形式

三、供应商管理库存

（一）供应链管理库存的概念及来源

　　供应链管理是一种集成的管理方式，它从全局的角度对供应链上的物流、信息流及资金流进行控制和调度。而采购库存控制则是供应链管理的重要组成部分之一，由于企业组织与管理模式的变化，与传统的采购库存控制相比有许多新特点和要求。随着市场竞争的不断加剧，供应链管理环境下传统库存控制模式的弊病显得更为突出：各节点企业为了应对需求的突发性变化和保护自己的利益，往往提高库存水平，以备不时之需，从而大大增加了供应链的总体库存成本，结果增加了供应链的运作成本、降低了其整体竞争优势。这在企业之间的竞争日益转变为供应链之间的竞争的情况下，无疑不利于供应链上的企业在竞争中取得主导优势地位。因此，企业有必要改革传统的库存控制方法，寻求新的库存控制模式来降低库存成本，而供应商管理库存模式能够很好地解决这一管理难题。

　　VMI 是为制造商或供货商提供客户服务策略的信息系统。根据 EDI、企业资源管理（enterprise resource management，ERM）系统通过互联网提供的信息，供货商可以迅速了解销售点的存货，然后通过预先设定的程式计算得知需要补充的货物种类和数量，以此把销售点的存货维持在适当的水平，最终达到降低物流中心库存成本、提高客户服务质量的目的。这种库存管理策略打破了传统的各自为政的库存管理模式，体现了供应链的集成化管理思想，适应市场变化的要求，是一种新的、有代表性的库存管理思想。

VMI 管理模式是从 QR（quick response，快速响应）和 ECR（efficient customer response，有效客户响应）基础上发展而来，其核心思想是供应商通过共享用户企业的当前库存和实际耗用数据，按照实际的消耗模型、消耗趋势和补货策略进行有实际根据的补货。由此，交易双方都变革了传统的独立预测模式，尽最大可能地减少由于独立预测的不确定性导致的商流、物流和信息流的浪费，降低了供应链的总成本。

中华人民共和国国家标准《物流术语》中对 VMI 的定义是，按照双方达成的协议，由供应链的上游企业根据下游企业的需求计划、销售信息和库存量，主动对下游企业的库存进行管理和控制的库存管理方式，即 VMI 将管理零售商销售点的库存的权限交给供应商，也就是说供应商在买方提供的需求信息的基础上为买方管理库存的一种优化供应链水平的方法。它是在电子数据交换的基础上，实现供应商和批发商的信息交换，它是一种在用户和供应商之间的合作性策略，以对双方来说都是最低的成本优化产品的可获得性，从而使缺货的机会大大减少，较好地改变了用户的满意度和销售状况。更具体说，供应商通过及时地获得零售企业的商品销售、库存数据等信息，更准确地预测和分析零售商的商品需求，并及时地调整和部署进货、库存、调拨活动，实现对零售商库存的主动监控、管理和补货，从而为零售商提供更为优质、高效的服务，减少商品缺货和断档现象，实现对消费者需求的高效响应。由于供需双方信息共享，供应商能够直接了解买方所掌握的市场需求情况，避免了信息扭曲和失真的状况，防止了"牛鞭效应"的产生。VMI 与传统库存管理方法的区别见表 11-1。

表 11-1　VMI 与传统库存管理方法的区别

项目	VMI	传统库存管理方法
买方补货决策	供应商为买方决策	买方单独决策，供应商执行
信息	共享	不共享
双方合作关系	紧密	不紧密

续表

项目	VMI	传统库存管理方法
供应链库存成本	低	高
互利性	共赢	很难达到共赢
互动性	高	低
协议性	强	弱

（二）VMI 能给企业带来的直接利益

1. 降低买方库存

实施了 VMI，最显而易见的好处是降低了买方库存，从而减少了买方的库存成本，原因是在实施 VMI 后供应商承担了补货的工作，也因此承担了将货物及时送达买方的责任。这样，买方对安全库存的需求就大大降低了。供应商在承担更多责任的同时也拥有了更大的权力，它能够控制订货的前置期，也更频繁地了解买方的库存信息，这也大大降低了买方对安全库存的需要。这些因素综合作用的结果就是买方的库存水平大幅度降低。VMI 通过降低买方库存成本、减少库存风险，同时提升供应商的责任和权力，实现了双方的利益最大化和共享价值。

2. 降低供应商库存

实施供应商管理的另一个好处是降低供应商库存。在 VMI 的情况下，供应商降低库存量是通过和买方的信息共享与更频繁的补货实现的。由于信息的沟通，供应商能对异常的市场需求情况如市场做促销活动等早做准备，避免了传统情况下供应商靠增加库存量来应对异常的市场需求情况。VMI 使供应商能够更频繁地了解买方的需求和市场情况，通过及时的信息共享，供应商可以快速调整生产和补货计划，以适应市场需求的变化。

3. 频繁的补货使需求的预测更平稳

需求波动是大多数供应商所面临的主要问题，它不仅影响了顾客服务水平的提高，也影响了企业的收入。对于同一需求波动曲线，较短时间间隔内需求波动比较长时间间隔内需求波动要小得多。供应商在面对较平稳的需求时，就能维持较低的库存水平。从长期看，需求的平稳化是供应商库存水平降低的主要动力。但通过平稳需求实现降低库存的前提是，供应商有相当一大部分的产品是实行VMI 的。实践证明，许多供应商在实行 VMI 后库存水平没有降低的原因在于：实施 VMI 的产品只占所有产品的一小部分。

4.有效降低采购双方的管理费用

在管理费用方面，实施 VMI 对双方的好处是很明显的。买方不但节省了采购时间，还节省了相应的人力、物力、财力。另外，由于更好、更频繁的信息沟通，双方花费在错误订单、协调订单与发货分歧等方面的费用将大大减少。实施 VMI 后，双方都大大提高了各自的销售额。缺货情况的减少和库存成本的降低是买方销售增加的主要原因。对供应商来说，由于通过信息的共享可以得到买方的库存数据、市场情况和更多的业内信息，其可以适当地在不同的产品间分配投资，从而提高销售额和投资回报率。

5.促进采购双方共同发展

VMI 在为双方实现可观的直接利益的同时，还带来了巨大的潜在利益。通过实施 VMI、实现信息共享，实际上供需双方建立起了一种长期稳定的供应链合作关系。这种合作关系，虽然在短期很难给双方带来明显的利益，但从长期看，会给双方带来巨大的潜在收益。

首先，这种合作关系会使双方的目标趋于一致。如果供应链上下游企业之间没有稳定的合作关系，同时市场上的需求剧烈波动或无法预测，双方企业通常只会采取对自身有利的行动，即使这样的决策是以另一方的损失为代价，当然这样的决策往往也会威胁决策方的长期利益。然而，当双方有稳定的合作关系时，双方会采取互惠互利的行动。例如，供应商为了长远利益会在短期承担一定损失以使买方实现销售目标。这种供应商自我牺牲的行为在没有稳定的合作关系时是不可能发生的，因此，长期稳定的合作关系下目标的趋同，对双方都有很大的潜在收益。其次，建立长期稳定的合作关系可以提升双方的竞争力。例如，丰田帮助其供应商建立以准时制生产、看板管理、全面质量管理为核心的丰田式生产管理，并花费大量资金为其供应商培训相关人员，不仅提高了供应商的运营效率，也使丰田自身的运营效率得到了提高。这在没有建立合作关系前是不可想象的。最后，建立长期稳定的合作关系可以提高双方企业的效率。这种效率的提高来源于双方企业的熟悉。因为两个个体的认知曲线是一条时间同效率成正比的曲线，双方认知时间越长，效率就越高，耗费资源就越少。例如，经过长期合作，买方的总工程师就知道出了问题后应该与供应商的哪位工程师协调解决，因此，节省了到处打听寻找相关人员的时间与精力。

当然，实施 VMI 对企业也会有不利的影响。由于采购的职能转移给供应商，供应商的某些管理费用有所提高，甚至会抵消库存成本和管理费用订货次数的增加，为数量折扣的使用设定了一定的障碍。买方会丧失一定的控制权和灵活度，长期的合作关系也可能使双方失去创新的动力。另外，在实施 VMI 的最初阶段会由于人员不熟和系统的调整而影响工作效率或造成差错。但总而言之，只要经过精细缜密的安排，实施 VMI 能优化双方企业的运营，提升竞争力。

四、联合库存管理

（一）联合库存管理的概念和基本思想

联合库存管理是一种基于协调中心的库存管理模式，更多地体现了供应链节点企业之间的协作关系，能够有效消除供应链中的"牛鞭效应"，提高供应链同步化程度。这种模式强调供应链节点企业同时参与、共同制订库存计划，从而使供应链管理过程中的每个库存管理者都能从相互的协调性来考虑问题，保证供应链相邻两节点之间的库存管理实体对需求预测水平的高度一致，从而消除需求变异放大的影响。任何相邻节点需求的确定都是供需双方协调的结果，库存管理不再是各自为政的独立运营过程，而是供需的连接纽带和协调中心。

联合库存是一种基于协调中心的库存管理办法，是解决供应链系统中各节点企业的相互独立库存运作模式导致的需求放大现象、提高供应链同步化程度的一种有效的库存控制方法。不同于 VMI 集成化运作的决策代理模式，联合库存是一种风险分担的库存管理模式，地区分销中心就体现了一种简单的 JMI 思想。简单来说，JMI 就是基于协调中心的 JMI 系统模式。

JMI 思想最先体现于地区分销中心，传统的分销模式是分销商根据市场需求直接向制造商订货，而货物到达分销商则需要一定的时间，因为部分顾客不愿意等待这段缺货时间，为了避免因为缺货而带来的损失，分销商不得不进行库存备货，造成分销商难以承受的巨大库存成本。地区分销中心的运作有助于减少对外来货物的依赖，提高国内经济的独立性和自给能力。通过加强本土供应链和市场供应能力，国家能够更好地掌握经济命脉，减小外部风险对国内经济的影响。

如在美国，通用汽车公司销售 500 万辆轿车和卡车，平均推销商要维持 60 天的库存，其库存费用占汽车价值的 22%。而采用地区分销模式后，大量的库存由地区分销中心储备，各个分销商只需要少量的库存，从而减轻了分销商的库存压力。地区分销中心的实质是将分销商的一部分库存转移过来进行管理，从而起到了 JMI 的作用，基于此，我们对现有供应链进行扩展和重构，就形成以协调为指导中心的 JMI 模式，如图 11-3 所示。

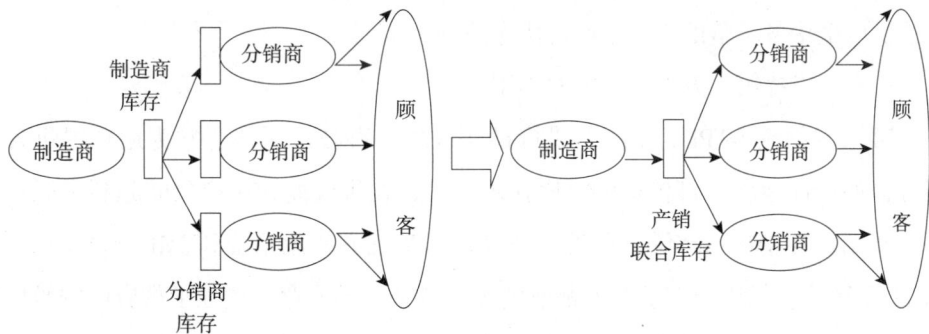

图 11-3　联合库存下的供应链模式图

从纯粹的供应链整合理论来看，在把产品从制造商运送到零售商的过程环节越少越好。从物理上把制造商库存和分销商库存产销联合库存，对其进行统一管理、协同规划、预测与补货管理，将大大减少库存量。JMI 节点企业同时参与，共同制订库存计划，使供应链上的每个库存管理之间能够做到协调性考虑，保持供应链相邻的两个节点之间的库存管理一致，消除了需求变异放大现象，从而充分利用了供应链资源。

（二）供应链环境下 JMI 实施策略

1. 建立一个有效的协调管理机制

建立供需协调管理机制，明确各自的目标责任，建立合作沟通的渠道，可以为供应链 JMI 提供有效的机制。可从以下四个方面考虑建立供需协调的管理机制。

（1）建立供需双方共同合作目标。

（2）联合库存的协调控制机制，由 JMI 中心对需求、订货、供货等作出规划，并协调供需双方利益。

（3）建立一种信息沟通的平台系统。

（4）建立一种公平的利益分配和激励机制。

2. 建立纵向信息支持系统，在 JMI 中加强对信息的快速响应

信息系统通过供应链节点企业 EDI 平台或电子商务来建立，将条码技术、POS（销售终端）系统、订单自动处理系统等集成起来。在信息系统中，要做到信息共

享及信息获得具有透明性和及时性。

充分利用 MRP Ⅱ 和 DRP（配送需求计划）系统。在 JMI 中应分别在原材料 JMI 中心采用制造资源计划系统（MRP Ⅱ），在产销 JMI 中心采用 DRP 系统，在供应链系统中将这两种资源计划系统很好地结合起来，提高供应链资源的集成度，加强供应链中各环节的协调平衡与协作关系。

3. 充分发挥第三方物流系统的作用

第三方物流（TPL）系统是供应链集成的一种技术手段。它为用户提供各种服务，如产品运输、订单选购、库存水平等，在供应商和用户之间起到了联系的桥梁作用。在 JMI 中，供方和需方都直接与第三方物流系统和 JMI 中心相连，如图 11-4 所示。供应与需求双方都取消了各自独立的库存，增强了供应链的敏捷性和协调性。通过充分发挥第三方物流系统的作用，可以推动国内物流业的发展和提升。第三方物流系统提供的各种服务和技术手段可以提高物流效率、降低成本，为供应链的顺畅运作提供支持。

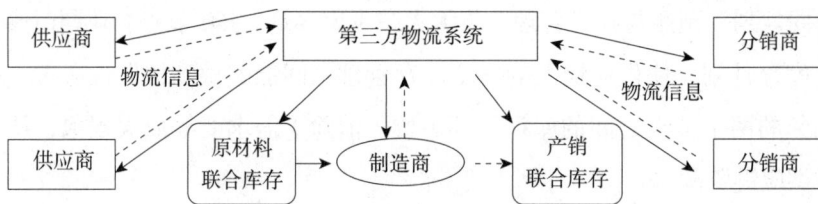

图 11-4　第三方物流与 JMI

供应链 JMI 有两种模式：①各个供应商的零部件都直接存入核心企业的原材料库中，就是变各个供应商的分散库存为核心企业的集中库存。集中库存要求供应商按核心企业的订单或订货看板组织生产，产品完成时，立即按小批量、多频次的配送方式直接送到核心企业的仓库中补充库存。在这种模式下，库存管理的重点在于核心企业根据生产的需要，保持合理的库存量，既能满足需要，又要使库存总成本最小。②供应商和核心企业都不设立库存，核心企业实行无库存的生产方式，此时供应商直接向核心企业的生产线进行连续小批量、多频次的货物补充，并与之实行同步生产、同步供货，从而实现"在需要的时候把所需要品种和数量的原材料送到需要的地点"的操作模式。这种准时化供货模式，由于完全取消了库存，所以效率最高、成本最低，但是对供应商和核心企业的运作标准化、配合程度、协作精神要求也高，操作过程要求也严格，而且二者的空间距离不能太远。

基于协调中心的 JMI 和传统的库存管理模式相比，具有以下优点：减少了供应链中的需求扭曲现象，降低了库存不确定性，提高了供应链的稳定性，为实现供应链的同步化运作提供了条件和保障。供应商和分销商通过信息共享对库存进行联合管理，以库存信息为联系的中介平台，有利于发现供应链管理中存在的缺点和问题。为实现零库存管理、准时采购和精细供应链管理提供了运作平台和技术理论基础。供应商和分销商共同管理库存，协商库存内控制策略，进一步体现了供应链管理整体资源共享和风险分担的原则和特点。JMI 为实现供应链的同步化运作提供了条件和保障。通过供应商和分销商之间的信息共享和联合库存管理，可以实现订单和库存的同步，减少供需之间的不匹配和时间延迟。这有助于提高供应链的运作效率和灵活性，为国内企业的竞争力和发展创造有利条件。

同时，基于协调中心的 JMI 和传统的库存管理模式相比也有其不足之处，即零售商分布的地域广阔造成的运输问题阻碍联合库存控制系统的整合。在短时间内，运输手段的提高、运输时间的减少、运输费用的降低、技术的实现都将是极其缓慢的，因此在建立联合库存控制时，需引入第三方物流系统。第三方物流系统是一种实现物流供应链集成的有效方法和策略，它通过协调企业之间的物流运输和提供后勤服务，把企业的物流业务外包给专门的物流管理部门，特别是一些特殊的物流运输业务网。

五、协同式供应链库存管理

（一）协同式供应链库存管理的概念

协同式供应链库存管理（collaborative planning forecasting and replenishment，CPFR）是 20 世纪 90 年代末出现的一种协同式的供应链库存管理技术，建立在联合管理库存和供应商管理库存的最佳分级实践基础上，同时摒弃了两者的缺点，体现了供应商和零售商之间的协调与合作关系。协同式供应链库存管理的产生是供应链在市场竞争中不断降低供应链成本的内在要求，是现代企业管理模式发展的必然产物，是供应链集成化发展的要求。

协同式供应链库存管理也称协同规划、预测与补货，是一种协同式的供应链库存管理技术，它在降低销售商的存货量的同时，也增加了供应商的销售额，采取了多赢的原则，始终从全局的观点出发，制订统一的管理目标及实施方案，以库存管理为核心，兼顾供应链上其他方面的管理。因此，协同式供应链库存管理更有利于实现双方更广泛深入的合作，帮助制订面向客户的合作框架、基于销售报告的生产计划，进而消除供应链过程约束等。协同式供应链库存管理通过协同合作和信息共享，可以更好地应对市场的变化和风险。供应链合作伙伴可以及时获取市场信息、需求预测等数据，进行快速反应和调整，提高供应链的韧性和灵活性。这有助于国内企业应对市场竞争和不确定性的挑战，保持供应链的稳定和可持续发展。

（二）协同式供应链库存管理实施的基本步骤

协同式供应链库存管理的实施主要分为三部分：协同规划、协同预测、协同补货，如图 11-5 所示。

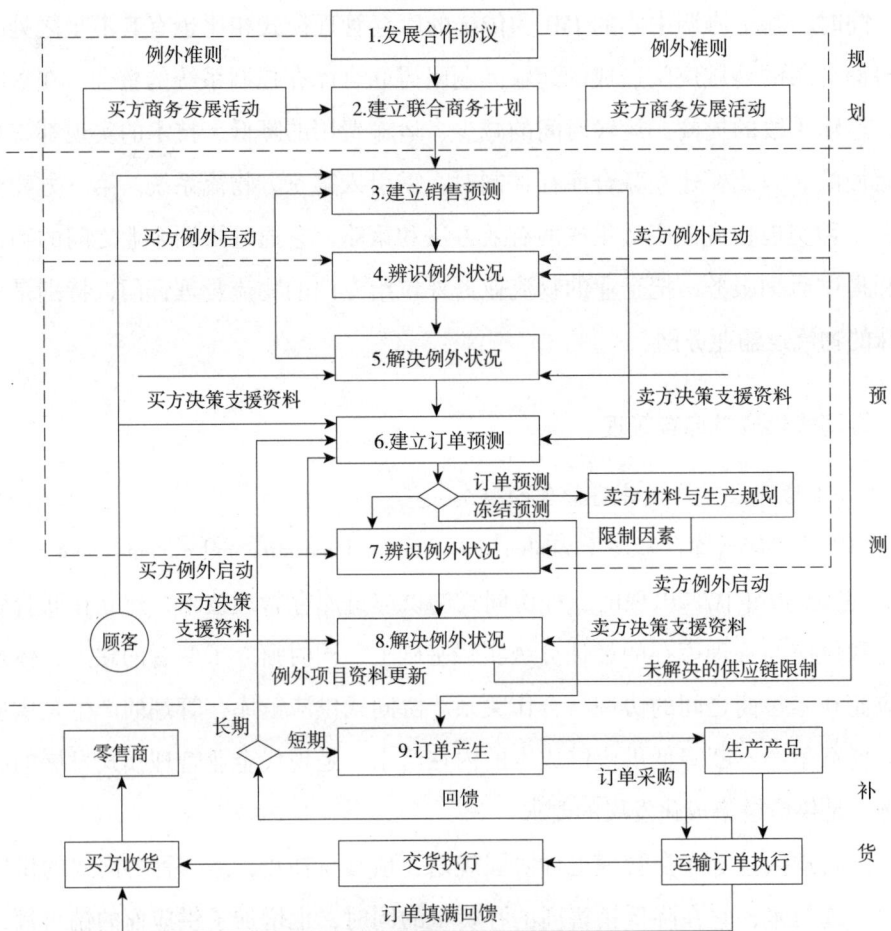

图 11-5　CPFR 基本步骤图

1. 协同规划

其包括第 1 步和第 2 步。其中：第 1 步的主要内容为明确定义合作目标与相关绩效衡量指标、协同合作的范围、共享的资料及合作计划可动用的资源。第 2 步的主要内容为制订买卖双方交流营运计划和合作产品的营运计划，共同定义品项角色、品项销售目标、达成目标的战术、拟定品项订单的最小值（出货的最小订单量）、品项出货的前置时间、订单的冻结期间、安全存量。协同规划要明确定义协同合作的范围，并设定相关的绩效衡量指标。通过明确合作范围和设定绩效指标，可以使合作伙伴之间更加专注和有效地协同合作，提高供应链的效率和竞争力。

2. 协同预测

其包括第 3 步至第 8 步。其中：第 3 步是利用最终消费者的消费信息，创建一个支持共同业务计划的销售预测。第 4 步识别销售预测中可能出现的例外品项。第 5 步处理例外品项，如当例外发生时应采取一定的措施以降低对库存的冲击。第 6 步合并 POS 数据、因果关系信息和库存策略，产生一个支持共享销售预测和共同业务计划的订单预测。第 7 步识别分布在订单预测约束之外的项目，例外准则在第 5 步已建立。第 8 步通过查询共享数据、电话、交谈、会议等，调查研究订单预测例外，并提交订单预测改变结果。协同预测的第 3 步是利用最终消费者的消费信息来创建销售预测。这意味着供应链合作伙伴通过共享和分析最终消费者的数据，可以更准确地预测市场需求和销售趋势。

3. 协同补货

其指的是第 9 步，将订单预测转换为已承诺的订单，订单产生可由制造厂或分销商根据能力、系统和资源来完成。

美国产业协同商务标准协会（Voluntary Interindustry Commerce Solutions Association，VICS）认为上述 9 步骤模型过于复杂，因此在其基础上进行了改良，除了延续原有的规划、预测和补货流程，还加入循环和不断改善的概念，如图 11-6 所示。该模型更加注重持续优化和协同运作，以实现供应链的高效运作和顾客需求的满足。

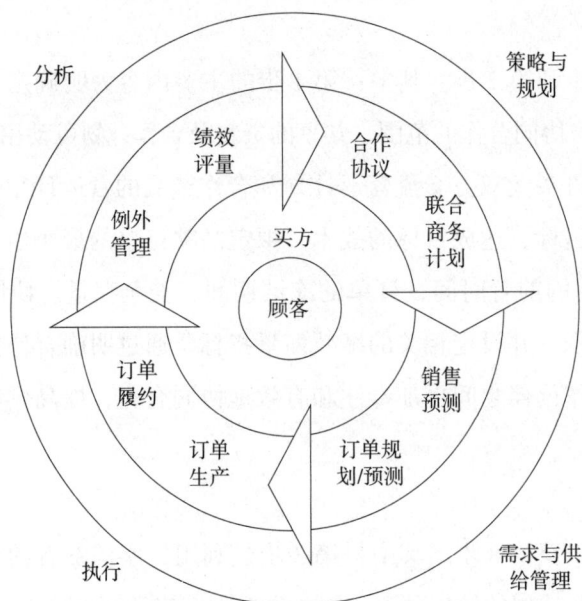

图 11-6　VICS 协会（2004）CPFR 模型

【本章小结】

　　本章主要讲述了采购库存控制，其中分为两个小节，第一节主要讲述了采购库存控制概述，介绍了采购库存控制的基本概念，归纳总结了库存及其控制的作用，以及采购管理与库存控制的关系；简要介绍了两种基本采购库存方法：定量采购法、定期采购法，并给出采购库存控制在供应链管理中的作用。第二节分别介绍了五种供应链采购库存方法技术：采购 ABC 库存控制法、采购零库存控制系统、供应商管理库存、联合库存管理、协同式供应链库存管理，使读者了解并掌握采购库存方法技术的概念、实施形式、相关优势等。

【即测即练】

【复习思考题】

　　1. 简述 JMI 的基本思想。

2. 简述零库存的主要形式。

3. 库存及其控制的作用有哪些?

4. 在供应链环境下 JMI 的实施策略有哪些?

5. 简述采购管理与库存控制的关系。

6. 传统库存控制方法的缺陷主要有哪些?

【实践训练】

实践项目:掌握 ABC 分类管理办法、熟练操作 Excel 软件。

任务要求:结合所学知识,对表 11-2 所提供的某库存清单,按品种累计与金额累计对所有货物进行 ABC 分类,并绘制 ABC 分析图。

表 11-2　某库存清单

商品编号	商品名称	种类数	金额/元
1	塑料制品	8	9 500
2	螺钉	6	200
3	轻纺产品	18	1 200
4	劳保用品	5	900
5	橡胶用品	12	1 550
6	电工材料	13	1 600
7	化工产品	11	11 000
8	汽车配件	9	69 500
9	文具	4	1 800
10	工具器具	8	2 100

第十二章 采购风险管理

【学习目标】

1. 了解采购风险的概念、类型。

2. 熟悉不同环节、不同类型采购风险防范措施。

3. 掌握采购风险的规避措施。

【能力目标】

1. 培养学生采购风险管理基本能力。

2. 培养学生敏锐眼光和创新思维，增强辨识采购活动风险能力。

3. 培养学生创新性采购风险管理和规避风险能力。

【思政目标】

1. 培养学生风险意识和职业素养。

2. 培养学生敏锐洞察力和远见卓识。

3. 培养学生的探究精神，增强其风险意识，提高其创新能力。

【思维导图】

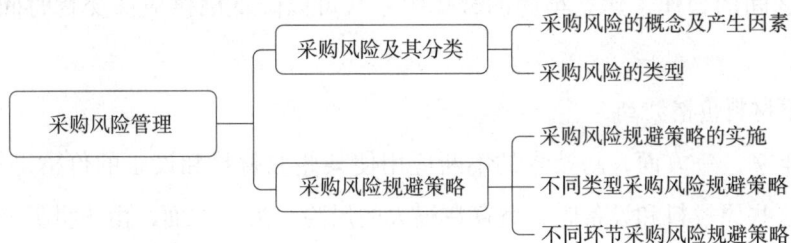

【导入案例】　　　　　　　　　　　　　　　　　　【教学微视频】

原材料质量问题引发的风险

第一节　采购风险及其分类

一、采购风险的概念及产生因素

（一）采购风险的概念

采购风险通常是指采购过程可能出现的一些意外情况，使采购实际结果与预期目标相偏离的程度和可能性，包括人为风险、经济风险和自然风险。具体来说，如采购预测不准导致物料难以满足生产要求或超出预算、供应商群体产能下降导致供应不及时、货物不符合订单要求、呆滞物料增加、采购人员工作失误或和供应商之间存在不诚实甚至违法行为，都将会给采购带来风险。这些情况都会影响采购预期目标的实现。

（二）采购风险的产生因素

采购过程是企业与外部环境的接口，它的风险来自原材料市场，主要包括两个方面，即供应商交货时间波动和原材料价格波动。

1. 供应商交货时间波动

如果供应商不能按时交货，就会导致一系列恶果。例如，停工待料使企业的生产效率降低。企业不能按计划生产，必须加班以保证交货日期而增加的劳动费用。不能按时给客户交货，导致企业信用丧失、后续订单减少等。因此，供应商准确的交货时间对于保证企业正常生产是十分重要的。采用供应链管理，加强与供应商之间的合作，建立牢固的合作关系，可以降低因供应商交货时间引起的风险。

2. 原材料价格波动

近年来，一方面，新技术的不断应用使某些原材料和设备的价格迅速下跌，在采购这些原材料和设备时，就存在很大的风险。另一方面，由于世界经济日益一体化，任何企业生产都不可能脱离国际市场，而国际市场上商品的价格受政治动荡、战争、金融危机等诸多因素的影响，波动十分剧烈。

企业类型不同，产生风险的主要因素也不同。对于原材料价格波动不大的企业，它的风险主要来自供应商能否准时交货，如制造业。而对某些以贵金属、原油、芯片等为原料的企业，其主要风险来自原材料价格的剧烈波动，石化企业就是一个典型例子。

二、采购风险的类型

（一）企业采购的外因型风险

1. 意外风险

意外风险是指采购过程中由于自然、经济政策、价格变动等非人为因素所造成的意外风险。

2. 价格风险

一方面，由于在采购过程中各种不确定因素的存在，如停工待料导致工人工资增加，调整机器的费用，采购部门运营费用增加，以及由于库存太多引起的仓储费用增加等，完成一项采购活动所需的最终采购支出比预期的采购支出有所增加，这类价格风险也称增支风险。另一方面，①由于供应商操纵投标环境，在投标前相互串通，有意抬高价格，企业采购蒙受损失；②在企业采购认为价格合理的情况下，批量采购该物资出现跌价而引起采购风险。

3. 质量风险

采购供应商（或承包商）由于自身生产能力的局限或是为了一味地追求自身利益的最大化而不择手段，偷工减料、以次充好、弄虚作假，所提供的物资、工程或服务的质量达不到采购合约要求。一方面物资质量不符合要求，从而导致加工产品未达质量标准，或对用户经济、技术、人身安全、企业声誉等方面造成损害；另一方面物资质量不符合要求也会直接影响到企业产品的整体质量、制造加工与交货期，降低企业信誉和产品竞争力。

4. 技术进步风险

①企业制造的产品由于技术进步引起的贬值、无形损耗甚至被淘汰，原有已采购原材料的积压或者因质量不符合要求而造成的损失。②采购物资由于新项目开发周期短，如计算机新机型的不断出现，更新周期越来越短，刚购入大批计算机设备，因信息技术的发展，所购设备已经被淘汰或者使用效率低下。

5. 合同欺诈风险

①以虚假的合同主体身份与他人订立合同，以假冒、伪造、作废的票据或其他虚假的产权证明作为合同担保。②接受对方当事人给付的货款、预付款、担保财产之后消失。③签订空头合同，而供货方本身是"皮包公司"，将骗来的合同转手倒卖，从中牟利，而所需的物资却无法保证。④供应商设置的合同陷阱，如供应商无故终止合同、违反合同规定等。

（二）企业采购的内因型风险

1. 计划风险

①市场需求发生变动，影响到采购计划的准确性。采购计划管理技术不适当或不科学，与目标发生较大偏离，导致采购中计划风险。②供应商在生产要素的组织管理及运输上存在不足或失误，使其实际的交货日期迟于采购合约所要求的日期，从而使采购机构不能按原计划及时采购到委托单位所需的货物、工程或服务，给采购带来延期交货的风险。

2. 合同风险

合同风险是指企业采购人员在签订、履行合同过程中，由于合同条款考虑不当，或供应商违反合同条款，对企业造成的经济损失。签订合同是企业采购活动中的重要环节。如果采购人员不了解《民法典》合同编的有关条款，就有可能签订不完善的合同，从而被对方钻空子，使企业蒙受损失。合同风险大致可分为以下三类：①合同条款模糊不清，盲目签约，违约责任约束简化，鉴证、公证合同比例过低等。②合同行为不正当，如卖方采取不正当手段改变在市场竞争中的不利地位，对采购人员行贿，套取企业采购标底等。③合同日常管理混乱。

3. 验收风险

验收风险是指在数量上缺斤少两、在质量上鱼目混珠，以次充好；在品种规格上货不对路，不符合规定要求；在价格上发生变形等。

4. 存货风险

存货风险是指企业存货因价格变动、商品过时、自然损耗等因素而使存货价值减少的可能性。如果采购人员对市场变化风险估计不足，没有很好地控制采购、清理库存，就有可能造成存货积压。随着时间的推移，存货贬值和降价的可能性越大，企业潜亏就越大。

5. 道德责任风险

采购人员（或采购实体）和供应商之间可能存在舞弊行为。采购人员为了个人私利，可能会与某一供应商合谋，利用自己手中的权力，使该供应商在竞标过程中处于优势地位，破坏采购所奉行的公开、公正、公平准则，给采购带来极大的道德风险。或者在合同签约过程中，工作人员责任心不强未能把好合同关，造成合同纠纷。或是采购人员假公济私、收受回扣、牟取私利等。

6. 预付款风险

预付款风险是指企业根据购货合同的规定预先付给供货方的款项，因各种不确定因素有可能给企业带来的损失。有时企业为了得到市场上紧俏的商品或企业急需的商品，或者出于其他原因，会采取预先支付货款的方式购进商品。

第二节　采购风险规避策略

一、采购风险规避策略的实施

采购风险的存在，直接影响到采购预期目标的实现。因此，防范采购风险就成为采购活动中重要的一环。一般的采购风险规避策略的实施主要从以下几个方面入手。

（一）明确采购的目的

采购部门在认识上首先要明确采购的材料必须是企业所需要的、必须是生产市场所要求的产品这一基本理念。这就要求采购机构在采购过程中不追求采购价格最低化，不把节约资金作为采购的首要目标和唯一目标，而对所要采购的材料或服务的价格、质量和效用进行通盘考虑。在为企业节约资金的同时，还应保证采购质量。

（二）规范采购行为和活动

尽快建立起我国的采购制度和出台相关法律法规，从制度和法律上来规范采购行为与活动，从而达到有效防范和控制采购风险的目的。

1. 建立供应商资格审查制度

在订立采购合同之前，必须对所有参加投标的供应商进行资格审查，包括资格预审、资格复审和资格后审，以便在采购活动的初期就把由于供应商方面的不确定性所带来的采购风险控制在最小。

（1）资格预审。资格预审的内容和重点主要是投标人的基本情况、经验和过去完成类似合同的情况、财务资信状况、人员及设备能力情况等。资格预审的目的是在采购过程的早期，剔除资格条件不符合履行合同的供应商。它不但可以减少招标人的费用、节约采购资金，而且可以摸清各投标人履行合约的能力，做到防采购风险于未然。

（2）资格复审。资格复审是为了使采购方确定供应商在资格预审时提交的资格材料是否仍然有效和准确。通过资格复审，可以发现供应商的各种不轨行为，如做假账、违约或作弊、供应合谋等。这样，采购机构可以及时终止或取消供应商的投标资格，避免今后供应商在中标后没有能力或资源来有效履行合约义务，给采购方带来损失。

（3）资格后审。资格后审是在确定中标商后，对中标商是否有能力履行合约义务进行的进一步审查，其目的仍然是有效地控制采购风险。

2. 建立保证金制度

法律要求采购机构将供应商的招标保证金作为投标竞争和授予合同程序的一部分。对建筑和工程项目而言，投标保证金的使用将持续到合同完全履行。对设备和服务而言，则不一定使用保证金制度。

采购中使用的主要保证金类型有以下几种。

（1）投标保证金。投标保证金，可以使采购机构防止投标商在开标后撤回其投标。

（2）支付保证金。支付保证金，经常用于工程建设中，要求承包商保证向供应商及时支付。

（3）履约保证金。履约保证金，其目的是保护采购机构，防止供应商不能履行合同给企业带来的损失。

（三）建立采购人员监督管理制度

1. 建立和完善采购信息公开制度与程序公开制度

有关采购的制度要公之于众，便于供应商及时了解。采购合同的条件要提前公布给有意向的供应商，便于供应商根据自己的情况及时作出是否参与的商业判断，并为参与竞争做好充分准备。

2. 制定《采购人员职业道德规范与行为准则》规范采购行为

企业采购人员应树立高度的责任感和主人翁精神，把企业利益放在首位，及时了解市场供需情况，谨慎选择生产厂和客户，不断积累经验，提高辨别风险和自我保护的能力，并通过责、权、利结合将采购人员的效益和资金回款紧密挂钩。同时，建立经营业务人员的风险抵押金。为了指导采购人员正确决策，采购部门或专业协会应该制定《采购人员职业道德规范与行为准则》，以对各种采购行为的是非标准、动机和结果是否适当作出规定。

3. 积极组建采购专业协会

组建采购专业协会的宗旨是努力为供应链采购活动搭建一个高效务实的自律、维权、服务和交流平台，提升采购与供应链水平，推动采购流通持续、健康、规范、快速发展。

4. 推行采购人员资格认证制度

对采购人员进行资格认证，保证采购人员的基本素质是对采购人员进行管理的一项重要内容，也是促进采购人员专业发展的一项重要内容。美国的一些采购专业组织提供的采购人员资格认证称号有专业公共采购员、注册公共采购员、注册采购管理员、注册专业合同管理员、注册助理合同管理员及注册专业后勤师等。鉴于此，我国也应积极发展各种采购专业协会并建立对采购人员的资格认证制度，以加强对采购人员的管理和提高他们的职业素质，从而有效地防范和控制采购人员的能力风险。

5. 建立与完善采购风险管理机制

采购风险管理机制不健全是造成企业采购风险出现的巨大隐患。建立与完善内部制度与程序，是强化企业内部管理的一种自律行为，是企业为完成既定目标进行风险控制的有效措施。针对企业存在的风险，建立相应的"预付款管理措施""存货管理措施""合同管理措施"等，严格按操作规程办理业务，落到实处，并定期对其采购活动进行追踪、检查、考核，做到有法可依、有章可循，正确采购，规范管理，加大执法力度。加强对员工尤其是采购业务人员的培训和教育，不断增强法律观念，重视职业道德建设，做到依法办事，培养企业团队精神，增强企业内部的风险防范能力，从根本上杜绝人为风险。通过制度的保障，引导和规范企业采购活动中的各项行为，并为采购风险管理工作提供有力依据。

（四）建立采购质疑、申诉机制

供应商质疑和申诉是采购活动中经常会遇到的问题，如果这些问题得不到及时、妥善的解决，必然会给采购活动的正常进行带来消极的影响，因为那些觉得受到不公正待遇的供应商将会在今后的采购活动中持不合作态度甚至进行报复，这不利于采购的货源培植，也不利于与供应商建立长期的良好合作关系，这样的结果是采购这个具有最大限度竞争和公正的领域所不愿看到的。从这个意义上说，建立采购质疑、申诉机制是维护采购市场的必要保障。

解决这一问题的方法之一就是在企业内设立供应商服务机构。现在流行的客户关系管理中的客户并不仅指最终消费者，还包括供应商和中间商等。企业内设立了为供应商提供申诉和抱怨的机构或设施，如果供应商对企业的采购人员甚至整个采购部门有质疑，认为采购人员或采购机构在采购过程中有违法违规、损害供应商的行为，可以直接向采购部门质疑。如果对该采购机构的答复不满意或是该采购机构没有在规定的期限内给予答复，供应商可以向企业采购管理部门申诉。只有这样，才能真正解决现实生活中普遍存在的供应商"有苦没地诉，有冤没处申"的问题，改善采购中的供求关系和买卖关系，从而有效地防范和控制采购风险。

（五）选择合适的采购方式

企业在具体的采购活动中，要注意选择合适的采购方式，对那些复杂或高成本的采购项目，要进行市场调研等工作。目前，国际上通行的采购方式很多，有招标采购、询价采购、单一来源采购、谈判采购等。每一种采购方式都有其自身的特点、优缺点和适用范围。如果在选择采购方式时不根据采购项目的要求和特点灵活选取，必然会增大采购风险，增加不必要的人力、物力和财力消耗。

二、不同类型采购风险规避策略

企业最为直接和有效地防范风险的方法就是针对不同风险采取不同措施。例如针对预付款风险，企业可以采取的措施就是对供货方的产品质量、价格、财务状况、偿债能力等进行 ABC 分类管理。对产品质量好、信誉好、规模大的供货方可以实行预付款，并加强预付款购货的追踪管理，防止欺诈行为。针对存货风险，企业可以采取的措施就是以销定购，适时控制，盘活库存，及时清理和报批。针对合同风险，企业可以采取的措施就是组织业务人员认真学习相关法律法规，在采购活动过程中除"即时清洁"外，必须签订合同，明确双方的权利、义务及违约责任，定期进行合同追踪调查，加大监控力度。

（一）采购提前期风险规避的策略

采购提前期的风险规避就是针对物流提前期和信息提前期进行的时间缩短，但二者并不是独立进行的，往往是交织在一起而采取综合的时间压缩措施。可采取的主要措施包括以下几个。

1. 改善业务流程

物流提前期和信息提前期与业务流程密切相关，改善业务流程可以大大压缩采购提前期。如利用"交叉理货"和"定时货运班车"的物流流程，取代传统"运输"+"仓储"+"配送"的物流流程，实现在较低的库存水平下满足小批量、快捷、准时的货物供应需求，从而大大压缩物流时间。改善流程常常遵循的一些原则包括并行处理、分批处理、交叉处理、删除不增值工序、减少等待、在瓶颈处添加额外资源等。该方法不仅简单易学，而且对于缩短订货处理周期效果显著。例如，某公司利用该方法压缩订货处理时间，使订货提前期比原来缩短了 16.5 小时，缩短 35.1%。

2. 建立稳定的原材料供应渠道

采购的首要任务是保证物料的供应，一旦供应链断货，很有可能改变产业的竞争格局。与供应商联盟可以降低供应成本，建立稳定的原材料供应渠道。企业应对供应商进行初步考察，在选择供应商时应对供应商的品牌、信誉、规模、销售业绩、研发等进行详细调查，可以派人到对方公司进行现场了解，以作出整体评估。同时要成立一个由采购、质量管理、技术部门组成的供应商评选小组，对供应商的质量水平、交货能力、价格水平、技术能力、服务等进行评选。其次对所需的产品质量、产量、用户情况、价格、付款期、售后服务等进行逐一测试或交流。形成联盟以后，双方还可以共同抵御市场风险，最终实现"双赢"。

3. 采用延迟化策略

（1）生产延迟。生产延迟的基本原理是准时化，即在获得客户确切的需求和购买意向之前，不过早地做准备工作或购买零部件，严格按订单生产合格产品。但在现实中，生产批量的经济性又是不容忽视的。因此，如果需求比较稳定、产品品种有限，那么，丰田式的准时化生产已经解决了这个问题，其基本思想是只在需要的时候，按需要的数量，生产所需要的产品，也就是追求一种无库存或库存达到最小的生产系统。更一般的生产延迟手段是，尽量使产品保持在半成品状态，或进行模块化生产，当得到订单后，立即完成后面的工序。这样做的好处是以较大的批量生产标准化的零部件，获取生产规模的经济性，最后的工序按订单完成可以满足需求的多样性和缩短交货期。

（2）物流延迟。物流延迟是指在物流网络的几个主要的中央仓库中，根据预测结果存储必要的物品，尤其是价格高的物品，一旦接到用户的订单，从中央仓库处启动物流程序，委托第三方物流公司把物品运送到客户所在地的仓库或直接快运给客户。这样做的好处是不需要在每个消费地点冒预测的风险积压过多的库存，在中央仓库层次上又可以获得规模经济优势，以较少的总体库存投资提高服务水平。由于将物流业务外包，因此可以使公司更集中于自身核心业务的发展，充分利用第三方物流公司的物流网络，提高服务质量，降低风险。这种策略特别适合关键的、高价值的物品，在整个物流网络中只在少数的中央仓库保持必要的最低量的库存以确保所有潜在的需求，一旦产生需求，订单通过电子网络传到中央仓库，然后委托第三方物流公司快速送到客户手中，从而大大压缩物流提前期。

4. 运用各种供应链管理模式优化采购

随着供应链管理理论的发展与实践的深入，以及信息技术的广泛应用，具有整合性和全局色彩的各种供应链管理模式应运而生，如快速响应和协同计划、预测与补给（collaborative planning, forecasting and replenishment，CPFR）等。通过实施 QR，建立起按供应链上下游企业之间垂直型的合作机制，可以大大压缩整个供应链的运作时间（从原材料、产品至销售），一般可以压缩 30%~50%。而通过实施 CPFR，能够实现合作伙伴之间的功能密切合作，显著提高预测准确度，使合作伙伴都能做好充分的准备，赢得主动，争取时间。美国的 Kurt Salmon 公司通过调查、研究和分析认为，实施 CPFR 可以使新产品开发的前导时间减少 2/3，由此，通过了解各种供应链管理模式也可以在规避采购提前期上有很大的启发。

5. 利用并行工程技术

采购整体响应周期从系统论的角度来看，是由各阶段节点企业构成的一个非线性系统，受采购环节上每个企业的响应周期、企业间的协调及采购的同步运作机制三个因素的影响。因而，实现和谐的同步运作能带来采购多阶段响应周期的有效缩短，从而达到压缩提前期的目的。为此，采购各阶段节点企业可以利用先进的并行工程技术，把项目分解成若干个模块，再依据各企业的技术优势来承担相应的研制与开发或生产服务工作。模块研制开发运行在"任务—时间—空间"的位置上是三维并行和同步的，改变了传统按时间先后顺序串行研制开发方式，从而大大缩短研制开发或生产服务时间，压缩采购提前期。

6. 充分利用信息技术

除削减物流提前期外，信息提前期的缩减也是非常必要的。客观上，通过信息技术，信息可即刻从采购一端流向另一端，没有什么提前期，但实际上却由于主观上的原因常常出现信息滞后，从而产生提前期。这种信息提前期可能导致信息的过时失效，而过时失效的信息不仅对任何成员没有多大价值，而且还会进一步扭曲采购方面的需求，使库存增加，产生不必要的损失。因此，压缩信息提前期的有效方法之一就是充分利用电子销售点系统、电子数据交换系统和条码、射频识别系统等信息技术，将市场销售数据、订单、货物等信息实时提供给采购过程中的每一个成员，确保采购过程中信息的真实性、及时性和有用性，实现采购环节各成员间的实时信息共享。

（二）原材料价格风险的规避策略

1. 期权合约策略

通过期货市场进行套期保值已成为企业规避价格风险不可或缺的重要手段。套期保值就是利用期货、现货市场的价格关系分别在两个市场做方向相反的交易，即在买进或卖出实货的同时，在期货市场上卖出或买进同等数量的期货，经过一段时间，当价格变动使现货买卖上出现盈亏时，可由期货交易上的亏盈抵销或弥补，从而在"现"与"期"之间、近期和远期之间建立一种对冲机制，使价格风险降到最低限度。

2. 多周期的采购策略

当制造商面临多个周期的需求时，前一周期的采购量会影响后一周期期初的库存水平，前后周期的决策之间存在相关性。因此，决策者要从全局的角度来确定一个最优的采购策略。近来一些学者考虑了制造商的多期采购问题，目标是最小化补货成本。零售商有两种采购方式：一种是固定价格的长期合约；另一种是现货市场采购。

3. 支付风险的防范措施

国际采购与国内采购在付款方式上存在很大的差异。对采购商来说，为了确保货款和采购物资的安全，应选择比较有利的支付方式。例如，采购方资信优良，并且与供应商建立了长期的合作关系，这时可以选择汇付或托收、货到付款、赊销等方式，这样有利于采购方的资金融通，同时降低风险。当然为了做到万无一失，采购方也可以采用信用证结算方式，因为信用证是象征性交货，属于单据交易，而且双方责任划分明确，不容易造成纠纷，对采购商和供应商双方都有利，除此之外，有实力、信用好的采购商可以通过比较低的抵押和费用向银行申请开立信用证，信用证条款可以约束供应商按约履行交货义务，使供应商获得银行付款保障，必要时也可以获得银行提供的进口融资。

4. 汇率波动风险的防范措施

由于国际货币市场及各国普遍使用浮动的汇率制度，各个国家的货币之间汇率相互自由浮动。以外汇市场的供需状况作为确定汇率的基础。同时，各国政府通常对汇率不加干涉，受其他经济和政治的影响，汇率变动较大，有时还会剧烈波动。在实际贸易中，进出口双方为了规避汇率带来的风险，买卖双方都可以进行套期保值。市场上套期保值主要有六种方式：不进行套期保值头寸、远期市场套期、货币市场套期、期权市场套期、对冲和三角套利。用得比较多的主要是远期市场套期、货币市场套期和期权市场套期。

（三）采购合同风险的规避策略

1. 合同订立过程中的风险防范

对方当事人的资格审查是防范合同风险的第一道防线。许多合同风险可以通过该环节而化解。对方当事人可以委托代理人订立合同。解决合同争议的方法包括提起诉讼和申请仲裁。正确选择对己方有利的方法能够起到降低成本、提高效率的良好作用。所以，合同中有关解决争议的方法的条款是最为重要的合同条款，企业对此不可掉以轻心。

选择提起诉讼作为解决争议是最为常见的方法。而仲裁具有自愿性、灵活性、保密性、快捷性、经济性、独立性等特点，充分体现了当事人意思自治原则，对合同当事人也具有较大吸引力，不少采购合同选择以仲裁的方式解决争议。

采购合同中应明确约定有关质量、数量、价款、履行地点、履行期限、履行方式、履行费用、违约责任、所有权转移、风险负担等问题。否则可能因约定不明确而产生争议，给合同当事人带来损失。特别对违约责任、所有权转移、风险负担等容易忽略的问题，应在合同中明确指出，以免给当事人带来损失。

2. 合同履行中的风险防范

合同履行中的风险主要包括债务人未能全面、适当地履行合同义务，发生情势变更，债务人的财产不当减少或不增加。当债务人未能全面、适当地履行合同义务，作为债权人的企业应通过行使同时履行抗辩权、先履行抗辩权或不安抗辩权来维护自身的合法权益。合同依法成立后，因不可归责于双方当事人的原因发生了不可预见的情势变更，致使合同的基础丧失或动摇，若继续维护合同原有效力则显失公平，这时允许变更或解除合同。此种风险是不能避免的，只能通过变更或解除合同尽量将损失减小到最低限度。当债务人的财产不当减少或不增加时，作为债权人的企业应通过行使撤销权和代位权来维护自身的合法权益。

3. 合同的担保

为了尽量减少因合同风险而带来的损失，企业应通过要求债务人提供担保来保障自己的合法债权。担保的方法有三种。

（1）人的担保。人的担保指由第三人向债权人担保，在债务人不履行债务时，由第三人负责履行债务的全部或部分的一种担保方式，又称保证担保。

（2）物的担保。物的担保即以债务人或第三人的特定财产作为履行债务的担保，不论债务人是否承担其他债务，也不论债务人是否将此担保物让与他人，债权人对担保物享有优先受偿权。它包括抵押、质押和留置三种方式。保证属于债权的范围，而物的担保属于物权，又称担保物权。

以上两种担保形式各有所长。就担保债权的确定性而言，物的担保优于保证担保，因为保证担保是以第三人的财产为担保，其财产状况可能发生变化，有可能无法保证债务履行，而物的担保可以就特定物的价金直接清偿债权，具有较高的可靠性。但是，物的担保手续复杂、要件繁多，对于无财产可提供担保的当事人，保证担保就成了唯一担保形式。

（3）定金担保。定金担保也是常见的保证形式。定金指合同当事人一方，以保证合同履行为目的，于合同成立时或未履行前，在合同规定的范围内给付对方一定数额的款项，债务人履行债务后，定金应当抵作价款或者收回。给付定金的一方不履行债务的，无权要求返还定金。接受定金的一方不履行债务的，应当双倍返还定金。

三、不同环节采购风险规避策略

一般的采购流程主要包括请购、采购、验收、审核和付款五个环节，在每个采购环节都存在人为或非人为的风险节点，每一个风险节点的控制不当都可能对企业造成不必要的损失。以下从采购的各个环节来介绍采购过程中企业应采取怎样的措施来规避风险、优化采购流程、提高企业资金利用率。

（一）请购环节风险规避措施

1. 建立采购申请制度和相关责任人制度

企业应依据购置商品或服务的类型，确定其管理部门，授予相应的请购权，并明确相关部门或人员的职责权限及相应的请购程序。请购申请人在提出请购申请时应根据生产需要制订科学、规范、明确的物料需求计划，生产部门、库存管理部门、预算部门应该相互协调和监督，避免或杜绝不必要的采购。有条件的企业可以建立相关的审计部门对请购及整个采购过程的规范性、合理性、科学性进行监督，并落实责任到相关部门及相关人员。

2. 加强采购业务的预算管理

对于预算内采购项目，具有请购权的部门应当严格按照预算执行进度办理请购手续。对于超预算和预算外采购项目，审批人应根据其合理性进行审批，或由请购部门对需求部门提出的申请进行审核后再行办理请购手续。

（二）采购环节风险规避措施

1. 制定严密的供应商选择标准

借鉴家乐福、沃尔玛等大超市选择供应商的方式。它们在选择供应商的时候，从供应商的信用情况、品质保证、价格、费用、时间及服务情况等方面综合考虑，再根据产品的不同选定最关注的指标重点考察。

2. 道德风险防范

对采购、财务等部门通过填写利益冲突问卷、廉洁培训、诚信正直承诺等形式进行道德风险防范，并对员工违背职业道德的情况给予严格处理。

3. 严格把控批准权限

对采购报价轮次、比价方法、价格批准权限进行严格规定，如未按规定进行比价，应提交书面说明，并由更高级别的采购经理审批。

4. 合同编制

合同要由专业人员结合采购业务进行编制，由监督人员进行细致的审核。同时要注意合同特别条款的提出和设定，不遗漏实质性条件要求，做到订货条件、报价及其技术规格、型号特性相符合，从而避免对供货范围存有异议的风险。

5. 做好采购环节的全程监控

企业对采购活动的各个环节也要进行全程监督与管控，避免在采购过程中出现违规操作及越权干涉的现象。对采购活动进行有效规范，降低人为因素所造成的采购风险的概率。通过全程的跟踪监控，尽早发现采购过程中可能造成采购风险的因素，及时作出相应的处理，最大限度规避采购过程中的风险。另外，企业要做好内部各项关系的协调工作，厘清企业内部资金管理及使用、利益分配等方面的权责关系，明确各部门的权责归属，提高企业各项资金的利用效率，优化企业的资源配置。

（三）验收环节风险规避措施

1. 规定验收流程

要求验收部门按照相应流程提供由工程师等相应专业技术人员出具的验收报告，验收报告应由高级别或独立的第三方审核批准。规定验收部门必须独立于采购、请购及会计部门，一般验收人员由物料使用部门担任，有条件的部门可以由专业的工程技术人员组成专门的验收部门对物料进行验收。

2. ERP 系统的使用

企业使用 ERP 系统可以有效地避免重复验收和重复付款情况的发生。企业可以通过开发 ERP 系统的应付款模块及成本模块来提高验收的速度和准确度。如不通过 ERP 系统，可以根据经批准的验收报告来付款。如供应商发票尚未开具而货物或服务已接收，也应根据接收情况估价入账。

3. 尾款支付

对于工程或服务类合同，通常会规定质保金条款，约定保留一定的尾款，一定期限内无质量问题再支付尾款。对于尾款之外的款项，应当由使用部门按照合同要求验收并出具验收报告后安排支付。

（四）审核环节风险规避措施

1. 建立权责分离制度

制定对账人员与记账人员权责分离制度，负责对账的人员不应同时涉及编制会计分录或者资金付款，应注意对收货、采购订单和发票的核对、未决事项的跟踪进行职责分工。

2. 对发票、订单和收货记录及时分析

及时审阅、调查和解决超期的、对应关系不恰当的发票、采购订单和收货记录。要适时地对长期的未达收货确认单、采购订单或发票进行调查。每月进行应付账款账龄分析，对超过正常付款期限而未支付的款项进行调查。还应及时和供应商对账查找未达账项原因。

3. 建立发票签收流程

通过系统控制对于每个订单只能进行一次操作。如为手工处理，对于已经处理的发票应该做标记，防止重复录入发票。

（五）付款环节风险规避措施

1. 信息核对

对货物和服务的所有付款，都必须附有收货单、服务提供确认单或付款批准单原件，在付款前，审核发票、货物的验收和采购订单，确保付款已获得批准、货物已收到、价格和数量准确无误、在限额内支出及使用的会计科目正确无误。这样就可以有效地防止重复付款及付款金额错误。

2. 注意付款时间

在存在现金折扣的情况下，付款时间的选择非常重要，一般供应商为了督促企业尽快付款，会提出如现金折扣方法，表示企业须在 30 天内付款，如果企业选择 10 天之内付款将享受 2% 的现金折扣，超过 10 天将丧失现金折扣。

拓展资源 12.2

联合房产公司"小标的"采购廉洁风险及防范

3. 国际采购

做国际采购时，付款方式的选择显得异常重要，在国际贸易中主要的支付手段有三种：汇付、托收和信用证。

【本章小结】

　　采购是企业供应链的源头，采购过程中一个环节出现偏差，都会影响采购预期目标的实现，这就使采购活动面临一系列风险。本章讲述了采购风险的基本概念和采购风险类型，并针对一系列采购风险提出相应的规避措施，包括不同类型的采购风险规避策略和不同环节的采购风险规避策略。

【即测即练】

【复习思考题】

　　1. 采购合同风险的规避策略有哪些？

　　2. 不同类型企业自身管理性因素可能导致哪些风险？

　　3. 合同欺诈风险主要表现为哪几个方面？

　　4. 企业采购外因风险包括哪些？

【实践训练】

　　实践项目：亲身经历的采购风险

　　任务要求：以小组讨论与意见交流形式分享自己亲身经历的一次风险最大的采购活动，分析风险类型及其产生原因、减少损失采取的措施，以及最大的启示。

第十三章　采购绩效评估

【学习目标】

1. 了解采购绩效评估的概念、基本原则和目的及采购绩效评估的原因。

2. 熟悉采购绩效评估的形式与方法。

3. 掌握采购绩效评估指标及采购绩效改进措施，掌握采购绩效评估指标体系的建立。

【能力目标】

1. 培养学生对采购绩效评估基础知识的掌握能力。

2. 培养学生对采购绩效管理与绩效评估方法技能的掌握能力。

3. 培养学生对创新性采购绩效评估方法及绩效提升的掌握能力。

【思政目标】

1. 培养学生效率意识和有理想、有担当、敢作为的精神。

2. 培养学生的时代精神和创新思维，为采购绩效提升注入新活力。

【思维导图】

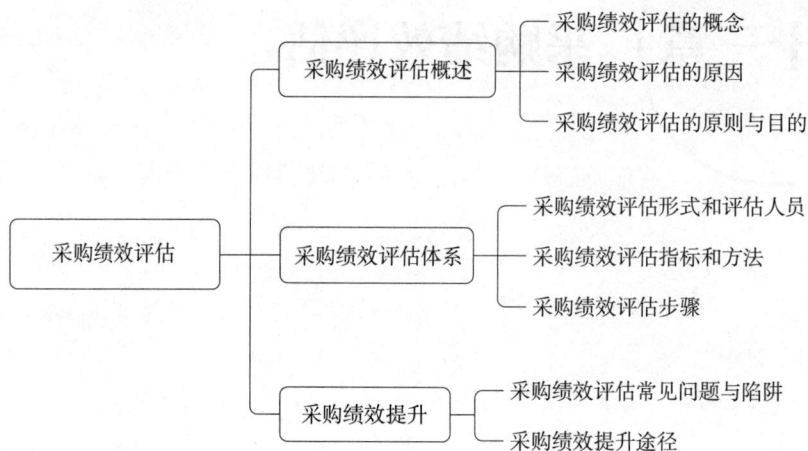

【导入案例】

戴尔成功的诀窍

【教学微视频】

第一节　采购绩效评估概述

一、采购绩效评估的概念

采购作为企业生产运作的重要环节，它的绩效对企业整体目标的实现起着很重要的作用。采购在制订采购战略、方针、目标及实现相应目标的行动计划之后，还应有相应的绩效评估体系用于对采购实施过程进行计划与控制，并在一定的阶段对计划的实施情况进行总结，在此基础上再提出下一阶段的行动计划，如此循环往复，不断改进。

绩效即功绩、功效，也指完成某件事的效益和业绩。采购绩效是指采购产出与相应的投入之间的对比关系，它是对采购效率进行的全面、整体的评价。评估即评价估量，就其本义而言，是评价估量货物的价格，现在泛指衡量人物、事物的作用和价值。采购绩效评估是指通过建立科学、合理的评估指标体系，全面反映和评估采购政策功能目标与经济有效性目标的过程。

二、采购绩效评估的原因

（一）为企业提供决策支持

通过采购绩效评估能够更直观地展示采购绩效和采购成果，可以提供最高管理部门对采购进展保持了解所需要的信息。通过绩效评估，可以有效衡量员工的工作绩效。一份简洁明了的绩效评估报告将极大地提高管理部门的工作效率，并为管理层的决策提供依据。

（二）有效处理各部门关系

采购绩效评估，不仅是采购部门的工作，还关系到公司的营销部门、财务部门、生产部门等，对采购绩效进行评估，在某种程度上监督了采购部门人员的工作，使之更好地与其他部门合作，有利于处理好采购和其他部门的关系。此外，通过对采购绩效进行评估还可以看出整个企业的组织效率。所以，通过绩效评估，管理层可以认识到改进组织结构所需要的变革，促使企业提高效率。

（三）提升员工对培训教育的重视程度

面对纷繁复杂的供应商，采购人员必须具备相应的知识来处理不同的问题，但这些仅靠个人天生的资质是远远不够的，必须要经过严格标准的培训。采购绩效评估能够有效提升员工和企业管理层对人员培训的重视程度。

（四）增强组织动力

人员的奖惩是企业激励员工的有效措施。对于采购人工作的评估，也可以包括在采购绩效评估里面。通过评估、识别并奖励那些绩效突出的采购人员，同时惩罚那些绩效不好的采购人员，在员工内部形成激励竞争机制，增强组织的动力。

三、采购绩效评估的原则与目的

（一）采购绩效评估基本原则

1.持续性

评估必须持续进行，要定期地检讨目标实现的程度，当采购人员知道会被定期评估绩效，自然能够致力于绩效的提升。

2. 整体性

评估必须从实现企业整体目标的角度出发来进行绩效评估。

3. 开放性

采购作业的绩效，会受到各种外来因素的影响。评估时不但要衡量绩效，也要衡量各种外来因素所产生的影响。

4. 评估尺度

评估时，可以使用过去的绩效为尺度，或者作为评估的基础。此外，还可以通过与其他企业的采购绩效做比较的方式来进行评估。

（二）采购绩效评估目的

1. 确保采购目标的实现

各企业的采购目标各有不同。例如，政府的采购单位偏重"防弊"，采购作业以"如期""如质""如量"为目标；而民营企业的采购单位则注重"兴利"，采购工作除了维持正常的产销活动外，还非常注重产销成本的降低。因此，各企业可以针对采购单位所追求的主要目标加以评估，并督促它的实现。

2. 提供改进绩效的依据

绩效评估制度可以提供客观的标准来衡量采购目标是否实现，也可以确定采购部门目前的工作表现如何。正确的绩效评估，有助于指出采购作业的缺失所在，并以此拟订改善措施，从而达到"检讨过去、策励将来"的效果。

3. 作为个人或部门奖惩的参考

良好的绩效评估方法，能将采购部门的绩效独立于其他部门而凸显出来，并反映采购人员的个人表现，作为各种人事考核的参考资料。依据客观的绩效评估，达成公正的奖惩，可以激励采购人员不断前进，发挥团队合作精神，使整个部门发挥合作效能。

4. 协助甄选人员与训练

根据绩效评估结果，可针对现有采购人员的工作能力缺陷，拟订改进的计划，如安排参加专业性的教育训练。若发现整个部门都缺乏某种特殊人才，则可由公司内部甄选或向外界招募，如成本分析员或机械制图人员等。

5. 促进部门关系

采购部门的绩效，受其他部门能否配合的影响非常大。故采购部门的职责是否明确，表单、流程是否简单、合理，付款条件及交货方式是否符合公司的管理制度，各部门的目标是否一致等，均可通过绩效评估予以判定，从而改善部门间的合作关系、增进企业整体的运作效率。

6.提高人员士气

有效且公平的绩效评估制度，将使采购人员的努力成果获得适当的回馈与认定。将采购人员绩效评估的结果作为对公司利润贡献的衡量尺度，优秀的采购人员会成为受到肯定的工作伙伴，对其士气的提升大有帮助。

第二节　采购绩效评估体系

一、采购绩效评估形式和评估人员

（一）采购绩效评估形式

采购人员工作绩效的评估形式，可以分为定期评估和不定期评估两种。

1.定期评估

定期评估是配合公司年度人事考核制度进行的。一般而言，以"人"的表现，如工作态度、学习能力、协调精神、忠诚程度等为考核的主要内容，对采购人员的激励和工作绩效的提升作用不大。如果能以目标管理的方式，也就是从各种工作绩效指标中选择年度重要性比较高的项目中的几个定为绩效目标，年终按实际达到的程度加以考核，那么一定能够提升个人或部门的采购绩效，并且，这种方法因为摒除了"人"的抽象因素，以"事"的具体成就为考核重点，也就比较客观、公正。

2.不定期评估

不定期评估，是以专案的方式进行的。例如，公司要求在一定期限内将某项特定产品的采购成本降低10%，当设定期限一到，根据要求完成与否作为评估采购人员绩效情况的指标，并给予适当奖励或惩罚。此种评估方法对采购人员的士气有巨大的提升作用。此种不定期的绩效评估方式，特别适用于新产品开发计划、资本支出预算、成本降低专案等。

（二）实施采购绩效评估的人员

1.采购部门主管

由于采购主管对管辖的采购人员很熟悉，而且采购人员所有工作任务的指派或工作绩效的评估都在他们的直接监督之下，所以，由采购主管负责评估，可以注意采购人员的个别表现，并达到监督与训练的效果。

2. 会计部门或财务部门

采购金额占公司总支出的比例很高，采购成本的节约，对于公司净利润的贡献很大，尤其在经济不景气时，对资金周转的影响也很大。会计部门或财务部门不但掌握公司产销成本数据，对资金的取得与付出也全盘管制，因此也可以参与对采购部门的工作绩效评估。

3. 工程部门或生产管制部门

如果采购项目的品质和数量对企业的最终产出影响重大，这种情况下可以由工程或生产管制人员评估采购部门工作绩效。

4. 供应商

有些公司通过正式或非正式渠道，向供应商咨询他们对于采购部门或采购人员的意见，以间接了解采购作业的绩效和采购人员的素质。

5. 外界专家或管理顾问

为避免公司各部门之间的本位主义或门户之见，企业可以特别聘请外界的采购专家或管理顾问，针对全盘的采购制度、组织、人员及工作绩效，作出客观的分析和建议。

二、采购绩效评估指标和方法

（一）采购绩效评估指标

一般来说，采购人员在其工作职责上，必须完成适时、适量、适质、适价和适地等基本任务。因此，对采购人员的绩效评估就以"五适"为中心，并以量化的指标作为评估绩效的尺度。

1. 品质绩效

采购的品质绩效可以由验收记录和生产记录来判断。验收记录是供应商交货时，为公司所接受或拒收的采购项目数量或百分比。生产记录是在供应商交货后，在生产过程中发现质量不合格的项目数量或百分比。

（1）进料验收指标。进料验收指标 = 合格（或拒收）数量 / 检验数量。

（2）在产品验收指标。在产品验收指标 = 可用（或拒收）数量 / 使用数量。

如果以进料品质管制抽样检验的方式，那么在产品品质管制中发现品质不良的比率，将比进料品质管制全数检验的方式高。拒收或拒用比率越高，表明采购人员的品质绩效越差，这有可能是因为没有找到理想的供应商。

2. 数量绩效

有时候，采购人员为争取数量折扣，以达到降低材料采购价格的目的，往往会大批进货。这样导致的后果常常是库存太多，增加库存成本，有时候甚至会发生呆料、废料的情况。针对以上情况，设计如下的绩效指标。

（1）储存费用指标。储存费用指标＝现有存货利息及保管费用－正常存货水准利息及保管费用。

（2）呆料、废料处理损失指标。呆料、废料处理损失指标＝处理呆料、废料收入－处理呆料、废料损失。

存货积压利息及保管费用越大，呆料、废料处理损失越高，表明采购人员的数量绩效就越差。但是，这一指标有时候受公司的营业状况、物料管理绩效、生产技术变更或投机采购等因素的影响，并不一定都是采购人员的责任。

3. 时间绩效

时间绩效指标是用来评估采购人员处理订单的效率，以及对于供应商交货时间的控制。延迟交货，将影响企业生产经营活动的正常进行。但是，提前交货，也可能导致企业承担不必要的存货成本和提前付款的利息费用。

（1）紧急采购费用指标。紧急采购费用指标＝紧急运输方式的费用－正常运输方式的费用。

（2）停工、断料损失指标：停工期间作业人员的薪金损失等。

4. 价格绩效

价格绩效是企业最为重视和最为常见的评估采购绩效的指标。通过价格差额比较，可以衡量采购人员与供应商的讨价还价能力及供需双方实力的变化情况。采购价格差额的指标通常有以下几种。

（1）实际价格与标准成本的差额。

（2）实际价格与过去移动平均价格的差额。

（3）使用时的价格和采购时的价格的差额。

（4）比较当期采购价格与基期采购价格的比率或当期物价指数与基期物价指数的比率。

5. 采购效率指标

以上的品质、数量、时间和价格绩效都是衡量采购人员的工作效果，那么下面的采购效率指标可以衡量采购人员的工作效率。下面所列示的各项指标可以衡量在实现采购目标的过程中各项活动的水准或效率。

（1）采购金额。

（2）采购金额占销货收入的百分比。

（3）订购单的件数。

（4）采购人员的数量。

（5）采购部门的费用。

（6）新供应商开发的数目。为使供应来源充足，对唯一来源的材料要求采购人员必须在一定期限内增加供应商数量。这个评价指标，也可以通过唯一来源的材料占所有同类材料的比率来衡量。

（7）采购完成率。采购完成率可以通过本月累计完成件数和本月累计请购件数比较得出。其中完成件数有两种计算标准：一种是由采购人员签发请购单计算，另一种是在供应商交货验收完成后才计算。采购完成率是衡量采购人员努力工作的重要标准。但是，如果采购人员为提高采购完成率，使议价流于形式或草率就得不偿失了。

（8）错误采购次数。错误采购次数是指采购人员没有按照有关的请购或采购作业程序处理的采购。例如，错误的请购单位、没有预算的资本支出、没有经过请购单位主管核准的采购、没有经过采购单位主管核准的请购单等。这样的错误采购应该努力使之降为零。

（9）订单处理的时间。由采购活动水准的上升或下降，我们可以清楚地了解采购人员工作的压力和动力、能力，这一点对于改善或调整采购部门的组织与人员有很大的参考价值。

（二）采购绩效评估方法

采购绩效评估方法直接影响评估计划的成效和评估结果的正确与否。常用的评估方法有以下几种。

1. 直接排序法

在直接排序法中，主管按照绩效表现从好到坏的顺序依次给员工排序，这种绩效表现既可以是整体绩效，也可以是某项特定工作的绩效。

2. 两两比较法

两两比较法指在某一绩效标准的基础上把一个员工与其他员工相比较来判断

谁"更好"，记录每一个员工和其他员工比较时认为"更好"的次数，根据次数的多少给员工排序。

3. 等级分配法

等级分配法能够克服上述两种方法的弊端。这种方法由评估小组或主管先拟定有关的评估项目，按评估项目对员工绩效作出粗略的安排。

（三）采购绩效评估制度的要求

1. 公开化

企业应以公正无私的立场，来制定采购绩效评估制度，绝不能使绩效评估制度成为采购部门本位主义的产物。

2. 必须切实符合企业的特性

必须带有企业个性色彩，切实符合企业特性。评估制度不是摆设，在制定前要对企业的业务运营进行深入调查，使采购绩效评估制度能和企业实际结合起来，从而发挥最大效用。

3. 评估的目的必须明确化

评估的目的是引导员工行为的指南，明确的目的能使员工加深对制度的理解，保障企业利益最大化。

三、采购绩效评估步骤

采购绩效评估在企业采购管理中占据着举足轻重的地位，它是一项需要多部门协同合作、精心策划并有效执行的系统性工作。绩效评估结果的及时反馈对于企业优化采购流程、提升采购效率和效益具有重要意义，而管理者对反馈结果的有效利用更是实现采购绩效持续改进的关键所在。采购绩效评估的步骤主要包括准备阶段、实施阶段、改进阶段与结果反馈阶段四大关键环节（图13-1）。

（一）准备阶段

采购绩效评估准备阶段包含确定绩效类型、设定评估指标、建立评估标准、选定评估人员以及确定评估时间和评估频率这五个主要内容。确定绩效类型时需综合公司战略、经营计划、采购特点和市场环境等因素，明确评估方向。设定评估指标要构建量化与非量化相结合的体系，量化指标涵盖成本、质量、时间等方面，非量化指标关注供应商合作稳定性、采购人员职业道德等。建立评估标准则是需参考行业规范、企业历史数据或者标杆企业数据，并依据战略目标确定科学

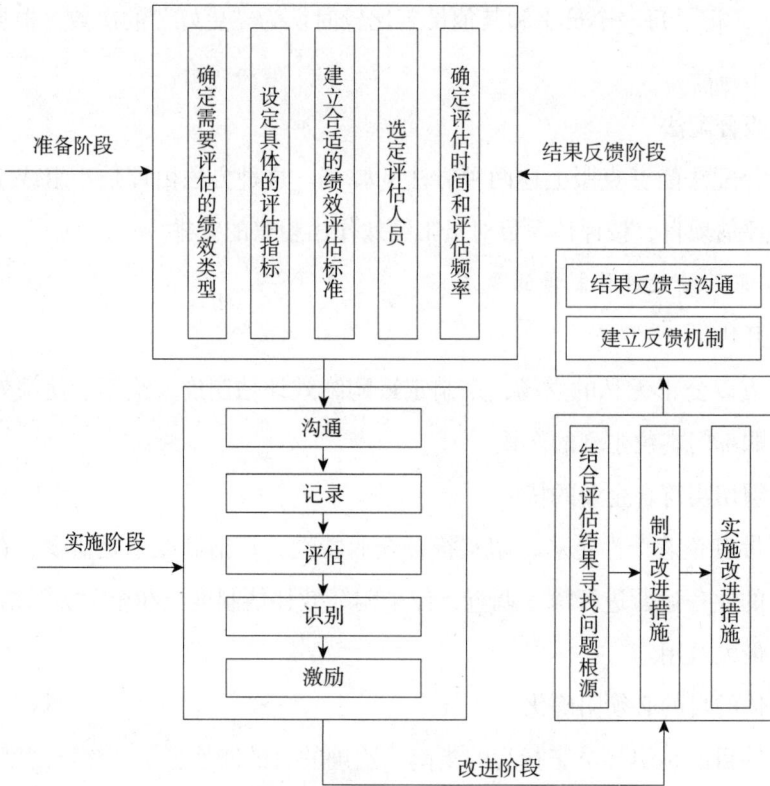

图 13-1　采购绩效评估步骤

的参考衡量标准尺度。选定评估人员应包括采购、财务、质量控制、内部审计人员及外部专家等，组成专业团队。评估时间和评估频率则是依据采购业务性质而定，日常采购可按月或季评估，原材料采购根据市场稳定性确定，大型设备或项目采购则在关键节点和结束后评估，从而为有效开展采购绩效评估奠定坚实的基础。

（二）实施阶段

采购绩效评估实施阶段紧密围绕准备阶段的五个方面展开工作。在沟通方面，建立正式与非正式渠道，促进考评参与各方交流，确保信息共享与问题及时解决。记录环节，全面收集各类绩效数据，包括采购业务各流程、人员表现等，形成完整文档以备后续分析。评估时运用多种方法，依据设定指标和标准对采购绩效进行对比、分析、诊断。识别过程精准定位采购各领域优缺点，为改进提供方向。激励手段涵盖正激励、负激励、报酬调整、教导培训等，激发员工积极性与改进动力。通过以上工作推动采购绩效的持续提升与优化。

（三）改进阶段

采购绩效评估改进阶段基于实施阶段成果展开。先全面深入分析评估数据，涵盖量化及非量化指标，利用多种分析工具挖掘信息，从采购流程、供应商及企业内部找问题根源。随后依此制订改进措施，针对成本、交货、质量等问题制定策略并设明确目标。最后实施改进措施，调配资源，明确部门分工与协调机制，定期跟踪监控，及时解决问题，推动采购管理持续优化提升。

（四）结果反馈阶段

反馈阶段在采购绩效评估中至关重要，主要工作包括结果反馈与沟通、建立反馈机制两个方面。结果反馈要及时、准确且具建设性，采用书面报告与面谈结合的方式，向相关方反馈绩效结果，涵盖成绩、不足及改进建议，注重沟通技巧，确保各方理解并接受。建立反馈机制需确定反馈周期，定期收集与分析各方意见，持续改进评估体系，如根据反馈调整指标权重、完善评估标准，同时总结经验教训，为后续评估提供参考，促进采购绩效持续提升。

第三节　采购绩效提升

一、采购绩效评估常见问题与陷阱

（一）易出现的问题

对采购的绩效考核与评估一直存在着特定的问题和局限。有绩效衡量专家认为，目前大多数管理者和专业人士就像一个以一半的必需设备和很多测量无用数据的额外设备来驾驶飞机的飞行员。实际上，每一个公司的考评体系中都或多或少地存在一些易出现的问题。例如，过于关注短期的考评标准；绩效考评指标过多或错误；考评时缺少细节；过程考评和结果考评的混用；不正确的绩效标准导致错误行为等。

因此，采购绩效评估过程中需要包括以下细节要点：①发生的问题类型（错误零部件分拣、损坏、缺货和丢失等）。②哪些客户对质量提出了索赔。③哪些员工对质量失误负责。④质量索赔的总成本。⑤符合质量标准的零部件数量。

（二）易误入的陷阱

企业绩效评估中存在四个最常见的陷阱。①经验主义：重历史轻未来。②范围错位：重内部轻外部。③改进对象错误：重个人轻结构。④知行不一：重评估轻行动。

二、采购绩效提升途径

（一）营造良好的组织氛围

做好采购管理规划和采购人员管理、建立良好的采购工作程序、控制采购价格与成本、加强供应商管理、掌控采购计划和购货合同执行。按质量合格率分级，制订改善供应商方案。

（二）强化内部管理

制定采购管理手册，包括建立合格的采购团队、提供必需的资源。选聘合格人员担任采购人员并培训、设立挑战可行的工作指标。激励采购人员，掌握采购知识、提升采购技术能力、提高风险管理能力及具有协作精神、具有供应链全局观和国际视野、具有良好的道德素养。

（三）应用现代信息技术

1. 建立企业内部网

内网获取信息，免去了频繁召集会议的辛苦。外部电邮传送图样或技术文件，供应商能又快、又准地获得清晰原件。

2. 使用国际互联网

节约采购成本、缩短采购周期、增加采购流程透明度、增加有效供应商、促进企业现代化。

3. 推行 MRP 系统

MRP 系统中的数据不仅全面，而且实时性好，许多采购人员所需的数据，如采购历史数据，包括采购量、历史价格、供应商信息等，一种物资有几个合格的供应商、供应商的基本情况（地址、联系方式）、采购前置时间、采购申请单、收货状态、库存量、供应商的货款支付状况等均可查询。

4. 使用条形码

产品包装上使用条形码，包含物料名称、物料编号、价格、制造商信息，用读码器扫描直接输入电脑中，迅速准确，避免了手工输入工作量大、容易出错的问题。

5. 与供应商进行电子数据交换

与供应商建立紧密协作关系，把供应商作为企业的一个部门来管。双方间实施 EDI 的好处：传递信息多、采供信息交换快、数据准确、实现无纸化办公。

（四）与供应商建立合作伙伴关系

与供应商共同制订成本降低计划、签订长期采购协议、供应商参与到产品开发设计中去。

（五）建立优秀的采购绩效评审小组

成立采购绩效评审小组，聘请具有好的业务素质和好的职业道德、熟悉相应法律法规，掌握业务理论知识，熟悉产品并在其专业领域享有盛誉，接受审计监督的人员组成采购评审小组。

（六）正确选择采购方式

拓展资源 13.1

WS 石化采购管理案例分析报告

根据采购金额、采购制度等选择合适的采购方式，包括招标采购、竞争性谈判采购、询价采购、定点采购、集中采购、分散采购、现货采购、远期合同采购、直接采购、间接采购等。

【本章小结】

在高度竞争的环境中，只有高效率的公司才能生存和发展。衡量经营绩效为公司评价进步和改进落后提供了永久的依据。采购作为公司一项重要的工作，采购成本构成了公司成本的重要组成部分。当采购工作完成后，进行绩效评估就成为必要的工作。本章首先介绍了采购绩效评估的概念、原因及基本原则和目的，接着对采购绩效评估的形式、指标和方法及评估步骤进行总结，最后提出采购绩效提升的途径。

【即测即练】

【复习思考题】

1. 简述采购绩效评估的概念。

2. 采购绩效评估的基本原则及目的是什么？

3. 采购绩效评估指标包括哪些？

4. 采购绩效改进的途径有哪些？

5. 简述采购绩效评估的步骤。

【实践训练】

实践项目：掌握采购绩效评估方法及指标体系的建立，以及采购绩效改进的措施。

任务要求：班级同学每10人为小组，在进行企业调研，充分了解上年度企业采购活动状况的基础上，建立采购绩效评估指标体系，对企业本年度的采购绩效活动进行评估，并且能够提出下年度采购绩效改进措施。

第十四章 政府采购

【学习目标】

1. 了解政府采购的概念特征和功能作用。

2. 熟悉政府采购是市场经济的客观要求。

3. 掌握政府采购基本制度，包括组织模式、机构职能、合同管理等。

【能力目标】

1. 培养学生对政府采购基本技能的掌握。

2. 培养学生适应政府采购市场特殊要求的职业素养。

3. 培养学生开展政府采购实践活动所需的专业技能和掌握合同管理的方式方法。

【思政目标】

1. 培养学生热爱公共事业、提升职业认同感和责任意识。

2. 培养学生爱国敬业、公平公正的职业道德素养。

3. 增强学生遵纪守法的法治意识和廉洁奉公的责任意识。

【思维导图】

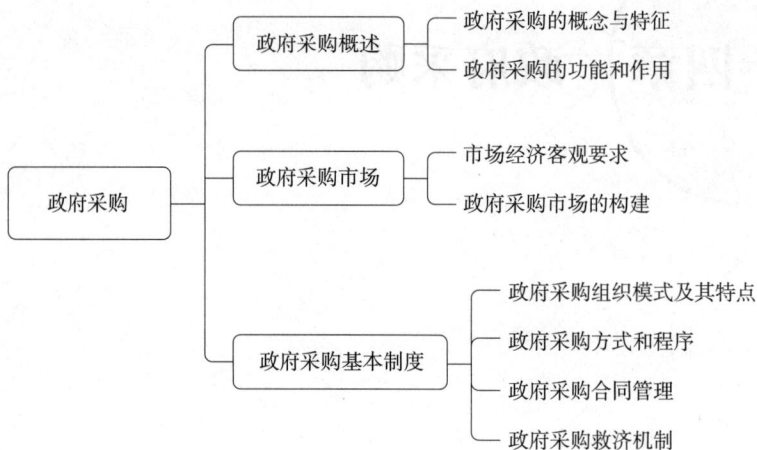

【导入案例】

H 省政府采购

【教学微视频】

第一节　政府采购概述

一、政府采购的概念与特征

（一）政府采购的概念

我国于 2003 年 1 月 1 日实施了《中华人民共和国政府采购法》（以下简称《政府采购法》），明确界定了列入政府采购范围的财政性资金必须具备下列两个条件之一：一是必须是采购限额以上的采购行为。至于限额的大小，目前国家尚没有制定统一的标准。但各地大多已经制定了当地的限额标准。二是必须是集中的采购行为，即狭义上的政府采购。在《政府采购法》中，以法律的形式明确定义政府采购为：各级国家机关、事业单位和团体组织，使用财政性资金采购依法制定的集中采购目录以内的或者采购限额标准以上的货物、工程和服务的行为。该法界定的政府采购概念汇总如表 14-1 所示。

拓展资源 14.1

《中华人民共和国政府采购法》

表 14-1 政府采购概念汇总

项目	内容界定
采购目的	各级政府及其所属机构为了开展日常政务活动或为公众提供公共服务的需要及公共财产的供给
采购人	各级国家机关、事业单位和团体组织，包括各级国家权力机关、行政机关、审判机关、检察机关、政党组织、政协组织、工青妇组织以及文化、教育、科研、医疗、卫生、体育等事业单位
采购资金	采购机关获取货物、工程和服务时支付的资金，包括财政性资金（预算资金和预算外资金）和与财政性资金相配套的单位自筹资金
采购对象	货物：各种形态和种类的物品，包括原材料、燃料、设备、产品等 工程：指建设工程，包括建筑物和构筑物的新建、改建、扩建、装修、拆除、修缮等 服务：除货物和工程以外的其他政府采购对象，包括会议、印刷、物业管理、软件开发等
采购行为	以合同方式有偿取得货物、工程和服务的行为，包括购买、租赁、委托、雇用等
限制条件	依法制定的集中采购目录以内的，或者采购限额标准以上

《政府采购法》的立法宗旨是：规范政府采购行为，提高政府采购资金的使用效益，维护国家利益和公共利益，保护政府采购当事人的合法权益，促进廉政建设。可见，政府采购的内涵不仅包括经济因素，也包括政治管理、社会管理等因素。

综上所述，政府采购的定义为：政府公共部门为了开展日常政务活动，为社会公众提供公共服务及为实现国家政策管理的需要，使用财政性资金以法定的方式和程序，有偿取得货物、工程和服务的行为。

（二）政府采购的特征

1. 资金来源和采购主体的公共性

政府采购的资金是公共资金，属于财政支出中的购买性支出，其来源于社会公众（纳税人），具有公共性。政府采购主体（采购人）为政府机关、事业单位、社会团体等公共部门，也具有公共性。根据委托代理理论，政府采购人是财政部门和社会公众的代理人，其职能是为社会提供公共服务，公共性是政府采购的本质属性。

2. 采购活动的政策性

政府采购资金来源和采购人的公共性决定了政府采购活动必须以实现社会职能和政治职能为目标，因此政府采购区别于私人采购和商业活动。政府采购为政府部门提供日常消费品，并承担规模大、周期长、回报低的项目，具有非营利性。

政府采购规模巨大，对经济发展、调整产业结构、支持民族产业等都有重要的影响，是政府实现其政策导向功能的有效手段。

3. 采购过程和程序的规范性

政府采购作为一个具体行政行为，其行为的程序有非常严格的要求。政府采购制度建立的基础是现代市场经济的发展与完善，而在此基础上发展起来的政府采购制度是一场公共管理的革命。因此，该制度从产生之日起就具有规范性。这种规范性体现在任何国家的政府采购过程中。从世界范围看，任何国家的政府采购都对采购的计划、预算、审批、方式、方法、过程和步骤作出了明确的规定，并通过法律的形式固定下来。而从政府采购的全过程看，公开、公平、公正、透明、廉洁等原则是各个国家政府采购过程中普遍遵循的原则。政府采购程序的规范性是政府采购行为高效、廉洁的保证。

4. 采购客体的广泛性

政府采购的客体（采购对象）包罗万象，具有广泛性和复杂性的特点。政府采购所涉及的范围总体可划分为货物、工程和服务三类，具体包括：①政府日常办公用品。②外交、国防所需物资。③工程建筑、房屋、水利、环境、交通设施。④劳务、技术、维修、培训服务。

5. 政府采购主体的法定性

不管是集中采购还是分散采购，都对采购主体的资格有所要求，即必须是一个法人单位，具有自己独立的财务系统。在集中采购的条件下，则要求采购主体统一纳入财政预算单位。政府采购主体必须依法成立，资金来源于财政拨款，机构设置和人员编制受制于相关法律法规的约束，并经相关部门的审批。

二、政府采购的功能和作用

（一）政府采购的基本功能

政府采购具有典型的公共性特征，是充分发挥政府经济职能、政治职能和社会职能的一种有效工具。下面将简要介绍政府采购在公共采购、自主创新和环境保护三个方面的功能。

1. 政府采购与公共采购

政府采购是国际上通行的公共财政支出的重要方式。公共财政是政府在市场经济条件下提供公共品和公共服务的分配活动与分配关系。一般情况下也将公共财政的领域称为公共服务领域，即政府应为全社会提供高效、优质的公共品和公共服务。

政府采购制度是构建我国公共财政框架的重要内容，同时，它又促进了公共财政支出体系的完善与发展，加速了公共财政相关环节的改革。其具体表现为：①政府采购制度有助于实现财政支出的宏观调控职能。②政府采购制度可以适当节约财政资金。③政府采购制度有助于提高财政支出的效益。

2. 政府采购与自主创新

实施扶持企业自主创新的政府采购政策，推进技术创新、产品创新和产业结构升级，是发达国家的普遍做法。政府采购促进企业自主创新的作用主要体现为：①在某种程度上既减小科技创新的产业化风险，又能鼓励现有科技成果加快产业化，支持企业向高新技术创新领域拓展，发挥重大的导向和推动作用。②坚持优先采购国内技术创新产品，鼓励国内企业在科技创新方面逐渐树立主导地位。③政府采购可选择一些亟待研究开发的高新技术项目，用招、投标的方式，把有限的科研开发经费集中使用在关键环节上，带动一批企业参与重大技术创新。

3. 政府采购与环境保护

政府采购从公共利益出发，可以通过采购环保与节能产品、淘汰高能耗、高污染、低效率产品的方式，促进环保节能事业发展。政府采购通过政府的政策能力、采购形式的市场能力和采购监控能力，实现节能环保目标。政府采购在促进节能与环保方面的作用，不仅对政策和资金有直接影响，也能充分发挥政府在社会中的示范和引导效应。政府在节能与环保方面的优先采购政策和标准：①能够直接或间接地影响供应商的生产与销售行为。②会对社会其他不同主体的消费或投资行为产生示范和引导效应。实际上，政府采购的示范效应可能会大大高于政府采购政策与资金本身所产生的直接作用，形成一种正向的倍数影响效应。

（二）政府采购的主要作用

政府采购是政府施政行为的体现，因为政府的运行需要采购支持，政府的活动通过采购来体现。政府采购工作开展得好与坏，直接影响政府政策的落实情况，最终影响政府的信誉和形象。因此，政府采购的作用体现在以下几方面。

1. 保证采购的经济性和有效性

经济性是指采购资金的节约和合理使用。有效性是指在使采购的货物、工程或服务具有良好的质量、合理的价格的同时，还要注意采购的效率，要在合同规定的合理时间内完成招标采购任务，以满足使用部门的需求。政府采购的经济有效性目标是指以最有利的价格采购到质量合乎要求的货物、工程或服务。政府采购支出总量的变化对于刺激经济增长、保持供求平衡和宏观经济稳定具有重要意义。

2. 宏观调控手段

政府采购活动将贯彻政府的各项方针政策，用直接和间接的方式推动社会发展政策的落实。政府采购实质上就是政府支出的安排和使用行为，将政府采购政策与其他政策相结合，并协调一致，发挥合力作用，能够实现政府的各项重大政策目标。如政府通过调整采购总规模，调节国民经济运行。政府采购通过调整采购结构，来调整产业结构，或保护民族工业、维护生产与消费者利益、保护环境、促进残疾人和妇女就业、扩大对外贸易等。

3. 保护环境

在现代社会，环境保护问题已成为各国政府在经济发展中密切关注的一个话题。各国政府纷纷制定大量的相关法规，保护赖以生存的生活环境。政府采购又是促使法规得以执行的必要手段之一，因此政府采购的标准逐渐从单纯关注经济利益转向关注经济、社会和环境利益的结合，同时这也是政府大力倡导节能减排、走可持续发展道路的生动反映。

4. 促进国际贸易

政府通过加入国际性或区域经济组织，使国内的企业以较优惠的条件进口原材料，同时也为国内企业开辟新的市场，让国内企业到国际政府采购市场上参与竞争；鼓励不同国籍的供应商和承包商参与本国政府采购，获得投标的比较价格优势，从而促进国际贸易的发展。

5. 促进中小企业发展

根据《政府采购法》《中华人民共和国中小企业促进法》等法律法规，2020 年12 月，财政部、工业和信息化部制定了《政府采购促进中小企业发展管理办法》，从细化预留份额、资金支付、信用担保等方面，通过政府采购支持中小企业发展。

除上述作用之外，政府采购还有其他特定的经济社会作用，如塑造政府良好形象，稳定物价，增加就业机会，平衡区域差异，促进高新技术的转让、推广与优化，节省外汇等。

第二节　政府采购市场

一、市场经济客观要求

政府采购制度是市场经济条件下加强财政支出管理、规范政府机构采购行为、发挥对国民经济宏观调控作用的一项制度。

从国际上看，凡是市场经济比较发达的国家，政府采购的历史就比较悠久，法律和制度就比较完善。虽然在政府采购立法宗旨的表述上不尽相同，但基本精神和内容是一致的。其主要有：加强对政府采购行为的规范化管理，提高政府采购活动的透明度，努力节约采购支出，提高效率。鼓励供应商参与采购活动，促进充分竞争。保证给予供应商公平和平等的待遇，政府采购要保护社会公共利益，做到诚实守信，提高公众对采购活动的信任度。

我国与世界其他各国一样，历来就存在政府采购行为。在计划经济体制下，政府采购是通过计划进行管理。改革开放后，计划经济体制不断改革，社会主义市场经济体制逐步建立，但没有及时进行适应的政府采购制度改革，使得政府采购行为缺乏相应的约束，采购活动基本处于分散、自由状态，政策目标单一，采购资金使用效益不高，采购活动中行为不规范甚至行贿、索贿等腐败现象时有发生。随着我国社会主义市场经济体制和财政体制改革的不断深入，迫切需要国家加强财政支出管理、规范政府采购行为，并在此基础上，建立和实行政府采购制度。

二、政府采购市场的构建

随着政府采购规模的不断扩大，政府采购市场诸多活动中的许多困难和问题逐渐显现出来。为了更好地完善政府采购，鼓励更多的供应商参与竞争，需要建立一个良性的政府采购市场。政府采购市场的建立和健康发展可从以下几个方面入手。

（一）消除市场内部障碍，构建统一的政府采购大市场

这是我国政府采购发展的必然趋势和重要目标，是繁荣我国政府采购事业、有效发挥政府采购"红利"的必经之路。通过统一的基础制度规则、统一联通的市场设施、统一的要素资源市场、统一的商品服务市场、统一的市场监管及破除地方保护，来建设高效规范、公平竞争、充分开放的超大规模市场。

（二）为参与政府采购的供应商提供服务和咨询

扶持社会中介服务机构，通过中介服务机构协助企业制定参与政府采购的战略，找准市场定位，提供政府采购信息，指导企业制订详细的投标策略，积累投标经验，提供投标技术和能力。建立主动为中小企业提供咨询服务的工作机制，加强对中小企业参与政府采购的指导和服务工作，组织业务培训，并组织现场观摩，从采购政策、采购的基本运作和有关案例方面给予具体的帮助。

（三）加强和坚持政府采购信息公开

公开透明是治理腐败的一剂良药。《政府采购法》实施以来，我国在信息公开方面取得了很大成效，各地绝大多数的招标公告和中标公告都能被及时公开，而且不少地方还推出了信息公开的管理办法，对招标公告、资格预审办法、信息更正公告、中标公告等都做到了及时发布。政府采购信息公开制度是我国政府信息公开工作的先行者，极大地提升了政府形象，推动了其他政府工作信息公开制度的建设。其意义不仅仅局限于政府采购领域，而是扩展到了整个行政体制改革和政府职能转变之中。

第三节　政府采购基本制度

一、政府采购组织模式及其特点

在总结我国政府采购实践经验的基础上，借鉴各国的立法经验和国际惯例，《政府采购法》规定，政府采购实行集中采购和分散采购及两者相结合的模式。

（一）集中采购模式

集中采购模式即由一个专门的政府采购机构负责本级政府的全部采购任务。根据我国政府采购法的规定，设区的市、自治州以上人民政府可以根据本级政府采购项目组织集中采购的需要设立集中采购机构。这些集中采购机构的主要职责是负责本级政府采购项目的集中采购工作，包括制订采购计划、组织实施采购活动、对采购过程和结果进行监督等。

集中采购机构在政府采购市场中发挥着重要作用：①可以有效地降低政府采购成本、提高政府采购效率。通过集中采购，可以实现批量采购，从而获得更低的价格。同时，集中采购还可以避免重复招标、评标等环节，简化采购程序，提高采购效率。②可以促进政府采购市场的公平竞争。通过设立统一的采购平台，可以确保所有供应商在同等条件下参与竞争，避免不正当的竞争行为。

（二）分散采购模式

分散采购模式即由各支出采购单位自行采购。实际运作中，各支出单位自行组织采购活动，采购作业分散在不同的机构中。分散采购能适应不同地区市场环境变化，商品采购具有相当的弹性，对市场反应灵敏，补货及时，购销迅速。分部拥有采购权，可以增强一线部门的积极性，提高其士气。由于采购权和销售权合一，分部拥有较大权力，因而便于对分部考核，要求其对整个经营业绩负责。分散采购可以尽快地满足用户的需要，特别是一些特殊需要。分散采购比较灵活，拥有较强的决策响应性，且采购人员对本部门的运营环境有很好的理解，能够对产品开发给予支持。

（三）半集中半分散采购模式

半集中半分散采购模式即由专门的政府采购机构负责部分项目的采购，而其他的则由各单位自行采购。半集中半分散采购强调货物、工程和服务的采购权与使用权的适度分离，既有政府集中统一采购，又允许使用单位一定范围的自主采购，两种形式互为补充。半集中半分散采购机构可以结合集中采购和分散采购的优缺点，取长补短，充分利用集中采购机构和分散采购机构的职能与作用。

二、政府采购方式和程序

（一）政府采购的方式

政府采购的方式就是指政府在采购所需的货物、工程和服务时应采取什么方式和形式来实现。《政府采购法》第 26 条列出政府采购采用以下方式：①公开招标。②邀请招标。③竞争性谈判。④单一来源采购。⑤询价。⑥国务院政府采购监督管理部门认定的其他采购方式。

拓展资源14.2

政府采购方式

（二）政府采购的程序

政府采购有一整套规范的程序，特定采购方式还有其不同之处。政府采购程序大致如下。

1. 编制采购预算

负有编制部门预算职责的部门在编制下一财政年度部门预算时，应当将该财政年度政府采购的项目及资金预算列出，报本级财政部门汇总。部门预算的审批，按预算管理权限和程序进行。

2. 确定采购方式，并进行采购

政府采购的方式可分为两大类：招标采购和非招标采购。非招标采购有竞争性谈判和询价谈判等方式。采购金额是确定招标采购与非招标采购的重要标准之一。

3. 采购合同的签订

这个阶段是政府采购部门通过考察认定各供应商后的政府采购法律合同的签署。政府部门应在收集各方报价的基础上择优签订政府采购合同。被授予合同的供应商必须是合格的，即具有政府供货资格的供应商，要按照事先公布的评审标准对其进行资格审查。供应商签订合同时必须按照标准交纳一定数额的履约保证金，作为对履行合同规定义务的必要保证。

4. 采购合同的执行

这个阶段的目的是保证供应商按合同规定提供所需要的商品或劳务。提供的商品和劳务必须满足政府对质量、性能和数量的要求，并保证按期交货。因此，采购机构还必须监督供应商履行合同，包括考察供应商生产、交货等情况，保持和所需商品的政府部门的密切联系，一旦发现有违反合同或合同书不明确的地方，应及时作出反应，向供应商指出问题或协商解决。甚至在供应商合同已履行完毕时，采购机构仍需不断接收政府部门的反馈信息。此外，采购合同的执行还包括验收、结算和效益评估等过程。

三、政府采购合同管理

政府采购合同适用合同法。采购人和供应商之间的权利和义务，应当按照平等、自愿的原则以合同方式约定。而现行的合同法则为《民法典》第三编"合同"。

①政府采购合同遵循有关合同法律的一般原则：平等、自愿、公平和诚信。②政府采购合同的订立和合同效力的认定，除政府采购法规定应当适用政府采购程序外，也应当依据要约和承诺的一般原则，政府采购合同的形式、合同效力认定适用于合同法律的有关规定。③政府采购合同的履行适用合同履行的一般规则，如同时履行抗辩权、先履行抗辩权和不抗辩等。④政府采购合同的变更、解除、终止适用于合同法的一般规定。

政府采购过程是合同订立和履行的过程。政府采购是以法定的方式和程序确定中标或成交供应商，并与之订立政府采购合同。政府采购合同的当事人是政府采购人和供应商，供应商是指向采购人提供货物工程或服务的法人、其他组织或自然人。合同内容是确定采购人和供应商之间在采购货物、工程或服务中的权利和义务。合同的客体是货物、工程或者服务。在合同履行过程中，政府采购人或者政府采购管理部门有权对供应商履行合同的情况进行监督和干预，包括对合同履行的检查权、调查权、变更解除权等。

在合同履行过程中，应当保证政府采购人行使以下权利。

（一）合同履行的监督权

在合同履行过程中，采购人或者政府采购部门对供应商履行合同义务享有一定的监督干预权。监督干预权包括对合同履行的检查权、调查权、变更合同权、终止或解除合同权等。其具体表现在以下两方面。

（1）合同备案制度。合同备案的目的是对政府采购监督管理，加强对政府采购活动的监督检查。

（2）当政府采购合同继续履行将损害国家利益或社会利益时，采购人有权变更或解除合同。政府采购人在行使合同的变更、解除权时，应当严格遵循法定的程序，对供应商造成损失的予以适当的补偿。

（二）对违法供应商的制裁权

政府采购监督管理部门有权对违法供应商依法予以制裁，如给予罚款或一定时间的政府采购市场准入禁止，以及对供应商情况的跟踪检查。

（1）合同的履行过程存在许多不确定的因素，如供应商违法行为、不可抗力和涉及的其他利益。

（2）质疑程序中应有"暂时的果断措施"，以及纠正违反《政府采购协定》的行为。

（3）透明度原则。每一参加方均应以书面形式规定其质疑程序并使其可普遍获得，有关采购过程所有书面文件应保留3年。在提出意见或作出决定前应听取参加人的意见。参加人应可参加所有程序且所有程序可公开进行。

（4）有效原则。其包括质疑案件审理中或完成后，受理质疑的机关应有权纠正采购机关的违法决定，以制止违反《政府采购协定》行为并保持商业机会。

四、政府采购救济机制

（一）政府采购救济机构

《政府采购法》规定了政府采购的救济机制，按照法律规定，供应商认为采购文件、采购过程和中标、成交结果使自己的权益受到损害的，可以依法向采购人质疑，采购人未在规定时间内作出答复，或者质疑供应商对答复意见不满意的，可以向同级财政部门投诉。

（二）政府采购救济途径

《政府采购法》规定，救济的途径包括询问、质疑、投诉、行政复议或行政诉讼。

1.询问

供应商对政府采购活动事项有疑问的，可以向采购人提出询问，采购人应当及时作出答复，但答复的内容不得涉及商业秘密。

2.质疑

供应商认为采购文件、采购过程和中标、成交结果使自己的权益受到损害的，可以在知道或者应知其权益受到损害之日起7个工作日内，以书面形式向采购人质疑。采购人应当在收到供应商的书面质疑后7个工作日内作出答复，并以书面形式通知质疑供应商和其他有关供应商，但答复的内容不得涉及商业秘密。

3.投诉

质疑供应商对采购人、采购代理机构的答复不满意或者采购人、采购代理机构未在规定的时间内作出答复的，可以在答复期满后15个工作日内向同级政府采购监督管理部门投诉。政府采购监督管理部门应当在收到投诉后30个工作日内，对投诉事项作出处理决定，并以书面形式通知投诉人和与投诉事项有关的当事人。

4.行政复议或行政诉讼

投诉人对政府采购监督管理部门的投诉处理决定不服或者政府采购监督管理部门逾期未做处理的，可以依法申请行政复议或者向人民法院提起行政诉讼。

【本章小结】

本章首先分析了政府采购概述的内容，包括政府采购的概念与特征、功能和作用；然后介绍了政府采购市场；最后重点介绍了政府采购基本制度，包括政府采购组织模式及其特点、政府采购方式和程序、政府采购合同管理、政府采购救济机制。

🔍【即测即练】

🔍【复习思考题】

1. 政府采购包含哪些功能？

2. 简述不同政府采购组织模式及特点。

3.《政府采购法》规定的救济途径包括哪些？

4. 简述政府采购的主要作用。

🔍【实践训练】

实践项目：政府采购

任务要求：阅读《政府采购法》和《中华人民共和国政府采购法实施条例》，并且进行资料收集、实际部门访谈调查了解相关政府部门的采购方式、采购流程、现状及存在问题，撰写调研报告和心得体会。

参 考 文 献

[1] 弗布克管理咨询中心.采购业务全流程风险管控工作手册 [M].北京：化学工业出版社，2020.

[2] 罗振华，孙金丹.采购务实 [M]. 2 版.北京：北京大学出版社，2017.

[3] 孙磊.供应商质量控制 [M].北京：机械工业出版社，2020.

[4] 约翰逊，弗林.采购与供应管理 [M].杜丽敬，译.15 版.北京：机械工业出版社，2019.

[5] 柳荣，沙静.供应商管理与运营实战 [M].北京：人民邮电出版社，2021.

[6] 赵予新.采购与供应管理 [M].北京：中国财富出版社，2017.

[7] 王晓艳.企业物流管理 [M].北京：北京大学出版社，2020.

[8] 于莹.客户企业风险对供应商绩效的影响研究 [D].长春：吉林大学，2022.

[9] 王槐林，刘昌华.采购管理与库存控制 [M]. 4 版.北京：中国财富出版社，2013.

[10] 刘宝红.采购与供应链管理：一个实践者的角度 [M]. 3 版.北京：机械工业出版社，2022.

[11] 申文.现代采购与供应管理 [M].北京：清华大学出版社，2022.

[12] 张彤，马洁.采购与供应链管理 [M].北京：高等教育出版社，2021.

[13] 柳荣.采购与供应链管理 [M].北京：人民邮电出版社，2022.

[14] 李喜洲，李琛.政府采购合规指南 [M].北京：中国法制出版社，2022.

[15] 刘小川，王庆华.政府采购应用研究 [M].北京：经济科学出版社，2019.

[16] 邹昊，何红锋，王丛虎，等.政府采购体系建设研究 [M].北京：清华大学出版社，2011.

[17] 蒋君仙.国际采购与供应环境 [M].上海：复旦大学出版社，2022.

[18] 孟晔.公共采购国际规则研究 [M].北京：中国经济出版社，2019.

[19] 吕明哲，王正旭，张海燕.国际物流 [M].大连：东北财经大学出版社，2021.

[20] 罗双临，张子杰，何莉，等.国际贸易学 [M].北京：清华大学出版社，2023.

[21] 张碧君，张向阳．采购管理 [M]．上海：格致出版社，2013．

[22] 傅莉萍，姜斌远．采购管理 [M]．北京：北京大学出版社，2015．

[23] 温卫娟，郑秀恋．采购管理 [M]．北京：清华大学出版社，2013．

[24] 廖小平，李俚．现代物流采购与库存管理 [M]．北京：科学出版社，2019．

[25] 宫迅伟，李斌，赵平．全面采购成本控制 [M]．北京：机械工业出版社，2019．

[26] 李育蔚．采购人员标准化工作手册 [M]．北京：人民邮电出版社，2012．

[27] 杨丽．采购供应管理案例 [M]．北京：中国财富出版社，2019．

[28] 乔普拉．供应链管理 [M]．杨依依，译．7 版．北京：中国人民大学出版社，2021．

[29] 供应链管理专业协会，戈尔兹比，延加，等．供应链与物流管理 [M]．曾月清，译．北京：人民邮电出版社，2020．

[30] 吴崇飞．企业物流供应商的评价与选择策略 [J]．中国储运，2023（5）：144–145．

[31] 田洪刚．企业成本管理与价值链管理模式的融合创新 [J]．商业经济研究，2020（3）：130–132．

[32] 潘玉香．制造企业生产过程实时成本控制模型与应用研究 [D]．天津：天津大学，2017．

[33] 刘伟华，李波，彭岩．智慧物流与供应链管理 [M]．北京：中国人民大学出版社，2022．

[34] 葛岩，刘培德．采购与仓储管理 [M]．北京：清华大学出版社，2020．

[35] 蒋宗明，薛琴，武营．物流采购管理实务 [M]．合肥：安徽大学出版社，2022．

[36] 耿波，聂强大．采购与仓储管理实务 [M]．北京：北京大学出版社，2021．

[37] 翟光明．采购与供应商管理 [M]．北京：中国人民大学出版社，2021．

[38] 刘华，宋鹏云，刘文歌，等．物流采购管理 [M]．3 版．北京：清华大学出版社，2021．

[39] 徐明．采购与供应管理 [M]．北京：高等教育出版社，2015．

[40] 蒙茨卡，汉德菲尔德，吉尼皮尔．采购与供应链管理 [M]．刘亮，冯倩，石学刚，译．北京：清华大学出版社，2021．

[41] 埃文斯．质量管理 [M]．苏秦，刘威延，译．北京：机械工业出版社，2020．

[42] 黄怡，林艳，王廷丽．质量管理理论与实务 [M]．3 版．北京：经济科学出版社，2016．

[43] 张凤荣．质量管理与控制 [M]．北京：机械工业出版社，2020.

[44] 赵晗，宋士吉，廖钰．供应链库存优化管理 [M]．北京：北京理工大学出版社，2021.

[45] 柳荣，杨克亮，包立莉．库存控制与供应链管理实务 [M]．北京：人民邮电出版社，2021.

[46] 唐连生，李滢棠．库存控制与仓储管理 [M]. 2 版．北京：中国财富出版社，2023.

[47] 张敏，刁宏冬，李阳，等．库存控制与仓储管理现状及优化措施分析 [J]．中国物流与采购，2020（16）：94-95.

[48] 吴培丽．供应链管理视角下的企业库存管理问题及路径研究 [J]．铁路采购与物流，2023，18（8）：38-40.

[49] 何婵．采购管理 [M]．南京：南京大学出版社，2017.

[50] 徐旭．物流学概论 [M]．南京：南京大学出版社，2017.

[51] 徐杰，卞文良．采购管理 [M]．北京：机械工业出版社，2021.

[52] 陈利民．采购管理实务 [M]. 2 版．北京：机械工业出版社，2020.

[53] 戴小廷．物流采购管理 [M]．北京：机械工业出版社，2016.

[54] 北京中交协物流人力资源培训中心．采购与供应链中的谈判与合同 [M]．北京：机械工业出版社，2014.

[55] 徐水太．项目采购与合同管理 [M]．北京：机械工业出版社，2022.

[56] 刘刚桥，师建华，林宓，等．采购管理实务 [M]．北京：清华大学出版社，2018.

[57] 种美香，雷婷婷，王珊珊，等．采购与供应管理实务 [M]．北京：清华大学出版社，2021.

[58] 唐翠翠．从零开始学采购 [M]．北京：清华大学出版社，2023.

[59] 供应链管理专业协会，弗兰克尔．供应链管理典型案例 [M]．罗小七，译．北京：人民邮电出版社，2023.

[60] 奥布赖恩．采购与供应链专业人员谈判实战 [M]．姜珏，译．3 版．北京：人民邮电出版社，2022.

[61] 柳荣，庞建云．采购管理与运营实战 [M]．北京：人民邮电出版社，2023.

[62] 梁军，张露，徐海峰．采购管理 [M]. 4 版．北京：电子工业出版社，2019.

[63] 王刚，王克明．采购与供应链案例 [M]．北京：电子工业出版社，2017.

[64] 乌云娜.项目采购与合同管理 [M].3 版.北京：电子工业出版社，2017.

[65] 马佳.采购管理实务 [M].2 版.北京：清华大学出版社，2023.

[66] 德索利施，塞曼尼克.全球战略采购最佳实践 [M].张思琴，译.北京：清华大学出版社，2023.

[67] 张怡鑫.供应链双源采购决策及优化机制研究 [D].北京：北京交通大学，2020.

[68] 徐天舒，刘碧玉.全球采购与供应管理 [M].北京：机械工业出版社，2019.

[69] 刘俊杰.变革时代供应链采购管理策略 [J].中国物流与采购，2023（21）：103–104.

教师服务

　　感谢您选用清华大学出版社的教材！为了更好地服务教学，我们为授课教师提供本书的教学辅助资源，以及本学科重点教材信息。请您扫码获取。

≫ 教辅获取

本书教辅资源，授课教师扫码获取

≫ 样书赠送

管理科学与工程类重点教材，教师扫码获取样书

清华大学出版社

E-mail: tupfuwu@163.com
电话：010-83470332 / 83470142
地址：北京市海淀区双清路学研大厦 B 座 509

网址：https://www.tup.com.cn/
传真：8610-83470107
邮编：100084